U0590729

中国幸福幼教丛书

SOW HAPPINESS

播种幸福

全能宝宝教育理论与实践

王晓燕 著

浙江大学出版社
ZHEJIANG UNIVERSITY PRESS

图书在版编目（CIP）数据

播种幸福 ：全能宝宝教育理论与实践／王晓燕著
. — 杭州 ：浙江大学出版社，2018.12
ISBN 978-7-308-18326-0

Ⅰ．①播… Ⅱ．①王… Ⅲ．①幼儿教育学 Ⅳ.
①G610

中国版本图书馆CIP数据核字(2018)第128356号

播种幸福——全能宝宝教育理论与实践

王晓燕 著

责任编辑	葛 娟
责任校对	杨利军 闻晓虹
封面设计	春天书装
出版发行	浙江大学出版社
	（杭州市天目山路148号 邮政编码 310007）
	（网址：http://www.zjupress.com）
排 版	杭州林智广告有限公司
印 刷	浙江高腾印务有限公司
开 本	710mm×1000mm 1/16
印 张	19.25
字 数	275千
版 印 次	2018年12月第1版 2018年12月第1次印刷
书 号	ISBN 978-7-308-18326-0
定 价	55.00元

版权所有 翻印必究 印装差错 负责调换

浙江大学出版社市场运营中心联系方式：0571-88925591；http://zjdxcbs.tmall.com

教育到底应该教会人们什么？幼儿教育在人的一生成长
与社会和谐发展历程中又具有怎样的价值和意义？继2003
年在《打造孩子一生幸福的幼儿教育》课程专著中提出幼儿
教育应重在培养"幸福生活力"的全面观点后，作者又用十
年时间进一步身体力行探索了全人教育的婴幼启蒙阶段——
whole child 教育体系的理论与实践，并统整命名为全能宝宝
教育体系。

在本书中，作者首先从影响公众幸福感的当代社会纷乱
现象着眼，深入思考"我们因何迷失幸福"，从而寻本求源
地提出幸福是人类追求的根本愿望，也是教育的终级目标。
而这种幸福感来自婴幼儿时期的人格奠基及终身持续的全人
发展。因此，作者倡导要对幼儿教育做重新界定，从婴幼儿
开始培养"全能宝宝"，并经由持续的全人发展教育来达到
促进个人幸福、社会和谐、人类和平的培养目标。

根据这样的顶层设计和奠基思路，本书进一步详细介绍
了全能宝宝体系的教育理论、课程实践、管理系统、价值体
系等各个章节，以及从整体理论到办学实践、从目标体系到
内容方法、从课程实施到教学艺术、从环境创设到班级管
理、从教师成长到家长培训、从管理文化到公共关系、从价

值取向到评价体系等各方面的思路构架与实施方法。其中经验皆由作者二十几年反复实践探索积累而来，堪称幼教实践百科全书及操作手册，非常方便办园者管理经营参考及教师操作实践。为便于广大家长及非专业人士阅读应用，整本书采用平实通俗的口头化语言表达，以求实现全社会共同关注幼儿教育，合力推进全人发展幸福奠基工程的社会和谐、世界大同发展愿望。

人生是一本自始至终打开的书，而教育就是帮助每个人在不偏离幸福主题思想的前提下读好、编好、用好这本书，以自己的方式创造出属于自己的精彩故事。而当所有人的幸福人生书汇集在一起，便会构成一个"和而不同"的和谐发展社会，让人人都得以"诗意地栖居"。这样的幸福大同理想并非遥不可及，但需要从幼儿教育开始播种，需要从培养全能宝宝起步，需要全人发展的终身持续教育，更需要人类社会的共同努力。这是本书想要表达的殷切夙愿，也是作者倾力鼓呼不懈践行的教育理想，希望能够得到全社会有识有爱之士的关注支持与协力共创。

为儿童福祉

　　加强全球对儿童的关注，为儿童创造适合成长的环境，愈来愈成为国际社会的共识。在每一个政治、社会和教育的议程上，早期幼儿教育与照顾应该是一个高度优先的事项，以确保每一个儿童在家庭、社会和早期教育上也得到最好的开始。故全球不同国家的学者和专家也提倡政府在制定政策时应保障儿童权利，联合倡议有关政策发展把幼儿发展和教育纳入联合国可持续发展目标的策略，并希望其成为2015年后全球关注目标。根据诺贝尔获奖者、美国芝加哥大学教授詹姆斯·赫克曼（James J. Heckman）的实证研究，发现幼儿教育是最具经济效益及高效的劳动力发展，在幼儿教育中每投资1美元有7美元的回报。因此，幼儿教育可说是教育与社会发展的起点，为进一步的教育与未来社会发展奠下重要的基础，正如这本书的思路"幼儿教育的顶层设计·人类发展的根基工程"。

　　这本书的第一章"幸福，从幼儿教育开始"，从理论层次先让读者了解到幼儿教育是每一个人终身幸福的源头事业，以及整个社会和谐发展的奠基工程，让读者了解教育的起点及终极目标，加强读者对儿童的意识，重视幼儿教育的重要性。继而在随后的章节，深入浅出地介绍"全能宝宝"体系，立体且全面地展现全能宝宝管理系统，寓理论于实务，具体呈现给读者。对于幼儿教师来说，这是一本值得参考的教学用书，既详细且清晰地以表列举每一个领域、每一个阶段的认知、情感和技能目标，又全面地说明环境空间布置、班级管理、班务计划实施、教学活动示例、生活常规训练及全能宝宝成长档案等。而书中亦详细地以表列举出每一个环节的教师行为规范，将规范要求及相应的禁忌行为清楚列出，不但值得教师参照，也值得家长及幼儿教育管理者参照。当然这本书也值得政府决策者参阅，因为影响着儿童成长与发展的体系不只是家庭和学校的体系，社会体系对幼儿教育与照顾的关注也十分重要。

　　当然国家就是整个社会体系。本人很高兴看见2013年11月中国国务院副总理刘延东在访美之行中，于华盛顿出席中美儿童早期发展战略对话会时表示，中国政府会积极借鉴各国有益经验，探索一条符合国情的儿童发展之路，努力切断贫困代际传递，把儿童发展置于优先战略位置，为未来积累丰厚的人才和人力资本。本人更欣然看见中国幼教同仁为儿童福祉努力耕耘，为儿童幸福成长之路努力播种。希望这本书能将幸福的种子散播，带动中国幼教发展。就让我们一起悉心栽种幸福的种子，让每一颗种子都能够茁壮成长。

孔美琪
世界幼儿教育联会主席

让梦想飞翔

马年春节，终于有了几分闲暇，阅读晓燕的《播种幸福——全能宝宝教育理论与实践》，为她的执着所感动。晓燕曾说她的探索是在"用身体走路"，我想评价此书为"让梦想飞翔"。作为一个独立的研究者，晓燕在幼教探索的天空中穿云海、搏风雨，经二十余年历程集成此书，实为不易。

著名心理学大师弗洛姆曾说，由人类的生存为我们立下一个问题：人是没有经过自己的同意而被抛到这个世界上来的，而复又没有经过他的同意被抛离这个世界。在他生下来的那一刻，生命就向他提出了一个问题：我们如何来克服因孤独隔离而产生的痛苦、囚禁、羞耻？如何同我们自己、我们的人类同胞以及自然界合为一体？答案是充分的诞生，是发展人的认知能力、理性以及爱的能力以到达一种超越自我中心的地步，而同世界达成新的和谐、新的合一。

上面所说的"充分的诞生"，是相对于不充分诞生——退化到未知觉的未出生状态。这意味着"充分的诞生"始自婴儿期。并且弗洛姆强调：充分的诞生伴随着人的整个生命。要避免退化，就要克服自我迷恋。极端的两种自我迷恋是要么将周围一切纳为己有，要么将除了自己的一切排斥消灭。正确的做法是泰然放下我的自我、我的贪婪，不再追求我的自我扩张和衍存。这就需要从小学会爱。在晓燕的书中，爱和自由是她所谓"幸福力"的基础，她用这样一个概念贯穿了全书。

社会学家索罗金于1949年在哈佛大学建立了一个特殊的研究机构——哈佛创造性利他主义研究中心。他的研究发现"爱"促进生命的活力，使人长寿。另一项关于弃婴的研究发现，失去母爱后，即使保证其需求品和照料，仍然有超过半数的婴儿在两年内死亡。弗洛姆在《爱的艺术》中，对爱予以深刻的揭示：爱主要是给予，而不是接受。给予不是丧失或舍弃，而是生命的价值所在。对此，他引述伟大穆斯林诗人吕米的诗：

世界的每一部分，

都会与它的伴侣结为伉俪。

在智者的眼中，

天国似男儿，

地球如姑娘，

地球抚慰了天国赐予的沧桑。

地球乏热，

天国馈赠；

地球失去活力和雨露，

天国重使之春光惶惶；

天国循日，

有如丈夫为妻子巡防；

地球恰似繁忙的主妇，

生儿育女，

情意盎盎。

……倘若，

倘若它们没有互从对方得到愉悦，

又为何像情人一样，

终日厮守在一旁。

在诗中，吕米还说"所有相爱的人们，都是为了双方的共享"。的确，爱情的最高境界就是"给予"，而不是占有（这恰是自我的极端贪婪）。要让孩子们将"爱"从小变成自己的生命价值，非常需要有创造力的学前教育。晓燕在书中表达了她所做的很多尝试，包括如何让孩子们了解"自我"，如何走进社会，如何学会与他人共处，如何与大自然和谐相处而不是征服。在当今这个世界，畸形的（已非文艺复兴崛起的）个人主义蔓延，并被一套所谓经济法则（亦是被一些猥琐的经济学家所强暴的畸形的经济法则）"合理化"。要让儿童教育走出误区，就要首先改变教育的理念和方法。有些幼儿园声称为了让儿童适应社会，就要让他们从小学会算计，这是很可悲的。有哪个幼儿园可以尝试教会孩子们"给予"吗——不是弗洛姆批评的为了交换的给予，而是作为自我生命价值的给予？

从晓燕关于"人与社会"和"人与自然"两项情感目标的设计中，可以明确看到其中充满了"充分的诞生"的目标：

	"人与社会"情感目标	"人与自然"情感目标
亲子班1至3岁	1. 愿意进入新环境，愿意与同伴在同一个空间内活动。 2. 愿意和身边的成人交往，形成初步的依恋感，喜欢模仿成人的动作、表情和语言。 3. 对周围的环境和物品有好奇心，喜欢用自己的感官去探索。	1. 喜欢自然环境，在成人引导下愿意观察各种有趣的自然现象和事物。 2. 愿意跟着成人指认各种动植物，愿意用语言或动作进行模仿。
小小班2至3岁	1. 愿意上幼儿园，愿意亲近教师或熟悉的成人。 2. 乐意和同伴一起玩，体验大家一起做游戏和分享食物、玩具的快乐。 3. 喜欢自己的家人，体验与亲人之间的亲情和关心。	1. 喜欢户外活动，愿意观察自然界的各种事物和现象。 2. 愿意亲近动植物和水、沙等自然物，具有自由探索的愿望和行动。 3. 对自然界的变化感到好奇。
小班3至4岁	1. 对周围社会环境和物质世界感到好奇，有关心和爱护它们的愿望，并愿意参与简单的探索活动。 2. 愿意参加集体活动，初步感受幼儿园集体生活的安全和快乐，保持愉快、稳定的情绪。 3. 愿意与熟悉的人交往，有尊重别人的意识，体验与人分享的快乐。 4. 体验父母、老师对自己的关爱，喜欢他们并愿意与他们交流。	1. 愿意关注自然界的变化，并且感到好奇。 2. 喜欢和爱护小动物，并愿意去亲近它们。 3. 喜欢户外活动，对自然界的花草树木有初步的爱惜之心。 4. 愿意用多种感官去探索有趣的事物。喜欢操作活动。
中班4至5岁	1. 喜欢关注周围环境，积极参与认识物质世界的各种活动，乐于发现并提出问题。 2. 有初步的集体意识和责任感，喜欢参加集体活动，乐于遵守公共规则，愿意为集体做事。 3. 喜欢与人交往，愿意关心、同情别人，体验分享、谦让和初步合作的快乐。 4. 感受物质世界的丰富多样，爱惜美好的事物，萌发初步的科学意识和创造欲望。 5. 喜欢自己的家乡，有为家乡服务的初步愿望。	1. 喜欢观察自然界的变化，并且对自然现象产生兴趣。 2. 尊重动植物的生活习性和生长规律，愿意参加种植和饲养活动并爱护它们。 3. 喜欢并欣赏自然界中美好的事物，体验美好事物给自己带来的愉快。 4. 对自然界中有关的事物现象乐于探索和提问。

续表

	"人与社会"情感目标	"人与自然"情感目标
大班 5 至 6 岁	1. 积极主动地关心、探索周围环境和物质世界的奥秘，乐于提出各种问题并尝试不同的解决方法，体验获得成功的快乐。 2. 积极主动地参加各种集体活动，感受集体的力量，有初步的集体荣誉感和责任感，喜欢为集体出力。 3. 有主动地与同伴友好交往的愿望，愿意与人合作，乐于助人，体验相互合作的成功和快乐。 4. 喜欢祖国，有初步的民族自豪感和建设祖国的美好愿望。	1. 积极主动地观察和探索自然现象及其变化。 2. 尊重自然界、动植物和人之间互利共存的关系，激发对于自然的感激之心和保护周围环境的愿望。 3. 主动探索生活中各种有趣的科学现象，积极尝试用各种方法去解决疑问，并为自己找到答案而感到愉快。 4. 欣赏自然界的美丽和神奇。
学前班 6 至 7 岁	1. 愿意积极参与各类社会探索与实践活动，对于社区环境有初步的认同感与责任感，愿意为改善周围的环境做出努力。 2. 愿意亲近社会成员，主动积极地与他们交往并从中感受到愉悦感，愿意做一些力所能及的事去帮助他人。 3. 更加深入地理解、珍惜友谊，能够与同伴之间结成真诚、热情并较为稳固的情感关系。 4. 进一步感受到作为一名中国人的自豪感，喜欢自己家乡的风土人情与文化特色，有爱祖国、爱家乡的初步情怀。 5. 喜欢探究世界各地的特色风貌与节日风俗，欣赏各种科技艺术发展意义，对世界的丰富与美好充满积极悦纳与向往期待之情。	1. 对于探索自然世界有强烈的好奇心，有亲近大自然的积极情感和探究动力。 2. 欣赏感恩自然界、动植物对于人类生活做出的贡献。具有热爱自然、保护自然的热切愿望。 3. 对于地球与宇宙有探索的兴趣与美好的向往，能够欣赏宇宙世界的美感与神奇。

当然，这些目标如何成功实现，是需要艰苦探索的。晓燕的独立研究其实就是从实践出发的一套摸索，这是极为艰辛的。美国认知心理学家凯利就是通过服务于州立学校的旅行诊所获得第一手临床资料从而创立了自己的理论。凯利的特点是不拘于任何以往的理论，而是一切从实际出发，观察病人的心理表现，从中得出结论。这样执着的探索者不可多得。

相信晓燕的探索和践行在马年依旧会马不停蹄，也期待她马到成功，有更大的收获。晓燕曾在她的自传中写下了今后自己想要刻在墓碑上的铭文：以身试险，为人作鉴。这样的自觉令人感动。为了人类的幸福，为了世界的美好，为了中国的梦想，我希望有更多的小燕子能够起飞，也衷心祝愿这只善良的小燕子飞得更好，飞得更远，飞得更高！

张小军
甲午春节于清华园
（清华大学人类学教授）

看见儿童　播种幸福

　　人类历史的车轮驶入2018年。距离这部书稿的完稿时间2013年已然过去五年之久，当时有幸请世界幼儿教育联会主席孔美琪和清华大学张小军教授为本书所做的序言，连同我自己的后记也一并留在了那个过去的时光印记里，成了承前启后的链接记忆，如同这本小书的使命一样。

　　为学者撰文著书，一为悦己，二为立言，三为利人济世。这本小书一再搁置出版，与我本人对这本书的社会价值应用定位有关。悦己、立言都已非我主旨目标，唯有济世利人之愿，一直心有戚戚焉。这本书从1988年开始入园实践探索，从1998年发表的论文《面向未来的幼儿教育——学会生活课程构想》开始立意，到2003年出版《打造孩子一生幸福的幼儿教育》专著开始立言，再到2008年完成《全能宝宝幸福课程》家园同步教育方案，前后延续二十年的岁月，几乎都为幼教研究何以更有广域实效地利益众生、造福社会而殚精竭虑、反复探索。尤其是对于这一研究体系想要"创立中国人自己的幼儿教育理论"、想要"引领中国幸福幼教走出去"的理想定位屡受质疑打击甚至连"全能宝宝"概念应用和实践基地都遭遇各种挫折障碍后，我开始"跳出乾坤看世界"——把研究目光和探索脚步扩展到终身发展和社会生态视野，想要去弄明白影响幼教行业的"生命法则"与"社会机理"问题，从儿童到成人，从城市到乡村，从教育到社会，从生命到文化，深潜探行一大圈，终成"全人幸福生态圈"社会治理思路框架，再回到"幸福人生、幼学为始，和谐社会、亲子为基"的起点开始落地行动。为了让广大教师、家长及社会大众都能了解、理解、掌握"三岁看大、七岁看老"的中国幼儿全人教育对于个体幸福、国家发展及人类和平的重要作用与基本原理，我决定在原来幸福幼教课程专著基础上重新梳理全能宝宝体系理论和实践，以"幼儿教育的顶层设计，人类发展的根基工程"来定位《播种幸福》理想之愿，并采用了平实通俗的口头化语言表达，以便于更多人阅读应用。但成书定稿后，在如何出版的定位问题上又颇费周折纠结，就这样迟迟疑疑地拖过这五年，至今才心安落定。

这五年，恰是中国风云变幻力挽狂澜走进新时代的历史转折点。而亲子游学、特色小镇、田园综合体、全域旅游的趋热以及资本介入幼教办学市场，则把幼教行业摆在了新的产业化风口上；再加人工智能、信息技术飞速发展给幼教行业带来的新机遇与新挑战，幼教行业早已今昔非比，不再只是过去的自得其乐、闭门造车，而是不知不觉地被"裹挟"到了家国天下全息互联的开放社会场，而"虐童事件"行业新闻和"幼有所育"的民生要求提出则更是把中国幼教行业推向了受到公众社会空间关注的前沿，中国幼儿教育新时代正在波浪滚滚席卷而来。

在这样的新时代背景下，如何经由这本小书而发挥济世利人"播种幸福"的社会价值意义，这是一个充满挑战的历史机遇和时代使命。习近平总书记在党的十九大报告中提出"两个一百年"的时代号召和"两个十五年"的宏伟蓝图，归根结底都要落实到现代化人才的培养梯队，而接下来十年的幼儿教育，则正好是为实现这一目标扎根建基，它不仅有赖于幼教行业本身的快速成长与勇敢担当，更需要家园社会的协同教育和亲子产业的全息渗透，才能创造一个有利于人才健全成长的幸福生态土壤。

而这一切，都基于我们如何让全社会"看见儿童"，理解幼儿教育在人的终身发展和人类社会生态文明中的特殊意义。为此，我把这件事称为"幸福种子工程"，围绕着儿童立场、幼教真谛和亲子生态展开系列社会传播和公共服务活动，希望能引发促进社会各界对儿童的尊重关切及对于幼教亲子的理解重视，通过这一代人的努力去实现影响三代人的使命，做好人才奠基，促进长效治理。

2018年，也正是中国改革开放40周年，作为身体力行陪伴中国幼儿教育改革发展这一路历程的见证人，且以这本小书为纪念，呼唤"中国幼教成年礼"，期待中国幼儿教育走向专业化、社会化、国际化的新纪元。

作　者
2018年5月于杭州

教育是什么

教育是什么？

是知识的填鸭器，是技能的训练棒吗？

不，教育是成长的播种机，

播下人生幸福的心灵营养，支持生命健全生长。

教育是什么？

是证书的考试机，是文凭的印刷仪吗？

不，教育是理想的长明灯，

点燃生命追求的希望火花，照亮心灵勇敢前行。

教育是什么？

是名利的追逐场，是权贵的攀爬梯吗？

不，教育是未来的导航仪，

指明精神进步的科学方向，引领人生正向启航。

教育是什么？

是风华的娱乐秀，是炫耀的竞技赛吗？

不，教育是人类的定心盘，

传递文化发展的创新力量，倡导社会幸福共享。

这样的教育，不是从大学开始，不是从小学起步，

而是要在人生初始的幼儿教育，

就要播下营养，播下希望，播下方向，播下力量，

才能让人类收获健康完满的终身幸福与和平发展的共同理想。

第三章
全能宝宝
课程实践

第四章
全能宝宝
管理系统

第一章

幸福，从幼儿教育开始

播 种 幸 福

幼儿教育的顶层设计，人类发展的根基工程

第一节　对当代社会的深度反思

一、现实叩问：我们因何迷失幸福

十多年前，我在《打造孩子一生幸福的幼儿教育》一书中，曾经用这样"耳闻目睹的现实"来开始我的写作：一位女大学生在旅途中被村妇拐卖到偏僻乡村达数月之久；一位著名大学研究生因生活琐事与女朋友发生争执，怒而杀害女朋友……种种诸如此类的现象引发我们的思考：为什么大学生的智慧难敌村妇乡姑的骗术？为什么高等学府的莘莘学子却不会处理简单的生活问题？为什么我们都学过中学物理却不会接电线开关或修理简单的电器？为什么我们人人都会说"对不起""没关系"，却有许多人在公共场合因无意碰撞而口出秽语甚至大打出手？为什么我们从幼儿园开始就接受各种道德规则教育，可到了成年社会还要一遍遍地补习"请爱护草地"、"请勿乱扔垃圾"等等最为基本的公民行为规范？这种种问题给我们的教育敲响了警钟：教育的使命何在？我们到底要教给孩子什么？什么才是真正有价值的教育？

可没想到，时隔十几年，这些问题不仅没有得到有效的改善与解决，反而愈演愈烈。每天醒来，似乎随处可见各种令人心惊的社会新闻：校园性侵、幼师虐童、室友投毒、高考作弊、校车事故……从学校到社会，则是官员贪腐、执法暴力、马路杀手、有毒食品、公益危机……还有大学生就业问题，层出不穷的各种艳照门事件，甚至公交纵火这样的重大恶意伤害案，父子为斗气而互撞豪车这样匪夷所思的闹剧，以及母亲将孩子扔在家里活活饿死这样惨绝人寰的悲剧……再将视野放大到整个国际社会，校园枪杀、恐怖

活动、种族战争、毒品泛滥、地震海啸、地球污染……

人类社会的这种种不和谐音符不断地在敲击着我们的脑海，叩问着我们的心扉：我们的社会怎么了？我们的地球怎么了？为什么科技如此发达，和谐的文明却似乎正在失落？为什么财富日益增加，安宁的幸福却正在远离？是什么造成了这一切的存在？

或许，一千个人有一千种理由来控诉这个社会的不是：政府不力、体制不良、执法不严、经济不振、资源不足、分配不均……但您可曾想过在这些原因的背后，有一个根本性的因素在起着决定性的作用？那就是人，是人的发展最终造成了这一切。制度由人来制定，政府由人来监管，法规由人在执行，经济由人在运行，资源由人在分配使用……任何一个环境都由人使用，也由人创造。也因此，不管是中国社会还是国际社会，不管是自然环境还是社会环境，这一切，归根结底都是人的因素使然。那么，人的发展是如何影响这一切的现实存在，或者说，是如何造成这种幸福与和谐缺失的社会现象的呢？

十几年前，我曾经就云南大学生马加爵杀害四位同窗学友的案件接受过新华社记者的专访，探讨"教育之痒到底痒在哪里"的问题，提出几个观点：一、命运从第一个行为开始播种。马加爵犯罪事件发生在青年时代，但根源却在童年时期。在当时，他的性格中便已埋下不善与人交往、不善表达情绪的"毒素"隐患。二、人格培育根在家庭早期教育。三岁看大，七岁看老，这主要是指人格精神的奠基，但如今的早期教育却大为偏颇，家庭教育更是缺乏正向引导。三、真正的教育，是培养"阳光般的生命感觉"。从小把人培养对了，让孩子拥有尊重生命、热爱生活、积极乐观的人文精神与人格素质，就像植物一样根正苗肥没有病态，经得住风吹雨打健康成长，而不容易偏离正向社会化轨道。

十几年过去了，诸如此类的案例竟然越来越多。尽管不能把这些行为完全归咎于个人，而忽略社会机器的整体运转影响，但若没有健康幸福的个体，又如何能够形成健康和谐的社会群体呢？这种个体人格与群体文化的关系也呈现出波粒二象性。就如同一根项链，尽管穿着珠子的那根绳子很重要，但若没有一颗颗漂亮的珠子作为基础和条件，又如何能够串起美丽的社会群体之链呢？

归根结底，整个社会的治理改善，还需要从每一个人的发展角度来思考并着力践行。只有这样才能真正让幸福回归本心，从而有效串起和谐社会的美丽之链。而这一人类社会重任，教育责无旁贷。

二、共同关注：幸福是人类根本愿望

哈佛大学的"幸福课"超过一直稳居榜首的"经济学导论"而一跃成为排名第一的课程，并风靡全球，中国中央电视台一个"你幸福了吗？"的调查访问更是让"幸福"一词成为街头巷尾的热词；而2012年6月28日第66届联合国大会宣布，追求幸福是人的一项基本目标，幸福和福祉是全世界人类生活中的普遍目标和期望，决议将今后每年的3月20日定为"国际幸福日"。越来越多的迹象表明，幸福，已经无可阻挡地进入当代社会的关注视野了。

深度反思一下当代"幸福热"的根源，为何一个多少年来都司空见惯的寻常词语，却在短短几年内成为社会的热点聚焦？不仅进了高等学府的课堂，上了官员施政的纲领，更从原来高高在上的学术研究象牙塔中降落到民间，成了越演越烈的公众诉求趋向？这从表象上分析，是因为人们已经不像过去那样局限于对外在知识技能和物质金钱的诉求，而是开始关注个人生活的内在体验与精神追求。但从更深层次的视角，或许与人的主体性发展进程有关。

回顾一下人类历史进程中的观念的发展变化过程，我们不难发现人的主体意识是与社会发展同步进化的：古代人的观念强调"我不属于我自己，我属于城邦"；中世纪人的观念是"我们不属于自己，属于上帝"；而现代人却认为"我属于自己，不属于任何人，也不属于天使和上帝"。人类社会每一次重大的发展都唤起主体意识的新的觉醒。而到了当代社会，人的主体意识更是从诸多外在羁绊中慢慢解脱出来，开始回归自己。但回归自身的过程，依然经历了一个从外向内的发展历程，比如，现代许多人认为人生在世，便是为名为利，或为自尊面子，或为求全他人。可等到有了名利财富，顾及了一时面子，或求全了一时委曲，却依然不能让自己感受到幸福快乐，于是，便重新回到内心，去寻求什么是自己真正所求所需，而最终的关注，往往会指向幸福的命题。

这是因为，幸福作为一个人对于生活状态的主观感受，它是受主体内在需求决定的：需求得到满足，便容易有幸福感；没有得到满足，就会失去幸福感。因而，一个人的主体意识越强，对于幸福感的内在诉求就越强烈。而处在这样一个开放自由的时代中，每个人的主体感知和发展需求各不相同，因而人对于幸福感的目标追求也多种多样：有的重在物欲，有的重在精神；有的重在生存满足，有的重在价值体现。但总而言之，这所有的追求都指向同一个终极方向，那就是，每个人都要在自身的体验与发展意义上感受到幸福。这是人生的终极目标，也是人类共同的根本愿望。我们生而为人，便应该是从自我出发，走向外部世界，在逐步社会化的过程中追求幸福、感受幸福，并将自己的主体诉求不断深化、提升、放大，从而不断地创造更高层次的幸福感。也正是在这样的过程中，人们实现了自我与社会相辅相成的人格修炼，最终成就自己生命的独特意义。

借用一句经典的广告词来表达："人生就像一场旅行，不必在乎目的地，在乎的是沿途的风景和看风景的心情。"这里，看风景的心情，便是主体内在对外部世界的幸福体悟。人生决非为任何外物而来，而只是从自己出发，去感知外部世界，再带着整个世界"回家"——与自己的内在合一。用中国古人的话，其最高境界，就叫"天人合一"——将小小的自我，与这个大大的世界完全融合在一起，随时感受内外和谐的幸福。

也因此，人类追求幸福的过程，也是自我主体意识高度觉醒的过程，是整个人类开始回归共同本原的过程。所有的社会外物，无论是经济、教育、文化、法律、道德、宗教，都只有循从于这样一个人类根本的、共同的幸福愿望，才能有望让这个世界真正获得和谐。

而现在，我们正走在这样的大道上，从不同的起点、不同的方向走来，以不同的方式、不同的形态，寻觅同一个目标——由我们每一个人共创，也属于我们每一个人共享的人类幸福社会。

对幼儿教育的重新界定

一、幸福奥秘：幸福来自人格基因

既然我们人人都意识到幸福是自己的根本愿望与终极目标，那么，为何现在的人却越来越感受不到幸福了呢？窃以为，这恰恰也是因为我们的主体需求释放造成多元化冲突的结果。也就是说，在一个共享的空间内，每个人都开始自由发展，有人想要这个，有人想要那个，当这些诉求碰撞在一起而产生外在资源竞争和内在矛盾纠结的时候，冲突便不可避免地发生。而每个人处理冲突的不同方式，便直接影响到自己和他人的幸福感体验，这才造就了似乎穷人不幸福，富人也不幸福，读书少难以幸福，读到大学博士也未必幸福的社会现状。

那么，影响幸福的奥秘到底在哪儿呢？既然幸福是人的内在对于外部世界的主观感受，那么，幸福的根源肯定来自于主体本身，而非外部因素。打个比方：同样是一杯水，一个口渴的人喝了，就会无比幸福，而对一个酒足饭饱的人而言，或许就毫无价值。所以，人生幸福的问题，必须回归到一个个"我"的本体去着手解决——把幸福因子根植到人的主体世界中，再经由内在的幸福心智而反射出对外在生活的幸福感悟。就像我们经常所说的那句话：世界上不是缺少美，而是缺乏发现美的眼睛；生活中不是缺少幸福，而是缺乏感悟幸福的心灵。

这个"发现美的眼睛"和"感悟幸福的心灵"，便出于一个人的人格系统——是积极的，还是悲观的；是敏锐的，还是钝感的；是接纳的，还是抗拒的。记起一个生活中的例子：一位教授家里因水龙头未关而水漫金山，殃及地下车库，教授心急抱怨，可她那个刚从国外回来的高中生儿子却耸耸肩膀说，有什么好抱怨的呢？这就是生活，总会给人带来一些意外。经如此一提醒，教授忽然觉得，这件事真的没那么烦恼了，只是需要去解决就是。可见，影响幸福的因素，其实与年龄、学识都是没有多大关系的，它只与我们如何看待这个世界，如何对待自己所面临的问题有关。

在《打造孩子一生幸福的幼儿教育》一书中，我专门提出过"幸福生活力"（简称"幸福力"）的概念，是指一个人要具备一生幸福所必须具有的基本观念、基本知识与基本技能。这种"幸福力"并非像其他技能一样，只要经过头脑灌输或身体训练就能掌握应用，这是远远不够的。它只有经由身心灵的系统运作而深深根植到个体的人格系统中，成为生命内在合一的整体，才能在面对外部环境时自然而然地反应出来。也就是说，幸福力相当于一种人格基因，一旦形成，就会在各种情境下自动反应，帮助主体积极有效地应对，从而影响到主体对幸福的感悟和再创造。所以，从这个意义而言，幸福力其实更多是一种心感能力，由内心对外部世界的感知和反应。它形成某种特定的观念、认知并由此学习产生实际的行为能力。

那么，什么样的人格基因，才真正具有"幸福力"呢？我曾经在一篇《幸福源于爱与自由》的采访文章中描绘了一棵"幸福树"的形象：幸福以爱为种子，以自由为主干，以珍惜为叶，以包容为花，以创造为果。它扎根于生活的土壤中，沐浴着健康身心的阳光，用充满智慧的实践活动作养分，不断创造丰富的物质生活与精神生活，浇灌着幸福之树茁壮成长。

这里将自由与爱作为幸福的核心基因，是因为它们分别代表影响幸福的两个维度，一个是个体自我，一个是群体社会。对于个体而言，自由是幸福的命脉，一个人只有让自己的主体需求得到全面释放，让自己的价值能力得到充分展现，才会产生真正的内在幸福感。但当每个人的自由都肆意释放而不顾及他人时，这种个体的幸福感就会因彼此冲突而遭受到破坏打击。当前国内国际社会的幸福感普遍缺失，恰恰就来自于这种人与人之间、群体与群体之间、国家与国家之间的冲突争端。因此，幸福基因不仅来自于个体的自由，它更需要站在社会群体的意义上来建立爱的联结与包容。因为，每一个人都生活在一个共享的社会，无时无刻不在与人发生着各种各样的关系互动，这几乎构成了生活的全部内容。唯有让人感受到这个公共社会环境中的安全、尊重与关爱，才能使每一个人的自由得到相对的保障，让每一个人享受到真正的幸福感。因此，爱才是所有幸福感产生的种子基因。因为有了爱，我们才懂得包容、感恩和珍惜，才能培育出对每一个人自由的尊重和生命的爱戴，也才能培养出每一个人的主体自由感，从而有了健康、独立与创造的心智力量，去共同构建一个既属于每个人自己又能让大家共享的幸福社会。

这样的幸福社会，我用中国的成语来归纳，就是"各得其所，各就其位；各显其能，各尽其才；各取所需，各获其得"：每一个人都能在社会上找到自己合适的位置，去尽情施展他的才华，充分发挥他的潜能，去创造并获得自己想要的东西。用德国诗人荷尔德林的表达，就是"世界尽管充满劳绩，但人人都诗意地栖居在大地上"。幸福不是来自于不劳而获，而是让每个人都能以自己的方式安然享受对这个世界的共同创造。

而这种爱与自由融合而成的"幸福力"，必须从根部开始培植，让它深嵌于一个人的人格系统中。只有这样，它才能持续有效地作用于人的生活，支持一个人一生的成长。

二、幸福真谛：幸福扎根文化土壤

前面说过，如果把幸福比喻为一棵树的话，自由与爱的基因都可以由主体通过自身的觉知和努力去培植生长。但问题是，这样的"幸福树"必须根植于特定的土壤之中，这一土壤，便是我们每天所生活在其中的社会文化环境。若离开这一生活土壤，幸福便如空中楼阁，无以扎根建树；若文化环境无营养或不健康，幸福便也如同种植在贫瘠土地或暴露在被污染的空气中，无法顺利长出良木茂林。

从人类个体的进化本身而言，无论是主体自由意识还是社会交互心智，现代人都应该是大大超越过去的，但为何却越来越难以得到幸福了呢？一个很大的原因，就是社会环境受到了"污染"而殃及个人的"幸福之树"的健康生长。尤其是物欲化的社会价值观，使得很多人都被一种"天下熙熙，皆为利来；天下攘攘，皆为利往"的功利追求所绑架，而失却了自己独有的原本真性，也忘却了人间相互关爱的本质。千军万马都争先恐后地挤攘在疯狂逐利之道上，难免相互践踏，做出伤天害理之事。就连一些原本老实纯朴之人，也被污染得丧失良知而变得漠然绝情，甚至加入到铤而走险的破坏队伍中。这样一来，就越发加重了整个社会环境的精神贫瘠与文化污染，让大家越来越呼吸不到清新空气，吸收不到健康养分，幸福之树就越发难以生长。

社会文化环境与个体幸福成长的关系，或许可以用美国心理学家布朗芬布伦纳（Urie Bronfenbrenner）始创的人类发展生态学理论来加以说明。他认为，影响人发展的因素是一个整体，它是由大小不同的系统相互作用构成的社会生态环境。这些系统区分出不同层次：人处在这个生态圈的核心；其次是人生活的直接环境，比如家庭、学校等，这是影响人发展的微观系统；再是由两个或多个微观系统之间的相互联系构成的中间环境，比如父母的生活方式、学校的管理系统等，这些是间接影响人发展的中观系统；还有一些系统在中间系统之外，但通过种种渠道影响到人的发展，比如父母的工作环境、教师的社会环境等等。这些系统之中的社会文化观念、思想意识等共同构成影响一个人发展的宏观系统。

当前各类校园侵害案和家庭伦理案的日益增多，是与整个社会的风气污染分不开的。物欲、功利、急躁、失范的社会文化氛围，让很多直接服务于儿童的教师和家长都丧失了自己的本位职责及道德戒律，而做出有害于学生或子女

之事，就相当于社会宏观系统的大气层受到污染，透过一层层的生态系统，影响到孩子所在的核心圈。而这种家庭和学校教育的失职又反过来影响到儿童成长过程中"幸福力"的培育与人格的健康成长，从而使得他们成年以后更加难以成为优秀的教师及称职的父母，也更加创造不了良性的社会文化。正是因为这种系统内部和系统之间的相互影响，才使个体人格的幸福之树和群体文化的幸福土壤同时受到侵害，从而影响到整个社会的幸福景象。

正因如此，当前中国已经开始出现两种社会传播倾向：一种是强烈呼吁改革政治文化体制、完善社会服务机制，让社会土壤尽快地健康、纯净起来；另一种是已经开始意识到个人的观念心智行为对于整个社会文化的影响作用，而发出"传递正能量"的倡导。特别是2013年6月在厦门发生的公交车纵火案——一位生活失意者故意找高峰期的公交车来纵火泄愤，致使数十人失去无辜生命的惨案，让许多中国有识之士开始警醒。有一位记者在微博中写道："厦门公交车纵火案，从本质上说是一个绝望者对全社会宣战的悲剧。这种悲剧的警示意义是，如果我们漠视他人的苦难和绝望，没准你我就会成为下一个悲剧的道具。"这样的心声代表了相当一部分人的公共社会意识觉醒。而在杭州相继发生的一系列"最美"事件以及由此延伸出的"最美精神"价值弘扬活动也同样表达了个体人格精神与社会群体文化之间休戚相关的相互影响关系。

个体幸福与社会文化，就如同鱼水之间：水受污染则鱼难以健康成活；鱼不健康则水难以清澈秀美。我们每个人在追求自由，追求个人需求满足的同时，一定要时刻关照到整个社会文化的健康净化作用；我们在感知评判社会环境是非优劣的同时，一定要深刻认识到个体自我言行对于这个社会文化氛围的影响作用。既做到自律，又懂得顾他；既有主体意识，又有大局观念：这样才能真正把握幸福真谛，共创幸福土壤，共育幸福大树。

三、幸福基石：幸福源于幼儿教育

幸福之树根植社会土壤，幸福之种源于爱与自由。那么，我们如何耕耘这样的土壤，培植这样的大树呢？教育自然责无旁贷。

因为当前社会对"教育"一词普遍的偏解误用，我们有必要在这里再来厘清一下"什么是教育"的问题。

我们通常所指的"教育"，具有两个含义：一是指广义的去影响人发展的一切活动；二是指狭义的有目的、有计划、有组织地对人实施影响的教育活动，一般指学校教育或家庭教育等等。只是很遗憾，当代社会的功利化发展，不仅把教育的外延狭隘化为上课的形式（比如早教），还把教育的内涵都机械化为单纯的培训、考证了。这不能不说是对于"教育"这一概念的莫大歪曲与亵渎。

"教育"一词的英文名来源于拉丁语 êducarò，意思是"引发"、"引导"，是指把潜藏于人身心内部的某种自然潜质引发出来，成为一种现实的状态。也就是说，教育的本质不是把学生当作没有生命的工具来训练，也不是把学生当作没有自我的容器来填充，而是要站在理解生命、理解人性的立场上来把学生原有的内在潜质和能力"勾引"出来、诱导出来、激发出来，是协助孩子生命自我成长、自我发展，是提供"生命营养"。国际21世纪教育委员会在向联合国科教文组织提交的教育研究报告中也已明确指出：教育是"保证人人享有他们为充分发挥自己的才能和尽可能牢牢掌握自己的命运而需要的思想、判断、感情和想象方面的自由"。

那么，教育要提供什么样的"生命营养"，要帮助人们学习掌握怎样的"命运"呢？很显然，最终答案便是"幸福"。对于人的终身发展和终极意义而言，教育所需要起到的最大作用，就是培养一个人的"幸福基因"，帮助他获得体验当下生活幸福和未来人生幸福的"幸福力"。

接下来的问题是：这种幸福基因又是从何而来，这种幸福力又是如何生

长的呢？这就首先需要从一个人的身心发展规律中去寻求答案。

当代已有脑科学、心理学、社会学等各方面的研究成果表明一个人的幼年经历对于一生成长的决定性影响作用。意大利教育家蒙台梭利（Maria Montessori）则更是用0—18岁各个阶段生命发育成长的自然程序表为我们揭示了人的发展基于童年培育的科学奥秘。

蒙台梭利提出人类有两个胚胎，发育期在出生以前的身体胚胎和发育期在0—6岁的人类特有的精神胚胎。这种精神胚胎是人的气质、性格、思维方式的内因，它是人成长过程中，通过环境和人文的映射、反馈、教化而形成的具有个性化的性格特质和思维系统、精神世界。这样一个精神世界或性格、思维系统，便是人格的核心主体，也构成一个人如何看待自我、反映世界的"幸福基因"部分。

蒙台梭利认为，人在出生至3岁左右，蕴藏着一个惊人的"秘密"：这个时期的生命就像海绵一样，会对周围环境中的一切信息进行"全面性"吸收，不自觉地、专注地、自发地吸收其周围环境中的一切现象。大人要费60年工夫才能学习到的文化要素，这个时期的孩子却能凭借这种"吸收性的心智"而在短短三年内完全吸收。而3至6岁则进入"建设性完善"过程，即有意识地对前一阶段吸收的这些环境信息进行加工、建设和完善的时期。打个比方，如果孩子的性格发展是搭积木或织布的过程，那么在3岁以前就是儿童运用自己的心理能力收集到尽可能丰富的积木或纱线材料，到3至6岁阶段就是在成人的引导下把这些积木搭建成房子或把这些纱线经纬有序地织成布料的过程。如果前一阶段所收集的材料信息不足，这一阶段还可以弥补调整，但错过这个时期，当心智方面的许多敏感期都已过去，孩子完成了对周围世界的初步适应，人格雏形基本形成之后，就难以彻底改变了。

当这种"三岁看大，七岁看老"的童年奥秘和幸福人生、幸福社会的教育终极目标碰撞在一起，我们就有充分的理由来对幼儿教育的整个性质和功能做重新定位。

首先，幼儿教育决不能将孩子作为成人的附庸，只是行使帮助父母代养托管，以减轻父母工作生活负担的功能，尽管这一功能无可回避。幼儿教育有其自身的专业化意义，那就是，把孩子作为一个特殊的个体与群体，提供给他们在这一阶段所需的特殊的生命营养教育。这一特殊性要求我们必须去认真地研究婴幼儿，深入细致地读懂他们，以能够提供最适切、最有价值的科学教育。在这个意义上，我们需要对幼儿教育建立专业化的尊重之心，而非只是出于功利性的表面化重视。

其次，幼儿教育不仅仅是完成婴幼儿阶段本身的专业化培育，更重要的是，它是一个人一生的幸福人格奠基，也影响着整个幸福社会的根源发展。"老吾老以及人之老，幼吾幼以及人之幼"是我们中国传统的社会兼爱美德，但如果我们真正深刻认识到"儿童是成人之师，儿童是成人之父"这样的根源性奥秘，那么，我们就不得不对幼儿教育重新生发一种来自心灵深处的谦逊敬畏之情。真正懂得做好幼儿教育，才是为我们每个人世代传递的幸福人生扎根播种，也是为整个社会的和谐发展担负起根本的责任。

第三，当前幸福的缺失和社会的痛症，归根结底都是因为教育实践的偏颇割裂，使得这一全面育人工程沦为了应试考证的技能培训，而未能对人的内在发展和外在生活真正起到提供生命营养的作用。但根据人的身心发展规律，哪怕任何阶段都可以将教育与生活暂时分离，幼儿教育也万万不可。因为这一阶段是孩子全面性吸收、整体性建构的时期，不只是教师对孩子的现场教学，或者是父母对孩子的单纯训练才对孩子起到有效的教育作用，而是这个环境中的每时每刻、一切因素都在对孩子的心智吸收和精神发展起着全面渗透的影响作用。尤其是家庭，更是"制造人格的工厂"。从孩子生下来开始，父母的一言一行，以及整个家庭的气氛，都无时无刻不在影响着孩子的各方面吸收，影响着幸福基因的培育和成长。也因此，幼儿教育决不仅仅是某些早教机构或幼儿园的专职任务，而是家庭、机构、社会全面互动相互影响的生态系统。在这里，家庭是第一影响系统，父母是幼儿教育第一责任实施主体，教师则是引领指导孩子和父母健康科学发展的幸福教育实施专业主导力量，而社会上的每一个人，都需要承担起为这一幸福之树开辟、耕耘健康文化土壤的幸福社会教育公职。唯有如此广泛关注、协同合力，才能为每一个孩子的健康成长打造一个幸福生态园，从而真正从源头去建构我们的幸福社会，造福我们世代相传的幸福人生。

正是在这样的意义上，我们需要"换种思路做幼教"，将幼儿教育放到一个人终身幸福的源头事业和整个社会和谐发展的奠基工程这样的深远视野，来重新界定幼儿教育的内涵和外延，重新构建幼儿教育的理论和实践体系，并付诸全民行动。

在这一章的最后，我想用一个故事来总结这样的认知与愿望：

在非洲草原上，有一种长得最高的尖毛草，有"草地之王"的美称，它的生长过程十分怪异。在最初的半年里，它几乎是草原上最矮的草，只有一寸高（约3.33厘米），人们甚至看不出它在生长。在那段时期，草原上的任何一种野草，长得都要比它旺盛，没有人能够看出尖毛草会是今后的"草地之王"！但半年过后，在雨水到来之际，尖毛草就像被施了魔法一样，以每天一尺半（约49.99厘米）的速度向上疯长，三五天的时间，它便会长到一米六至两米的高度。大片的尖毛草，就像一堵突然竖起的墙，让人感到无比的震撼！

这一自然现象曾引起许多人的好奇。科学家们来到非洲草地，专门研究尖毛草的这一现象。研究表明，尖毛草其实一直在生长，但它不是在长身体，而是在长根部，在长达六个月的时间里，尖毛草的根部长得超过了28米，无声地为自己的将来做准备——当它蓄积了足够的营养和能量后，尖毛草便一发而不可收，在短短的几天时间里，一下子长成了草地之王！

草地之王的秘密，就在于它的根。而幼儿教育，对于人类幸福成长及社会和谐发展而言，便是这样一项非凡独特的"根的事业"。也因此，无论我们对它抱着如何的谦卑敬畏之心来执着以求都毫不为过，因为，它不仅映照着我们的现在，更决定着我们的未来。

第二章

全能宝宝
教育理论

播 种 幸 福

幼儿教育的顶层设计，人类发展的根基工程

全人发展：
人类幸福追求的必然趋向

一、理想人格——教育与幸福之间的终极媒介

在前面的导论里，我们已经提出：幸福是人类的根本愿望，是个体的终身诉求。这样的目标愿望需要经由教育培养"幸福力"去获取达成。那么，教育如何能够将人引向幸福人生，将社会引向幸福和谐呢？这两者之间，必须通过一个媒介来实现，那就是建立理想人格系统，促进人的完美发展。

在论述这个理想人格问题之前，我们先来了解一下幸福与人的发展之间的关系。十几年前，我曾经专门做过一个幸福民间调查，以了解"什么是幸福"的问题。调查的开始非常有趣，我是先随口问问当时才六七岁的儿子："什么是幸福？"他不假思索地回答："幸福就是睡大床。"我心头一震，便灵机一动，再问："那么，以后你睡大床，爸爸妈妈睡小床如何？"他急得连忙摇头："不要不要，你们不睡大床，我睡大床又有什么意思呢？"

这个对话，让我领悟到一点"幸福真谛"：儿子的幸福不在大床本身，而在于能否与我们挤在一起睡。看样子对于成人也不能这样直接相问，否则也有可能被引入"歧途"。于是我改变了调查方法，变为这样设置问题："如果幸福总数是100分，你认为你已经得到了几分？"这个问题只是铺垫，接下来这个问题才是关键："如果说你的幸福指数是80分，那么没有得到的20分是什么呢？"通过这样的问答，迥然不同的幸福观跃然纸上。

当时我调查了数十位不同年龄、不同社会阶层的人，从对他们幸福指数缺失的分析中，我能够明确地感受到幸福便是各自需要的满足，不同的需

要阶段，便会有不同的幸福追求。比如，一位私企老板认为，幸福就是自由度。他虽然赚钱比员工多，但每天要想着养活那么多人，不能去自由地安排自己的生活。而一位外地打工者则认为，幸福就是理想实现。他的理想是自己创业，但没有实现。还有就是家庭问题，父母生病，与女朋友又有矛盾，因而很心烦，不幸福。还有一位知识型全职母亲则认为幸福是一个过程，与不幸相伴。她的幸福指数一半丢在无知，另一半丢在不自信，不敢去尝试做一些自己想做的事。

从这些调查可以看出，人的幸福感其实与马斯洛需要层次论有关，与每个人自身某个阶段的追求有关，它基本上可以对应于生理需要、安全需要、情感和归属需要、尊重需要、自我实现需要等各个层面。这也就可以解释，为什么人们常把拥有更多的钱、买更大的房子、享受更好的生活作为自己的幸福追求，而许多人真有了钱却再也享受不到有钱的幸福。这是因为这一需要得到满足了，便产生了新的需要，自然对原来得到满足的东西就不在乎了。在这个意义上，幸福便如同通往需要之巅的一级级台阶，成了永远难以穷尽的无顶之攀。

既然幸福与需要的满足有关，那么，这个不断变化发展的需要是如何产生的呢？中国古人用"修身、齐家、治国、平天下"来表达一个人的发展过程，就是先从自我修炼开始，逐步将视野扩大至家、国、天下。而自身关注到哪一步，他的需要便会投放到哪一步，因而，幸福感的产生与缺失，也与那些相应的内容相关。心系"治国平天下"之人，自然而然会产生"为天地立心，为生民立命，为往圣继绝学，为万世开太平"的理想之志，将自己的幸福与整个国家、民众、世界的命运紧密联系在一起。所以，一个人追求幸福的历程，其实就是其人格不断修炼提升的历程，人格发展到哪一步，便会产生与之相对应的需求，也自然会有相应的幸福观展现。

有中国学者专门提出过理想人格结构模型，认为一个人的理想人格结构分为由浅入深的五个层次：健康、文明、科学的日常行为方式；专业、规范、本质的角色认知；独立首创的个性气质和价值；全面发展的心理需求；人类进步的价值取向。并且该学者认为，一个人的理想人格与现实人格落差越大，就越痛苦。（叶南客：《现代化进程中理想人格与现实人格的落差》，《求索》1995年第6期）

从中我们也可得知，幸福感来自于理想人格与现实人格的合一实现，而幸福感的缺失便来自于理想人格的现实落差。很多人追求名利幸福，其实并不在于名利需求本身，而是透过名利获得自我价值的实现。比如企业人总想通过获利而展现自己的价值，仕途人总想步步高升而获得自己的名望。但人一旦在某种程度上实现了追求，他就会向更高的层次去提升发展，从而产生新的需求，因而也会有新的不满足。若没有新的提升，就会沉沦在低层次的人格系统中，失去幸福追求的正向目标，比如那些温饱思欲的贪官或赌徒就是人格修炼抵御不了现实诱惑，迷失了方向，最终失却幸福。所以，无论是怎样的人，追求怎样的幸福，其归根结底，都是与主体自身的人格发展息息相关的。要想获得不断提升的幸福，或者要想避免矛盾冲突带来的不幸福，最根本的路途，就是充分健全自己的人格，让理想尽可能与现实合一。

这便是教育所必须承担的责任以及必须做出的贡献。因为人格是在人与环境的相互作用中形成、发展和变化的动态系统，理想人格中每一层次的形成发展都受着人、社会和教育三方面因素的影响。人的个体潜能是人格发展的内在条件，它决定着理想人格中的能动性和独特性成分，也就是说，一个

人可以成为怎样的人，是受他的先天潜能决定的。一个音乐天分50分的人，不可能将他训练成80分、100分；一个内向型的人，不可能让他完全变成外向型。社会生活则是人格发展的外部环境，它决定着理想人格向社会所要求、所期待的方向发展，构成人格的现实性和规范性成分。比如一个艺术创造潜能100分的人，如果没有相应的社会环境来熏陶，也可能只发挥到60分、70分；一个极其外向好动的人，如果生活环境很压抑，也可能变得内向自律：这便是社会对个体潜能的制约与规定。

那么，这两者之间由谁来协调呢？教育便担此重责。教育是人格发展的动因，它引导理想人格走向个性化和社会化的统一，构成人格中的理想性和创造性成分。教育的本质就是"引发、引导"个体的自然潜能，使它能够被充分发掘出来成为现实状态，而这种现实状态，受着社会规范的制约。教育便需要在这两者之间充当天平调节器的作用，使人的理想人格与社会现实协调合一，既帮个人实现理想人格，又为社会创造理想现实。

但是，由于人自身、社会、教育这三方面的各自局限与相互冲突，个体人格系统的各要素不可能达到极度的发展和完美的统一，正所谓"金无足赤，人无完人"，理想人格系统只是一种理想状态，它永远是教育所要追求的顶峰目标，也是幸福人生和幸福社会的终极实现。

二、全人教育——自我与社会之间的平衡载体

综观中外教育史，可以从中理出一条从人性起始到功利变异再向人本回归的发展脉络。总体而言，中外教育的初始理念，都与人性相关。从中国儒家启蒙的"人之初，性本善。性相近，习相远"到"不愤不启，不悱不发"的因材施教方法，再到"人皆可以为尧舜"、"始乎为士，终为圣人"的培养目标（张传燧：《解读中国古代教育思想》，广东教育出版社2009年版），几乎都围绕着人的性情、人的发展这一条主线展开。但中国教育与西

方教育的不同点在于，中国教育产生于封建社会的特权阶级，是士大夫阶层修身养性或登入仕途的必由之路，强调教育的同一性与继承性功能，目标指向培养"圣人"之终极。

西方教育以美国为例，则是产生于殖民时期。当欧洲移民在北美洲这个新世界刚扎下根，他们便意识到，在殖民地不断扩展的过程中，为了生存必须通过教育来培养人的自由、平等和文明意识，并从最初的宗教服从开始走向公共社会教育，即为社会培养具有良好教育、遵纪守法的公民，使新移民美国化。在这样的基础上，又发展出公共学校运动和"以儿童为中心"的进步教育运动，从而奠定鲜明的美国教育特色（陈立兴、杨畅等著：《教育富国论》，人民日报出版社2011年版）。从这样的美国教育发展脉络来看，便可比较出它与中国教育的区别在于，它起始于对公共社会平民阶层的教化需要，不是为培养"圣人"，而是从人的本性起点出发，追求自由平等的共和思想。它更强调教育的多样性与创新性，注重通过个人的充分发展来获得社会的公共实现。

由于事物本身的发展规律，无论是怎样的教育，也都容易趋向离根忘本的功利发展，就像小树长大开花结果以后，我们就会忘记它的根部和种子一样。中国古代传统教育这种远离平民生活的特权修身及出仕思想便将它逐步导向了八股文及科举制度的末路，也造成了现代中国社会应试教育的沉疴痼疾，尤其是西学东渐的科学主义思潮更加剧了重学科知识轻人文价值的失衡状况，因而激发了素质教育与应试教育之间盘旋多年的拉扯之争。而西方教育一味注重科学主义、强调个人发展的思想也导致对于智力开发的片面追求及集体规则教育的缺失。在这样的发展局势中，全人教育的思潮应运而生。

我个人认为，全人教育对于当代世界的最大贡献，就是终于摆正了"以人为本"与"以社会为本"两端一直摇摆不定的价值天平，将两者有机地整合起来。教育的功能不外乎发展人和发展社会两大方面。是立足于人的自然本性还是发展人的社会属性，是服从于少数人的特权意志还是服务于所有人的公平意志，不同的价值选择便会导向完全不同的教育形态。强调个人发展、强调公共社会平等意识的教育，自然就会注重以人为本的价值导向，强调权威服从、强调出人头地的阶层之争的教育，自然就会注重以社会为本的价值导向。但历史发展的事实却告诉我们，人和社会是一个整合体，没有一个能够离开社会而存在的人，也没有一个可以不依赖于人而存在的社会。因而，无论是偏重以人为本还是以社会为本，都无法指向真正令人满意的教育。只有将一个人的个性潜能与社会需求完全统整合一地植入到人格系统的发展中，才能培养出真正为社会所需，又能让自己快乐幸福的人，教育的育人目标和社会功能才能双效达成。在这个意义上，"全人教育"理念恰是个人主体意识与社会公共意识双向发展的融汇集结。

"全人教育"的自我和社会价值整合已无异议，但尚需深入探讨的是"全人"之"全"究竟落在何处。是"什么都有"的"全面"呢，还是整合一体的"完全"？若是前者，其实对于中国人并不陌生，从中国古代西周开始就提出了包含礼、乐、射、御、书、数在内的"六艺"教育，到新中国教育方针则更是提出培养体、智、德、美全面发展的接班人。而到了现在，学校里的科目越来越多，学科也越来越细分，几乎什么都有，什么都学，但为何却培养不出既快乐又有用的人才呢？问题就在于，只注重知识的"全面"而忽视人的"完整"。因而，哪怕知识再多也发挥不了作用。打个比方，知识是从人格的主干上长出的枝丫、结出的果实，人性之根不在，人格主干无存，也就难以长出真正的智慧之果。所学知识如同盘中散沙，无有聚合便难以筑起价值大厦。这是当代教育的误区悲哀，也是全人教育的价值所在，它不仅是指"全面发展"，更重要的，是指"充分、整合、完美"发展，在这个意义上，与中国传统教育培养"完人""圣人"的目标契合一致：即培养既顺应天道又契合人道的"全德之人"。

我常常用中西医的不同特征来理解中西文化的区别。中医强调整体、系统，认为一切局部表征都是系统运作结果，所以要整体调理以治本；西医则强调个别、针对，就是抓住病征，头痛医头、脚疼医脚，药到病除，是标治。中西教育也具有相应的特色，西方教育强调对应细分，因而更易科学化，也便于应试，而中国教育其实从古而来就强调人格整体培养，但这种人格教育就像中医一样，需要系统治理，很不容易用对应细分来训练、测试，因而在西方科学主义的强大攻势下便自然而然被学科训练和知识应试占据主导地位了，就像西医挤占了中国医疗的大半江山一样。

现代"全人教育"的概念虽然从西方流传过来，但我认为这恰恰是中国教育的回归及中西教育的融合，是从西学东渐向东学西渐逐步融合发展，以及"从各美其美到美人其美再到美美与共"的世界文化多元发展之必然趋势。就如同这十几年笔者在探索全能宝宝教育体系的历程中，一方面自己都不知道"全人教育"的意识出自何处，就似乎直觉而来，另一方面，身在美国、加拿大等地的教育专家学者对于我们处于地球东西不同时空，却在同时研究这一全人教育体系这一巧合感到很惊讶。而我的理解则是，全人发展即教育本原。我们在西学东渐的教育反思中开始回归本体，而西方教育正在向东方走来，才会有这样不约而同的碰撞，将中国传统的人文整合教育与西方现代的科学细分教育融汇整合在了一起，最终形成了一个最能实现中西合璧优势教育的理想载体。

正是因为全人教育的这种个人与社会双重价值导向，我们有理由相信，经由这种自我与社会的平衡教育，人们能够更好地处理个人需求满足与社会制约局限之间的冲突，从而感受到人与社会和谐相处的幸福；经由这种科学与人文的整合教育，人们能够更好地对待科技发展与人类文明之间的矛盾，因而感受到人与自然协调发展的幸福；经由这种观念认知与情感智能之间的全面教育，人们能够更好地协调自我生命价值与人类社会理想之间的关系，因而感受到人与自我整合发展的幸福。

全人教育是调节个性发展与社会进步的天平，是畅通个人幸福与社会和谐的桥梁。一旦把教育的终极目标指向对幸福的追求，相信全人教育必大有其用武之地。

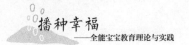

三、全能宝宝——幼年与成人之间的发展基石

与传统教育相比，全人教育最大的裨益就是去功利化，打破了原来为短期目标而学，为学科知识而学，为单向价值而学的功利形态，而将教育的意义推广到生命终身发展、人格整合发展及其与社会协调发展的更深的层次上，显示出它的整体育人价值，大大提高了教育的有效性与持续性，更符合中国古人所说的"十年树木、百年树人"之教育本质。因而一传播到中国，便引发了"全人教育热"，许多高校及中学都开始用全人教育理念指导各自的教育研究与实践行动。

但是，全人教育到底是植入教育百草园中的人文通识花果，还是需要从头种植的全面生长大树？当我阅读着各个教育领域中纷乱重复的那些所谓的创新教学资料，当我感受着成年社会那么多人受着心理煎熬而去补修自我成长课程，心里便总不是滋味：这一切本无稀奇，都是婴幼年时期可以自然学习、完整获得的基本常识之道啊。是因为开端教育的失职与失序，才浪费后续的生命时光去弥补，甚至留下难以补偿的人生缺憾。

瑞士心理学家荣格（Cael Gustav Jung）认为，人，生而完整，本来就具有人格的原始统一性。这种"自性"既是我们心灵发展的起点，也是我们生命实现的目标，它是那种我们称之为个性（individuality）的命中注定的组合的最完整的表现。在人的整个一生中，他所应该做的，只是在固有人格基础上，去最大限度地发展他的多样性、连贯性和和谐性，小心谨慎着不让它破裂为彼此分散、各行其是、相互冲突的系统。（李德荣编译：《荣格性格哲学》，九州出版社，2003年版）

从这个定义中，我们似乎可以这样假设比较：若把一个人的完整自性比喻为一个花瓶的话，是小心呵护着不让它打破更重要，还是宁可让它打破了再粘起来更重要？这个比喻似乎有些拙劣，但教育现实几乎就是随意地拿孩子作花瓶来任意摧残，想要按成人的意志盲目地将花瓶撑拉摔打，为了装进自以为是的各种期望，可等到把它推向社会，却发现这个人格花瓶已被折腾得支离破碎，不是这里缺失就是那里空洞，再也插不好自主人生的幸福之花。

既然人格完整性来自于人之初始，那么，唯有从小保护、培育好这样的"完整儿童"，才能保证孩子长大后顺利发展成为"完整成人"——让生命潜能得以自由、充分、全面、和谐、持续发展的"全人"。

"全能宝宝"的命名，便来自于这一"完整儿童"理念。当这一名字出现的时候，曾引起了两种截然相反的反应。一边是家长及社会人士的喜爱，因为叫起来朗朗上口，极其符合中国通俗的语言习惯。另一边却遭到专业人士的质疑，就像当初有人质问"什么是全人教育？难道人是不全的吗？"一样。专业人士对"全能宝宝"这一概念的质疑，是因为在他们的意识中，这个"全能"是要像比赛一样与别人比出来的。而我要提倡的恰恰是"让每一个人都成为自己的全能宝宝"——不仅要有健康的身心，成为健康宝宝；要有丰富的认知，成为聪明宝宝；还要有全面的技能，成为能干宝宝；更重要的，是要有阳光的个性，成为可爱宝宝。而要培养这样的"完整儿童"，从脑发育角度而言，需要左右脑的全面开发；从智能开发角度而言，需要多元智能的综合引导；从性格培养角度而言，需要全人格的整体培育；而从教育影响而言，需要家园合力的全息呵护。

不仅如此，事实上，一个真正的全能宝宝，是需要从孕产之前就开始介入培育的。当一对夫妇从婚恋开始建立一个家庭，就已经在为未来的宝宝准备幸福人生播种的土壤了，两人的情感世界、家庭互动模式及其由此带来的家庭心理氛围便不由自主地给宝宝的出生创造了这样那样的营养与空气——是积极的还是消极的、是温暖的还是冷漠的、是接纳的还是抗拒的、是开放的还是封闭的……它们伴随着胎儿的受孕、发育和出生，持续影响着宝宝的心灵成长和幸福基因的形成。也因此，我们将全能宝宝体系的探索实践延伸到了孕产以前，从新婚开始，进行"婚、孕、产、养、育、教"六站一体的"三优"指导服务。这里的"三优"，一是指孕产的健全，优生无缺陷；二是指养育的全面，优育不偏颇；三是指教育的整合，优教不割裂。这样，就从生养教的源头来尽量预防从生命发育、环境吸收及早期教养各个方面破坏孩子原始心性的完整性，让每一个孩子都真正地"赢在起跑线上"——越小的孩子越无须在与人相比的竞争中获胜，唯一的输赢只有自己与这个环境的"斗争"。它取决于从受孕开始，父母是否用爱与智慧来呵护宝宝，为它的健康、充分、和谐、完整成长提供一个良好的环境，这是每一位父母所必须深切意识到的幸福奥秘与人生真相。它不仅影响自己的育儿生活本身，更影响这个家庭的幸福代际传递，当然，也影响整个社会环境的幸福和谐，因为父母所培养的每一个孩子，都将长大进入社会，成为这个社会环境的共同创造者。

如果我们深入地思考一下，便会发现一个更有意思的奥秘：在一生的经历中，没有哪个阶段是能够像婴幼儿时期那样，让两代甚至全家人共同学习相伴成长的。伴随着新生命的诞生，刚成熟起来的一代成年人也开始进入一个全新的人生历程——学习如何做父母，如何从头去了解一个新生命的成长。很多年轻人，就是从自己生儿育女当父母之后，才开始真正走向成熟。在这个意义上，孩子成了检验我们自身成长完整性的一面镜子，照出我们前面的所有缺失，然后给我们提供机会，让我们在亲子关系的互动、冲突和建设中予以修复弥补。也正是在这个意义上，我们完全有理由认为，抓住婴幼儿阶段开展亲子教育，就相当于同时抓住两代人，甚至是祖孙三代人，来开始将现时幸福与未来发展双管齐下的培育工程——经由对孩子从头开始的持续培育，而播下未来幸福人生之种；经由对父母及养育人的生养教指导，而改善整个社会环境的幸福土壤；并经由社会土壤和父母素质的改善，为孩子创设更健康有效的幸福成长环境。

因此，培养全能宝宝的幸福种子工程，不仅仅是全人教育终身持续发展的起始与基点，更是整个社会幸福文化土壤的源头与归结，值得全社会积极关注。只有全社会合力共创才能彻底改变当前层出不穷的社会乱象，给我们的世界以充满希望的幸福未来。

第二节　生活课堂：
幸福人生大树的扎根土壤

一、生活体验——素质教育的起点与归宿

前面讲到，人类追求幸福，必然趋向全人发展的终极理想。而培养完整儿童的"全能宝宝"体系，是整个全人教育的起点基石，也是幸福社会的源头归结。那么，通过什么载体来实现这一幸福启蒙教育的目标？这需要从人的发展与生活、教育的关系来做个深度剖析，以便于大家更好地理解这一全能宝宝教育体系的理念脉络。

在中国，"素质教育"这四个字可谓耳熟能详、人人皆知，现在虽然不时髦了，但仍值得拿出来探讨一番。素质，其定义是指人的整个内在身心组织结构及其质量水平，它包括生理素质、心理素质、社会文化素质等各个组成部分，它既是先天的潜能展现，更是后天的培育结果。"素质教育"一词，尽管是对应于"应试教育"之风而强调提出，但事实上，不管有没有应试教育，素质教育都应该是教育存在的基础：既发掘人的先天素质潜能，又为社会培养高素质的人才。只是在应试教育的对立衬托下，很多人反而将素质教育误解了。有人认为素质教育就不需要考试，有人认为才艺培养便是素质教育。学校里为了加强素质教育增加了许多生活实践活动，结果演变成许多家长帮孩子向学校交差的任务。在应试教育强大的功利背景下，喊了多年的素质教育似乎还是不知不觉地偃旗息鼓、"败"下阵来。

何以如此？其根本原因还在于我们未能真正地理解素质教育的真谛及其与人的发展之间的关系。素质教育到底是什么？它不是应试教育的补充，更

不是才艺培养、生活实践等等这些学科知识之外的活动形式，而是对每一位儿童高质量、全方位、适宜性的主体教育。它以提高人的整体素质为前提，最大限度地发挥每一个孩子的潜能，让每一个孩子都能够获得主动、充分、全面、和谐的发展。正是在这样的意义上，素质教育是可以与全人发展目标合一的，因为二者最后都指向一个人的个性潜能与社会化发展完美统一。

那么，我们为何要开展这样的素质教育，又如何着手？这就需要从生命立足于生活的角度更加透彻地了解素质教育的根本价值意义。从教育本质而言教育起源于生活，最早只是为了教授下一代，传承生存技能，到后来则为了满足工业化大生产，再到后来，就开始呈现更加多元化的功能形态。比如父母接受教育，是为了更好地养育子女；成年人接受教育，是为了更好地实现工作价值；老年人接受教育，则是为了让自己的晚年过得更丰富更有意义。但不管是怎样的教育目的，其实都可以归结为两个字：生活。这里的"生活"是一个包含所有生命内容的广义概念，是指"个体生存状态的积极主动与充盈的过程"，是一个人的整个世界和全部过程。教育，自然也在其中，成为生活的组成部分。按照这样的理解，所有的教育，其根本都是为了加强或提高素质；所有的素质教育，最后都是为了丰富或提升生活品质。正是在这样的意义上，生活既是素质教育的起点，又是素质教育的归宿。打个比方，生活就像一片广袤无边的土地，每个人的素质都在这里生根、发芽、茁壮成长。同时，每个人不同的素质又给这片土地带来种种不同的景象。而素质教育，就是给每个人的素质生长提供健康优质的养分，从而为这一生活土壤创造更为丰富优美的和谐景象。每个人的素质生长，便关乎各人的"幸福力"培养，而整个生活土壤的和谐景象，则关乎社会整体的幸福发展。所有的教育与追求，最后都归结为这样的"生活"视点。

关于生活与教育的关系，其实古今中外，都早有人阐述论理。中国古代蒙学教材《弟子规》，基本上就是一本生活教科书；十七世纪捷克大教育家夸美纽斯（Johann Amos Comenius）认为教育的直接目的就是为现实的人生服务，要教给孩子对生活有用的知识；而师从美国实用主义教育家杜威（John Dewey）的中国近代教育家陶行知更是倡导"生活教育论"，提出"教育即生活"、"社会即学校"、"教学做合一"三大主张。这些理念都已经表明教育与生活之间紧密相联的关系。教育必须来源于生活，适应于生活，使人人乐于从生活本身学习。但同时，由于教育对于人的发展及提高社会生活品质的作用，教育又必须超越于现实生活，引导着人们的生活向着更为理想的方向发展。而这样的教育，才是真正意义上的素质教育。

应试教育的功利泛滥与素质教育的偏颇缺失，我认为与教育体系的学科化发展远离生活世界的本体有关。因过度强调学科知识本身以及教育的工具化价值，而忽视了教育与生活之间相辅相成的整体关系，反而使教育与人的素质发展和幸福体验都日益远离。要彻底改善这样的现状，必须让教育回到生活，从扎根土壤开始培植。而其中关键性的因素，便是人生初始起点的幼儿教育。因为相比于人生各个阶段而言，唯有幼儿时期是以原始的、感性的、自发的"自我生活"为中心。这一时期既未被打上社会的烙印，也与科学理性的认知需求相去甚远。生活中的一切事物和现象对他们来说都是充满新鲜好奇的未知，吸引着孩子们去感受、去探索，并在这一生活的自然进程中获得知识学习、能力发展和情感陶冶，从而以良好的整体素质去参与生活、适应生活并创造更为幸福美好的未来生活。正是在这一意义上，根植于生活的素质教育应该也必须从幼儿教育开始，才能根深叶茂、苗壮生长。离开幼年生活的教育根基，素质教育便如空中楼阁难以落实。

全能宝宝教育体系的前身，便是以"学会生活"的课程为核心和主轴展开研究探索的。这里的"学会生活"，就是指帮助孩子从小形成积极的生活态度和良好的生活能力，去主动地把握自己的幸福人生。这种与整个生活息息相关的态度观念与学识能力，是一个人立足生活、创造生活的基本素质，在此基础上才是专业化的学科发展与社会化的价值追求，这是素质教育的必由之路。

二、幸福教育——以天地为课堂、以万物为教材

如前所述，人是在生活中发展，又是在发展中生活的。教育必须来源于生活又超越生活，从小引导孩子在追求幸福人生的过程中培养良好的素质和理想的人格。那么，什么样的生活才称得上是"幸福"的人生呢？这恰恰是教育者最需要厘清的关键目标和核心内涵所在，它需要从生命存在、素质发展、人格提升、需求满足等多方面来进行由表及里、去伪存真的判断、概括与提升。我将幸福生活归结为四层含义：

一是健康安全的生活。指一个人具有健康的生命状态及平和的生活情绪，能够感受到生活是安全的，生活是有保障的。这是幸福生活的基础前提。很多人把健康视为幸福分值的前面那个"1"，其他什么名利财富之类都是"1"后面的那些"0"，失去了健康，再多的"0"都失去了意义。这是有一定道理的。但这里的健康，不仅仅是指身体没有疾病，而是指身心灵和谐统一的生命健康。很多人身体无患，却并不幸福，很大程度是来自于心理的困扰，比如情绪波动、社会适应不良等等。而心理之困常常又会反过来影响身体的健康。所以，就幸福人生的基础而言，身心的安全健康是一体的。

二是独立自主的生活。这是指一个人具有强烈的主体意识，有充分的自由和信心来享受自己的生活，独立地安排自己的生活，做自己生活的主人，感受到自己的无限价值和动力。这是幸福生活的核心主旨。前面说过，人的主体意识伴随着人类社会发展不断觉醒增强，而幸福作为人对于生活状态的主观感受，主要是受着自我主体意识的影响。因而一个人独立自主的价值体验，将成为越来越占主导地位的幸福指标。当代社会很多人的幸福感缺失，或许就与这样的自我无力感和主体受困感有关，虽然物质生活水平大幅提高，却感受不到更大的自我价值空间。

三是民主规范的生活。这是指一个人能够积极面对社会现实，正确把握原则方向，有效地协调自己的观念和行为，使之符合内在道德和社会规范，与社会融合一体和谐相处。它体现了高度社会化、民主化的精神。这是幸福生活的社会内涵。每个人的主体意识觉醒，意味着谁都希望自己能够独立自主发展并受到价值尊重，但这必然会带来彼此之间的冲突纷争，进而影响到个人的独立自由幸福体验。于是，平等公正民主规范的幸福诉求油然而生，当代许多有识之士的幸福追求动力便来源于此，希望能够在个体自由与社会规范之间找到一个更符合公众利益的平衡点，以创造真正"和而不同"的和谐共处社会。

四是智慧创意的生活。这是指一个人感受到自己充满智慧与创意，可以通过不断的追求与创造来开拓真正属于自己的崭新的、有活力的生活，并充分享受这种创造所带来的生活的快乐与意义。这是幸福生活的最高意义。创造是人的天性，从根本而言，无创造性的生活就像一潭死水，是了无趣味和意义的生活。哪怕是一个家庭主妇，也因自己能够每天变着花样烧出可口的饭菜得到家人的肯定而充满幸福感，更不用说其他的社会生活领域了。前面说，幸福是理想人格的现实展现。如果一个人能够充分发挥自己的个性与才智，在现实中不断地适应、超越、创造自己想要的理想生活，这种体验，肯定是幸福的最高境界。

以上所述的幸福生活含义指向两个方面，一是现实生活的积极展开，二是未来生活的主动把握。也就是说，幸福不仅仅只是这些层面的目标追求，更是现实生活的当下体验与追求过程的感受，二者延续一体不可分割。只有积极地展现现时的幸福生活，才能主动地把握未来幸福；而要实效地创造未来幸福，必须从现在开始积极地感受追求这样的幸福生活。只是人生的每一个阶段，在这四个层面的深度和广度不同而已。哪怕是幼儿阶段，也依然围绕着健康安全、独立自主、民主规范、智慧创造这几方面的含义而展开全面的生活与学习体验，并同时为未来持续深化发展的幸福生活做好充分的准备。

这样的准备，便是从头开始"幸福生活力"的整体培育。它具体包括哪些方面呢？从以上幸福生活的含义便可知，无论是现时生活还是未来发展，要想获得健康、独立、规范、创造的幸福人生，都要依赖于一个人的身心健康状况、认知水平、观念意识以及相应的操作技能等几方面的素质因素。这涉及一个人生活的方方面面内容。比如一个人如何适应自然环境并利用自然资源来为自己的健康生存服务，如何调控自己的情绪以战胜各种冲突挫折，如何约束自己的行为以符合社会道德规范，如何发挥自己的才智潜能，来不断地改善自己的现实生活以追求理想境界。这些内容，都不是在封闭的知识课堂里纸上谈兵地进行灌输，而必须让孩子走进生活本身，以天地为课堂、以万物为教材，"遇物而诲"，在多元广阔又丰富细微的生活感知中展开全景式的学习体验和探索创造。同时又要让孩子用在生活中学到的知识经验来进一步指导自己的幸福生活，从而形成以教育服务生活、以生活促进教育的良性循环及不断超越提升的可持续发展。

我曾经用一幅图文来打比方：生活是一本自始至终打开的书，而教育就是帮助人们在不偏离主题思想的前提下读好、编好、用好这本书，以自己的方式创造出属于自己的精彩故事。

这里的主题思想，便是人与社会协调发展的幸福生活。而全能宝宝启蒙教育，便是这一本幸福之书的故事开启与旋律主线。它通过引导孩子丰富地感知生活，积极地体验生活，勇敢地探索生活，主动地创造生活来打开科学生活、智慧生活、道德生活和艺术生活之门，编写出具有真善美共同价值内容又独具特色的幸福人生故事。

快乐发展：
幸福启蒙教育的必由之路

一、快乐第一、发展第一——过程结果融合性价值导向

在英语里，幸福与快乐可以用同一个词来表达。在中文里，幸福和快乐虽然表达不同的体验深度与持续性，但两者之间却有着互为因果的紧密联系：一个幸福的人，常常是快乐的，而一个快乐的人，也通常会有更高的幸福指数。所以，要让孩子有幸福的人生，首先是要让孩子时时体验到生活的快乐并且拥有让自己快乐的能力。

那么，怎么样才能让孩子体验到快乐呢？快乐的情绪体验与人的自然天性有关，顺应天性就能感受到快乐，违背天性则会令人感到痛苦。孩子的天性就是自由自在地玩耍、充满好奇地探索，也因此，游戏成了孩子最自然、最主动、最快乐的学习方式，堪称孩子的第二生命。孩子的所有自然发展，几乎都是通过游戏的方式习得的。比如几个月的孩子一次次地把拳头塞进嘴里，咂巴咂巴地乐个不停，一次次地用嘴巴玩"吐泡泡"游戏，一次次地把东西放进嘴里，这是他在练习用嘴巴探索世界；再大一点，他还会一次次地把东西抓起来、扔下去，一遍遍地拉着玩具跑来跑去，他是在锻炼自己的手脚；到了两三岁，他们还学会了当爸爸妈妈，抱娃娃、买菜、烧饭，当医生给娃娃看病、打针，还会用积木搭个车子，当司机送动物去旅游，一会儿又想象自己是警察，正在举起枪来消灭坏蛋……正是在这样的游戏中，孩子锻炼了动作技能，认知了社会规则，发展了语言思维，体验了情感心理，激发了想象创造，这便是孩子们在本体游戏中自然而然的发展途径。

　　瑞士心理学家皮亚杰（Jean Piaget）专门研究了这种游戏现象，认为婴幼儿时期是象征游戏占主导地位的时期。这个时期的孩子通过以物代物、角色扮演和情境的连续性转换来模拟现实，"把真实的东西变成他自己所想要的东西，从而使他的自我得到满足"，特别是借助虚构的游戏情境来补偿和改善现实世界，从而将自己的言行与成人世界紧密结合在一起。不仅如此，游戏还具有疏导孩子情绪，给孩子心理减压的功能。孩子在现实中有什么不愉快的体验，都可以通过游戏来补偿。游戏体现了孩子的发展需求和心理愿望，是孩子们自觉自愿、积极主动投入其中的，因而孩子们在游戏中的学习便也显得特别快乐而有效。

　　也因此，西方教育一直崇尚以儿童为中心的教育价值导向，注重孩子的自然发展，不提倡给孩子过多的人为教育。而二十世纪九十年代中国幼教改革的政策导向也明确提出幼儿园要以游戏为基本活动，倡导幼儿教育要遵循孩子的身心特点，符合孩子的游戏天性，激发孩子在学习中的主动性、积极性和创造性，让孩子自主快乐地发展。

　　但是，苏联社会历史学派却对人的教育发展提出了不同的见地。他们认为，孩子的发展不是自然而然的结果，而是受着一定的社会环境与文化心理的引导影响。作为有目的、有计划、有组织的教育行为，教学应该走在发展的前面，引导着孩子往既定的目标去提升发展。其中维果茨基（Lev Vygotsky）更是从社会历史文化的角度来解释人的心理发展，创造性地提出了"最近发展区"理论。他认为人的心理存在两种发展水平，一种是现有的发展水平，另一种是通过成人指导与同伴合作而可以达到的更高的发展水平。这两者之间的"最近发展区"是由教学创造的，因而教学应当走在发展的前面，在这样的"最近发展区"内去引导并促进儿童的发展。有人把这个理论形象地比喻为"跳一跳摘桃子"，如果桃子太高，孩子再跳也够不着，就会影响孩子的信心；桃子太低，孩子不用跳就能摘到，便会使孩子失去跳的动力。因而，真正的"最近发展区"，就是站在孩子的现有水平起点，来设定能够让孩子"跳一跳，够得着"的教学目标，从而有效地促进孩子的智力发展，让孩子"跳着跳着长高了"。

维果茨基的理论在20世纪受到中国教育界的普遍重视和广泛应用，这不仅是因为当时"学习苏联老大哥"的政治背景影响，更重要的是，这种"教学引导发展"的教育价值观更加符合中国的历史传统与文化特点。中国家庭素有"望子成龙"的社会期望，中国社会更有崇学重教的文化传统，孩子长长的一生要通过从小学习来奠基，社会家庭的期望也要通过系统教育来实现。因此，若只是像西方社会那样，让孩子自由放任地玩，显然是不符合中国社会文化传统的。在西学东渐的中国幼教改革历程中，尽管强调了孩子的自然发展与游戏学习，但如何平衡把握学习过程的快乐与学习结果的有效，就像悬在幼儿园课堂上的两根钟摆一样，曾令中国的幼儿园教师一度陷入迷茫混乱之中：不知应该是以儿童为中心、满足孩子的游戏需求与自然学习？还是更应该以教师为主导，着眼于如何用教学去引导儿童的更高水平更快速度发展？正是因为这样的迷茫摇摆造成了幼儿园教学质量效率的下降，在近十几年来中国幼教界又开始提倡"有效教学"，即通过重新发挥教师的教学主导作用，来深化促进孩子在原有水平上的有效学习和提升发展。

实际上，这不仅仅是中国幼教界的觉知回归，也是西方教育界的发展趋向。从二十世纪八十年代开始，美国教育界开始意识到学生学业成绩的下降、功能性文盲和辍学率居高不下使"国家处于危机之中"，因而掀起了旨在提高学生学业成绩的"学业卓越运动"教育改革。与此同时，西方教育界也开始深化关注并流行维果茨基的理论。原来只是以儿童为中心的个人本位之教育价值天平，开始悄然地往重视教学引导的社会本位之价值方向倾斜，全人教育的思潮也开始应运而生并蓬勃发展，快乐学习与有效发展的两根指针，也终于开始走向并轨整合。

全能宝宝"快乐第一、发展第一"的教育理念，正是本着这种既要追求过程快乐也要保障结果优效的融合性价值导向而提出，强调快乐只有在具

有发展价值的时候才是真正持久的快乐，发展也只有在伴随快乐体验的时候才是真正有效的发展。因此，在提倡让孩子快乐游戏的同时，必须使孩子获得全面有效的发展；在引导孩子有效学习的同时，必须关注到孩子的快乐体验。这种尊重天性和教学引导的双效合一，成为全能宝宝教学实践中的独特策略。

二、学玩结合、寓教于乐——主题情境游戏法实施策略

那么，如何真正地实现让孩子"快乐第一、发展第一"的理想教育呢？我在《主题情境游戏教学法——皮亚杰游戏理论与维果茨基最近发展区理论在中国幼儿园课堂教学中的融合应用》（《国际幼儿教育研究》，2011年）一文中详细介绍了这一策略的理论设计与实践应用。用简单通俗的话说，就是"学玩结合、寓教于乐"。为了帮助大家更加透彻地理解并有效地应用这一策略，请允许我在这里再加赘述。

我们首先从皮亚杰以及其他一些心理学家的游戏理论，来得出这样的结论：（1）有连续情节的扮演游戏是学前儿童活动的主要形式。以物代物，客体拟人化，角色扮演和想象情境的转换是这些游戏的共同特征。（2）游戏是幼儿自觉自愿进行的积极愉快的活动。正是借助于这种游戏，幼儿能够在客体与观念之间形成独特的关系和联想，通过自己能接受的方式来认识和适应现实，从而满足自我的愿望和要求。（3）游戏具有内在的动机性，对幼儿行为起着积极的自我约束和自制作用。（4）游戏的进行依赖于合适的言语表达。

正是因为游戏对儿童具有这样积极主动的驱动和自制作用，所以，我们假设，如果教师能够掌握假想游戏的基本特征（主题性、角色感、情境转换）并以此作为教学策略灵活地设计和组织幼儿园教学活动，同时依据最近发展区理论设定合适的教学目标并将之隐含在这样的游戏情境中，就能把上课变为快乐的游戏，从而最大限度地激发孩子的学习兴趣，使孩子学得快

乐、学得主动、学得投入，有效地促进孩子的全面发展。也就是说，游戏是教学的外在形式，而学习目标则是教学的内涵要求。两者巧妙整合，便能起到学玩结合、寓教于乐的合一双效作用。

我把这样的方法命名为"主题情境游戏法"。顾名思义，**首先是活动的主题性**。教师将整个教学活动设计成一个符合幼儿认知特点和兴趣的主题游戏。比如把语言活动"排图编故事"设计成"有魔力的故事盒"，把数学活动"排序"设计成"动物旅行团"，把科学活动"认识磁铁"设计成"猫奶奶的难题"，把泥工"动物造型"设计成"哈哈杂技团"等，这样就一下子把孩子带入了生动形象的游戏情境之中，而不再是枯燥抽象的教学活动。

其次，是角色的扮演性。师生都以一定的游戏角色贯串教学活动始终，有时是内部参与的游戏角色，比如"春姑娘和花孩子"，"白雪公主与小矮人"，有时也可以是外部干预的导演角色，比如教师说"我是发型设计师，请大家一起帮我给顾客设计发型好吗？"主题的游戏性特征便自然而然带来师生关系的角色转换，这样的角色转换，可以大大地改变师生原有的心理关系，使教师从教学的支配地位上退居下来，成为游戏的参与者与支持者，以游戏中的平等角色自然而然地引导着教学过程的发展。这样一来孩子从"你教我学"、"你说我做"的受支配地位中暂时地、自然地解放出来，成为完全独立的、自主的、积极的活动主体，大大提高学习主动性。

第三，则是情境的转换性。围绕着游戏主题，教师引导幼儿用假扮转换的方式创设一个个想象情境，展开一个个连续的游戏情节，并随着游戏情节的发展，教学要求也步步展开，层层深入。这样，便使幼儿置身于故事化的游戏情境中，赋予教学内容以游戏的"生命"，从而使教学目标这一外部要求内化为孩子行动的愿望和动机，激励孩子为满足这一愿望或达到这一游戏目标而积极主动地付出努力。比如为"摘到果子"而练习攀爬，为"打扮小熊的家"而练习涂色，等等。在这样的游戏情境中，攀爬、涂色等教学目标都自然地转化为游戏中的目标，因而成为孩子的内在动力，大大地激发其活动积极性，并对其行为起着积极的自我约束和自制作用。

这里的主题设计、角色扮演及情境安排都要适应孩子的年龄特点与认知水平。比如"猫妈妈带小猫去玩"这样的主题可能更适合小班孩子，而"广告公司"、"森林历险"这样的主题则更适合大班；其次还要适合学科特点和教学内容本身的需求，比如"化装舞会"的主题更适合于美工活动，而"做广告"的主题更适用于语言活动，等等。在角色扮演上，似乎小班孩子更喜欢"小动物和动物妈妈"等家庭角色，而"宇宙英雄奥特曼"、"孙悟空"、"魔术师"等角色则更能吸引中大班孩子的兴趣。情节设计更要充分考虑到与主题、角色相一致的年龄特点和教学需求，还要关注到科学性与时代性要求，比如，"打死大老虎"这样的情节，可能就有违当代的动物保护主义理念了。

如果说主题和角色是教学的游戏外壳的话，那么层层深化的情境则是游戏化教学的灵魂。它不仅依赖于教师对游戏情节的大胆想象，更依赖于教师对孩子"最近发展区"的了解判断，对教学目标的明确把握以及教学艺术本身的灵活创造。好的情境设计能使游戏情节与教学环节设计巧妙融合、互相交织着共同发展。它要求教师在引出课题，出现知识点，强调常规要求和评价孩子行为等各环节过渡及细节指导时都要注意使用符合游戏情境和角色身份的言语表达方式。情境设置要突出孩子的活动性和操作性特点，体现动静交替的教学原则。而且，年龄越小，动得越多，基本上以动为主、以静为辅。随着年龄增长注意力增强，应逐步增加静态活动，减少动态活动，最后达到一个动静平衡比例。

为了让大家更为直观形象地把握这一主题情境游戏法教学策略，下面再以一个具体教学活动为例来说明上述的设计思路及应用策略。

给小人鱼送礼物——感知沉浮

老师扮演成美丽的花姐姐，带着一群可爱的小动物（孩子）来到大海边

（大水盆或水池），要给住在海底的小人鱼送生日礼物。礼物中有漂亮的小布娃娃，有铁制的小汽车，有精美的塑料小房子，有五颜六色的玻璃球等等各种材料的物品。花姐姐说，只要把这些东西沉到海底，小人鱼就能收到礼物了。这些东西有的沉有的浮，小人鱼会收到哪些礼物呢？想些什么办法可以使小人鱼收到所有的礼物呢？教学就在这样的童话式游戏情境中展开。

认识沉浮的知识对孩子来说很枯燥，但给小人鱼送礼物的游戏情境却一下子激起了孩子的兴趣。通过亲手尝试，孩子们马上发现这些礼物有的沉有的浮，游戏给了他们学习的梯架，激发了他们关于沉与浮的操作与思考。在这个基础上，教学又进一步深化：可小人鱼收不到浮在水面上的礼物，怎么办呢？孩子们就很自然地动起脑筋来，想出各种使浮着的东西沉下去的办法，这就引导孩子进入知识的深化学习了：改变物体的形态可以改变沉浮状态。比如，把塑料物品粘上橡皮泥，把玻璃瓶子装满水，把纸板浸透等，这样就都可以沉下去了。

通过大家的努力，小人鱼终于收到了所有的礼物，它打电话来感谢大家的同时还要请大家帮它解决难题：它的皮球掉进树洞里了，怎么办呢？这就要考孩子们对沉浮知识的迁移和运用了。果然，孩子们积极地帮小人鱼想办法，最后用往树洞里倒水的方法解决了难题。

接着，小人鱼请每个小朋友变成一种会沉的东西到海底去参加它的生日晚会。在一片欢乐之中，孩子们想象着自己是各种会沉的东西，这其实又把有关沉浮的知识温习了一遍。整个活动过程，孩子们不仅在轻松有趣的情境中主动地学习了科学知识，积极地发展了语言思维，还感受到了关心别人、帮助别人的快乐和成就感。

在我自己历时十多年的研究经历中，这一教学法是以各科教学的应用开始探索的，并在全省十几家幼儿园开展了实验，内容涉及语言、音乐、绘画、数学、科学、体育等多门学科及小、中、大班各个年龄阶段，老师们设

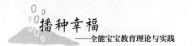
计了数百个这样的教学方案，还拍摄了十几张教学光盘。而随着研究的深入，现在我们已经将这一主题情境教学法应用到亲子活动、主题课程等各个领域中，成为全能宝宝教学的核心特色。实践表明，在这样的游戏化教学引导下，不仅孩子们玩得开心、学得主动，连教师们也大大地发挥了教学设计和游戏创意能力。同时，情境教学法的教学效果明显地超出传统的教学和一般的游戏，做到了"把课堂变成孩子的乐园，让教学成为有趣的游戏"，将游戏理论中的孩子天性发挥与"最近发展区"理论的教学目标实现巧妙地融合在一起，真正体现了"快乐第一、发展第一"的全能宝宝教育理念。

第四节 家园共育：
幸福种子工程的生态保障

一、关注家庭人格工厂，重视父母源头教育

主题情境游戏法为婴幼专业机构教师提供了一种寓教于乐的教学实践设计思路与应用策略。但根据人类发展生态学理论，影响孩子发展的不仅仅只有师生之间的教学活动，还有父母与孩子之间的亲子互动关系，以及与父母和教师有关的家庭和社会环境系统。

我曾经用两个公式来表达学校教育与家庭教育的现状：5+2=0，100+0=50。前一个公式指的是孩子在家2天的不良影响足以抵消在校5天的教育成效；后一个公式则是指哪怕学校教育达到了百分之百完美的程度，如果家长不配合，也只能得到事倍功半的教育效果。

何以如此，这是由家庭教育在人的这一阶段发展中所起的影响所决定的。一个人的一生要接受四种不同影响来源的教育：家庭教育、学校教育、社会教育、自我教育。这四种教育又因一个人不同的身心发展阶段而有不同的影响侧重。比如学校教育对于少年期的影响，社会教育对于青春期的影响，自我教育对于成年期的影响相对于其他教育就占据了更为重要的地位。家庭教育的影响虽然贯穿人的一生发展，但由于婴幼儿阶段是亲子依恋形成和发展的关键期，也是各种习惯养成的奠基阶段，而家庭环境的自然性、亲和性、情感性和渗透性的特征又非常符合这一时期孩子的身心发展需求，因而家庭教育是与这一时期的儿童身心发展最为匹配的，也是影响最深的教育。无论幼儿园能提供怎样完美的教学，都不可能替代家庭教育本身的作

用。有人说，"家庭是制造人格的工厂"，是指无论孩子以后接受怎样的教育或有怎样的成长境遇，家庭都是他性格着色的第一个染缸，父母家人都是他行为塑造的第一任教师。我们常说，有其父必有其子，有其母必有其女，这不仅仅是指生物遗传的问题，更是指家庭教育耳濡目染的必然结果。

我还是要在此重复一个被我引用多次的故事：节假日，一位医生在河边散步。忽然，他发现河面上出现落水者，他马上开始实施抢救工作。很快地，他发现从河的上游方向不断漂下落水的人。于是，他暂时放弃了眼前的抢救，开始溯流而上，去寻找河的上游之所以不断出现落水者的原因。这个故事，或许可以说明当前在青少年甚至成人身上不断出现的各类社会问题，其实都与一个人成长的根源有关——来自父母和家庭的深刻影响。

有一句名言这样表达：播种行为，收获习惯；播种习惯，收获性格；播种性格，收获命运。这句话非常精辟地揭示了家庭对于一个人人格养成和人生幸福的深远影响机制。孩子的第一个行为从哪儿开始？第一个习惯从哪儿养成？一般而言，都在家庭这个人格工厂里，在父母及家庭成员潜移默化的影响下自然造就。因此，如果把一个人的一生比作是一棵大树的话，那么婴幼儿时期就是在家庭这个社会土壤中生根发芽长苗的时期，如果根扎得深，苗子长得正，那么在长大的过程中哪怕经历一些风吹雨打，也能够顺利地抵挡过去以健康成长；如果把一个人的一生比作是一座高楼大厦，那么婴幼儿时期就是在家庭环境中建造高楼大厦的地基，地基夯得不实，哪怕后面一层层砌得再漂亮，也很容易在岁月的侵蚀下变成危楼。

正因如此，我们把家庭环境作为全能宝宝的第一课堂，把父母教育作为全能宝宝的源头工程，所有的教育活动都围绕着这样的视点而展开。比如，从婚孕产开始的三优教育，就是以父母和带养人作为教育主体；入园前的亲子教育，则是以父母和孩子同修互动为主动教育形式，旨在"让父母和孩子共同成长"；到幼儿园教育，则完全实施家园同步课程策略，让幼儿园教育带动家庭教育的目标一致协调合力发展。这样，在0—7岁的整个婴幼阶段，都能让父母的教育根据孩子的身心发展特点，有侧重、有步骤地被引导着朝系统化、专业化、操作化的方向发展。

这里，还是需要厘清几个容易模糊的概念：家庭教育、亲子教育、父母教育。以前，我们笼而统之地将在家长与孩子们之间展开的教育活动泛称为"家庭教育"。其实，家庭教育是指一个人从生到死的整个过程中，所受到的家庭环境、成员及气氛的直接陶冶或间接影响，即整个家庭成员如何在与彼此的互动中学会生存、学会学习和学会关心的问题。它强调的是"每个人如何在家庭中学习"，其具体内容包括了家庭世代伦理教育、夫妻婚姻关系教育、家庭和社区关系教育、儿童教育和父母教育等各个方面。而父母自我教育则是其中的核心与主线。父母自身的素质直接影响到整个家庭教育的质量和水平，应是家庭教育体系中的重中之重。只不过以前人们都将家庭教育简单理解为怎样对孩子进行教育，比如如何对孩子下指令，如何处理孩子的问题，如何提高孩子的学习成绩，等等，而忽视父母自身的教育。现在，人们越来越意识到要教育好孩子，父母必须自身先参与学习，这才有了父母教育的脱颖而出。

而亲子教育，则是父母和孩子两代人之间（也包括祖辈及其他家庭成员或带养人与孩子之间）的互动式教育内容。它强调的是PAT（parents as teacher及PAP（parents as partner）理念，即父母一边作为导师来对孩子开展教育，一边又作为伙伴来与孩子互动学习、共同成长。这样的亲子教育应该贯穿在从孩子出生到成熟的整个持续成长历程中，只不过各个阶段的内容和权重不同，比如0—3岁正是亲子依恋形成的关键期，孩子需要在父母的陪伴下学习。这一时期的亲子同修教学活动便是最为恰当需要的教育形式，以帮助孩子从家庭怀抱向幼儿园集体生活环境逐步过渡。而青春期则又是亲子教育的另一关键期，这是一个人成长中的第二反抗期，每个人都想要挣脱父母的管束而独立地走向社会，体现自我的价值。因而这一时期最容易引发亲子关系的紧张与冲突，也特别需要相应的亲子教育来引导、适应、改善。

但不管是家庭教育还是亲子教育，父母教育都是一切的源头与核心。正如那一句话所言，没有有问题的孩子，只有有问题的家长。若要让这个社会尽可能地减少"问题孩子"，就要对父母教育尽早地进行普及干预。这些年来，已经有不少有识之士提出要规定"父母培训持证上岗"。我在相关的书籍文章中也提出"父母教育是最合算的义务教育"的理念，希望今后能够倡导将父母教育纳入政府立法，并且希望能够从大学二三年级开始，就开设包括婚恋、父母教育以及家庭建设的人生幸福公共课程。因为，这样的教育尽管与许多工作本身无关，但影响着每个人走上社会以后成家立业的幸福生活，并进而影响生儿育女的社会代际传递。一个大学生处理不好婚恋家庭问题，一个博士生不知如何解决自己的育儿困惑，这已经成为当前社会中比比皆是的现实问题，也从根本上影响整个社会的和谐发展。这样的课题需要引起足够的关注重视。

二、建立家园共育同盟，实现同步合力教育

以上所述的对于父母教育、家庭教育、亲子教育的相关思考支持着全能宝宝教育体系中相应的课程决策及实践行动，而家园同步教育则是其中的主体内容。

幼儿园与家庭的合作教育其实经历了一个漫长的发展过程。最初的幼儿园，只是为帮助父母解决带孩子的后顾之忧，让大人腾出精力来工作，因而，很多幼儿园都是部门"附属"性质的。随着社会发展，人们越来越认识到幼儿教育本身的作用，但在相当长一段时间内，人们都还是认为，教育孩子是幼儿园老师的责任，家长只是出钱或配合辅助而已。这种观念也带来了家园关系的不平等：处于优势地位的幼儿园高高在上，将家长置于从属地位来支配或忽视，而一些处于弱势地位的幼儿园则视家长为衣食父母，极力讨好迎合家长哪怕一些不科学不合理的要求。中国农村幼儿园一直在学拼音、

学识字的小学化倾向漩涡里打转转，就是因为被"家长喜欢，没办法"，"如果不这样，就招不到生"等等的观念认知所困。

这样的状况在2000年新颁布的《幼儿园教育指导纲要》中得到了明确的指引。该纲要不仅提出幼儿园教育"是学校教育和终身教育的奠基阶段"，"要为幼儿一生的发展打好基础"，还指出"幼儿园应与家庭、社区密切合作，与小学相互衔接，综合利用各种教育资源，共同为幼儿的发展创造良好条件"，明确规定了家园合作教育的指向。

正是在当时这样的背景下，我们提出了家园同步教育的概念。"家园同步"，是将家庭视为幼儿园教育的合作联盟，把家长放在与教师完全平等的教育主体地位上，将家庭教育指导有机地纳入幼儿园整个课程及管理体系，用统一目标来同步展开幼儿园教育实践及对家庭教育的指导，使家园教育达到步调一致、双剑合璧的效果。打个比方，家庭教育和幼儿园教育就像孩子成长中必需的一对翅膀，只有和谐共振，形成合力，才能真正创造优质的教育，促进孩子的高效发展。

其实，站在家园同步教育的视点上，家长对于孩子的教育影响作用，要远远大于幼儿园本身。我曾经在讲座中几次提到，家庭教育和幼儿园教育对孩子的影响力所占的比例是7∶3甚至8∶2，家庭教育占了绝对的权重地位。但为何我们还是要选择一家好的幼儿园呢？是因为优秀的幼儿园会用这百分之二三十的权重来科学引导家庭教育的百分之七八十，从而对孩子产生家园合力共育的双效作用。这一点，或许要等到家园双方都真正意识到同步共育的重要性，才能真正地理解领悟。

实施家园同步教育，或许最难的是如何让园方把家长真正摆在平等合作地位，以及如何让家长真正意识到自己的共育责任。如果在入园以前父母教育或亲子教育就能够介入，那么，这样的难点便不难克服，家长的意识提高会自然而然地要求具有这样的平等地位和参与权利。我曾经参加儿子小学的家委会，当学校依然还是带着老观念只是把家委会作为学校的传声筒或配合者时，这些大部分由我们原来幼儿园家园互动培养出来的家长们便提出了要求确定"平等、互助、合作"的章程性质，还组建了科教、亲情、维权、综合等各大分会，以实施各方面的相应权利并开展家校互动活动。还由家长企业出资帮学校建立了20万元的奖教基金，可谓权利义务并举，也获得很好反响。当时我正好参加全国基础教育课程培训讲师团，还借由这一机会向很多小学教师及校长传播了这一做法。从这个案例便可知，若能在前置阶段提高家长的教育意识，那么，不仅能让家长更加主动承担家校共育的责任，还能够反过来使学校提高平等共育的意识并做出相应的行动。

其实，如果把人的一生视为人格成长幸福大树的话，那么，婴幼儿阶段就是一个全方位的幸福种子工程。它需要家庭、教育机构、社会三驾马车并驾齐驱，形成一个健康和谐的生态土壤，去共同呵护孩子的成长。而连接这三驾马车的主体力量则是父母。他们既是一个家庭的核心，也是社会的主流力量。但正是因为没有任何一个组织来承担对于父母亲职教育的引导与培训工作，所以父母又是一个最迷茫、最无序的教育者群体。因此，在父母教育未能真正得到政府关注之前，幼儿园作为这一阶段最有组织、最可作为的专业机构，理应承担起这样的家园同步引导职责，从而使幼儿园教育得到更有效的支持，也使孩子的幸福人生起步工程得到更全面的合力保障。

国际合作：
幸福和谐社会的理想愿景

一、幼儿教育与世界和平发展

乍一听，似乎将幼儿教育与世界和平扯上关系，实在有些风马牛不相及。但如果读过蒙台梭利的著作，便可知早在将近一个世纪以前，这位伟大的幼儿教育先驱就提出了和平教育思想。她自己亲历两次世界大战，深感战争对人性的摧残，因而从教育的视野诠释了和平的涵义。她认为，真正的和平应是人与人之间和谐共处，彼此之间充满关爱与理解。和平应成为人的一种生活理念，进而转变成一种生活方式。正如她在《教育与和平》一书中写道："当我们谈到和平，我们不仅仅指各个国家间的片面休战，还意味着全人类一种永久的生活方式。实现这个目标，不能仅仅通过个别国家之间签订和平协议，也不在于通过政治行动来拯救一两个国家，而应该努力地解决全人类的心灵问题，并由此构建道德的清晰概念，因为这种道德是捍卫全人类所必需的。"她进一步提出："人类心灵的重建工作必须以幼儿为出发点。我们必须明白，幼儿不仅是我们的后代，不仅是一个生命，更是我们最重大的责任。我们必须相信，幼儿是人类和社会重生的救援者。——我们确信未来人类所拥有的能力隐藏在人类发展之中，而这正是幼儿之秘。"她认为，唯有从幼儿教育开始，通过科学的教育来培养高素质的"新人类"，通过每一个人人格的完善来建立新的社会秩序，才能真正创造一个持久和平、民主、文明的理想社会。

在这么多年的探索体悟中，我越来越感受到蒙台梭利和平教育思想的深远意义，或许真如她所言，教育是永远消除战争的唯一方式。在将近一个世纪之后，大规模的战争已在我们的现实视野中消失，但世界和平了吗？答案显然是否定的，自然灾害、犯罪高发、恐怖活动、毒品泛滥、贪污腐败、政治斗争、经济危机……和平年代的不和平景象，深深威胁着整个人类，造成许多国家社会的动荡不安，也影响着每一个人的幸福生活。为什么战争时代已然结束，经济科技高度发展，整个世界却依然未能和平发展？除了日益稀少的资源等外部因素以外，更重要的是人类心灵内在的文明与平和的缺失，或者说，是未能随着经济与科技的发展，而同步建立能够支持世界和平的健全人格与优良品质。

哈佛大学的"幸福课"受到热捧，各类心灵课程日益流行，这都表明了一种趋势，那就是，人们从社会的纷乱和幸福的缺失中，开始回到自己的内心去寻找生命和谐的答案。人们需要通过心理的修复来疗愈残缺的人格，通过"生命的重建"来让自己长出真善美的灵性翅膀，从而回归到平和安宁的幸福心灵世界。

这是这一代成年人在痛苦中的觉醒，但痛苦的根源却不在成年的社会现实本身，而是从小到大的教育培植。在那些心灵成长的课程里，我常常与他们分享全能宝宝的相关教育理念或案例。我深深意识到并且坚定地认为，如果从婴幼儿阶段开始，就能植入这一些心灵营养，到成年以后就根本无需去参与这样的成人补课。正如夸美纽斯所说，"任何人在幼年时代播下什么种子，到他老年就要收获那样的果实"。其实，不用到老年，在一个人成长的经历中，随时都能感受到婴幼儿时期遗留下的亲子关系的问题、价值观念的偏错、不良心理或习惯的形成等等对成年生活的困扰及其带来的痛苦，这也促使了这一代人的觉醒。也正是在这样的意义上，我笑称，等到下一代人接受了全能宝宝体系教育，学习了全能宝宝幸福课程，或许就再也不用到哈佛去补幸福课了。

我之所以有这样的自信与认知，是因为国际教育界有识之士已经再一次意识到了幼儿教育与世界和平及人类幸福之间的关系。一位美国教授Noriko Saito（齐藤法子）曾经来中国做过《超越多元文化教育——为维护世界和平而创造完整儿童》的报告，提出促进世界和平需要在幼儿阶段就要开展无偏见课程，提倡多元文化教育。她指出，应培养每个孩子自信的自我概念和群体认同，让所有儿童都能够喜欢自己，而无需感到必须优于他人；促进每个孩子自在地、设身处地和不同背景的人交流，在认知理解和感情上接受人与人之间的共同性，并能尊重、有效地学习与他人之间的差异；培养每个孩子有关偏见的批判性思维，指导孩子具有明辨"不公平"或不真实的图像、评论和行为的能力，针对自己或他人的认同及感同身受来了解偏见的伤害；培养每个孩子在面对偏见时勇敢地站出来维护自己和他人的能力，这是建立在批判性思维和感同身受能力上的为自己或他人在面对偏见时采取行为的必要组成部分。

我相信齐藤法子教授的报告主旨具有一定的代表性。因为在全球化的发展进程中，困扰大家的不仅是利益的竞争与合作问题，更重要的是文化的冲突与共生问题。在人类发展史上，没有任何一个时代，像现在一样，把如此丰富多元的文化融合问题呈现在整个世界面前。如何认同来自不同国家、民族、宗教、群体的多元文化，使大家能够和平共处，同时又能保持各自不同的民族精神和文化特色，以呈现"和而不同"的和谐世界，这是当今时代摆在每一个国家、民族乃至每一个人类个体面前的重大课题。它关乎整个人类社会的和平健康发展，更关乎每一个人的幸福人生体验。

文化融合的问题，其微观便是人格和谐发展的问题。在社会文化这个波粒二象形态中，我深刻地感知到：文化是群体的人格，人格则是个体的文化。要解决文化整体上的和平共识问题，必须从培养一个个无偏见、无割裂、无纷争的"和平"、"幸福"人格开始，而这种人格教育的起点，是幼儿教育。几个世纪以来"弱肉强食"的竞争文化价值取向影响，造成了相互倾轧的人性纷争局面，使得整个人类社会处处存在没有硝烟的战争。在致使

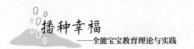

全球都陷入物欲膨胀、精神匮乏、贫富分化、社会动荡、资源掠夺、环境破坏局面的共同危机面前，我们迫切需要另一种"普度众生"的和合文化价值取向来引领重构我们的人类世界，让大家平等共处、相互尊重、彼此合作，消除为人类带来和平障碍的各种偏见、歧视以及由此产生的冲突与纷争，让这个世界重新回归生态森林一般的丰富、安然、有序：哪怕是一棵小草，也有与千年大树安然相伴、相生共长的权利。这样的地球家园，才能真正地散发出"人人都诗意地栖居"的和平与幸福光芒。

这样的人类理想，必须从幼儿教育开始。只有将这种和合文化的价值基因，转化为适应性、建构性、融合性的科学认知和社会情感发展之精神营养，通过一个个具体的教育活动及每时每刻的环境影响，植入到生命早期的人格培育中，才能让这样的文化种子在未来一代代的生命体中不断地生根发芽，不断地改善人类个体的人格品质与群体的文化形态，从而最终发展出我们所希望的世界和平幸福景象。这或许是一个延续几代人的历程，但我们必须从现在开始，从最小的孩子以及他们的父母开始，从将要成为父母的一代人开始，行动起来。早一天行动，早一天干预，便能早一天拯救我们生活的地球，早一天改善我们共处的世界。

二、从蒙台梭利到瑞吉欧到全能宝宝

在蒙台梭利时代过去大半个世纪的今天，中国大地上引发了"蒙台梭利热"。这或许与最初的经营者用蒙台梭利早教通过相关教具疯狂逐利有关，但从更深的层面讲，或许与当代人寻觅精神原点、呼唤和平世界的内在渴求有关。也因此，一批又一批的年轻家长及社会人士投入到蒙台梭利的教育传播中，并深深痴迷于蒙台梭利的教育理念。我将这种现象称为"与蒙台梭利的精神恋爱"。

之所以称之为"精神恋爱"，是因为幼儿教育是一门实践操作科学，与现实生活中的"柴米油盐"每时每刻发生着互动关系。若只是痴迷于一种思想或一个理念，而不能把握当下的现实条件和需求来因地制宜地灵活应用，就会陷入生搬硬套的僵局，使现实与理想如油水一般互不相融。蒙台梭利教育在中国的实践发展，除了过度商业化这一极端之外，却也难逃这样的怪圈：一边有人在大肆地宣扬蒙台梭利的教育理念，一边却有更多人打着蒙台梭利的旗号从事着与其精神理念大相径庭甚至背道而驰的幼教实践。据说还有一些蒙台梭利的忠诚追随者，自己选择了不要孩子。这听上去有些匪夷所思，或许背后就隐藏着这种不敢将"精神恋爱"真正落实到自己的育儿生活中变成货真价实的"婚姻生活"的恐惧心理吧。

这种理想与现实相互脱节的现象发生，其实与这个体系产生的时代背景有关。任何伟大的思想和实践，都是特定时代的产物。如果说，思想的精髓可以在历史的长河中源远流传的话，那么，实践一定是受到时代的局限的。蒙台梭利以科学的慧眼发现了儿童的秘密，以人道的情怀开创了和平的教育，但是，她所负载思想的实践，却受到当时条件的局限。在那样一个物质贫乏、生活动荡、信息不畅的战争年代，她从智障儿童身上受到启发而创造了教具教学法，已经是她作为一个科学教育工作者登峰造极的创新。但时至今日，世界已完全不同，我们生活在一个信息开放、物质丰富、互动频繁的多元速变社会。面对的是一个个具有非凡潜质和独特精神的新世纪健康活力儿童，如果再生搬硬套蒙台梭利教学法，把孩子们禁锢在这样一个孤岛式的教具环境中，那么，我们带给孩子的，将绝不是蒙台梭利所倡导的爱与自由的精神，而恰恰是对孩子自由飞翔的创造翅膀的束缚。无怪乎，有一位体验了十几年蒙台梭利教育实践的老教师，在被问及对于蒙台梭利教育实践的感受时，耸耸肩无奈地说："蒙式教育？'闷死教育'！"而一位做了多年蒙台梭利教育培训的老师，则如此感慨："唉，那无聊的粉红塔啊！"还说，若蒙台梭利地下有灵，会出来给现在这些人一个耳光。感受到当前中国蒙台梭利热的一些教育实践乱象，我深深理解这些过来人的忧虑失望。其实，蒙

台梭利若真的能够活到现在，或许她也会对自己的教学实践方法作更开放的探索和改进，以更适应时代变革的需要，这恰是科学家的精神所在。

我对蒙台梭利教育理念的科学性和开创性怀有由衷的敬仰，但若论到幼教实践体系，我个人更推崇瑞吉欧教育体系。与蒙台梭利相差半个世纪，在这个同样生长于意大利土壤的瑞吉欧·艾米里亚（Reggio Emilia）小镇又产生了这样一个引人注目的独特创新教育体系，这或许不是偶然，大概与意大利人喜欢孩子、崇尚艺术创造的传统有关。这两个举世闻名的教育体系都建立在对儿童生命的尊重原则上，蒙台梭利开创了生命原点的教育思想并发现了儿童的整体秘密，而瑞吉欧教育则进一步提出"儿童有一百种语言"——开始关注到每一个儿童的独特生命价值与认知表达方式，这是大大超越蒙台梭利教育的。不仅如此，在教学实践中，瑞吉欧教育让孩子们完全走出课堂，进入到社会生活中，进行自由开放的互动探索活动，在特定的文化背景中建构知识、情感和人格，同时运用多元化的方式来进行创造表征活动。这一点与蒙台梭利教学法中以教具操作为代表的局限完全不同，我认为其更加适合当代社会的儿童特点及文化发展背景，因而一经传播便引起强烈的反响，被《美国周刊》誉为"世界上最好的学前教育"，"学前儿童的天堂"。以我自己对这套理念体系在中国的实践感悟，这样的美誉实在不为过。只是瑞吉欧教育没有特定的教具、教材，不容易像蒙台梭利教育体系那样做商业化的传播推广操作，所以在中国社会上的影响力并不大。

历史车轮滚滚向前，任何伟大的思想都会在这种历史的发展潮流中不断地沉淀、刷新。沉淀的是灵魂的精华，刷新的是变化的形态。在二十多年幼教探索的历程中，我深深感恩古今中外那么多投身儿童发展研究的先哲智者们留给我们的思想宝库，让我们能够站在巨人的肩膀上，以丰富坚实的基础去建构符合时代发展趋势的未来大厦。

全能宝宝教育体系正是站在中外幼儿教育前人智慧上整合建构而成的未来人类发展大厦，它秉承了世界幼儿教育之父福禄贝尔（Friedrich Wilhelm

Frobel）对于幼儿园应为"儿童的花园"之初始概念内涵，蕴含了蒙台梭利"生命原点"与"和平教育"的思想精华，充分吸收了瑞吉欧教育"欣赏孩子的一百种语言"非凡独特儿童观与心灵表征理念，并运用皮亚杰"象征游戏"理论和维果茨基最近发展区理论融合创造了学玩结合的"主题情境游戏法"策略，同时用加德纳多元智能理论和奥尔夫音乐教育理念来支持学科智能的整合建构与艺术创造性发展实践，最后统合在人类发展生态学的整个系统构架中。如果说，蒙台梭利教育揭示了儿童的秘密，倡导了爱与自由的教育思想，创造了教具教学法，瑞吉欧教育释放了每一个儿童的独特个性，创造了项目探索活动及创造力的表征手段，那么，全能宝宝教育则是在前二者的基础上建构了全人格发展理念、全方位课程体系及全生态实践系统。这是长江后浪推前浪的历史恩典和发展必然。

这不是对国际教育理念智慧的简单吸收与任意堆砌，而恰恰是站在中国古代"培养全人"的天人合一文化、"遇物而诲"的生活教育理念以及"因材施教"的科学教学方法的灵魂主线上，对于各大国际教育智慧的有机整合与建构应用，或许用一百多年前张之洞所强调的"中学为体，西学为用"来表达更为适切。全能宝宝，便是这样一种以中国文化为内核，以西方理念为应用的国际化幼教创新实践体系。它产生于中国的文化土壤，却充分吸收了西方教育智慧，并着眼于整个人类的未来和平发展。我不知道这样的美好理想是否能够在未来几十年的社会实践中实现，但我坚信这必然是未来国际幼儿教育的发展趋势与共同目标，也是整个人类世界走向和平共融的希望与起点所在。

三、培养"家国天下合一"的未来世界公民

如上所述，全能宝宝教育根植于中国天人合一文化的社会土壤，产生于中西结合全人发展的教育实践，其理想在于使每一个人都能从生命的根本

意义与社会的和谐发展双重价值角度出发，来养成"修身、齐家、治国、平天下"合一发展的全球普适人格和创造"各美其美，美其所美，美美与共"的多元共生文化，以从人的心灵发展之根本意义上实现减少未来国际社会纷争、促进人类健康和平发展的深远理想。

我将这样的理想进一步表述为培养"世界意识、祖国心、乡土情"的未来世界公民的教育目标。这个目标中的三级概念分别对应于人的发展历程中的不同社会属性。

其中，"世界意识"对应于人的世界时空属性，即每一个人不管来自哪里，出生于何处，他都属于这个人类共享的地球时代。未来的世界公民必须建立辽阔的世界时空概念，掌握丰富的世界文化知识，认同资源的共享、种族的平等、文化的多样及合作的发展，具有尊重自由、民主平等、开放合作、慈悲博爱的人道情怀，愿意为这个世界的和平发展和人类的共同福祉贡献自己作为国际社会公民的一份力量。"祖国心"则是对应于人的民族文化属性。任何一个人，都具体地归属于某一个国家、某一个民族，都不可避免地带有那个国家、民族在某个特定时代的文化特质，这才形成了整个人类世界的多元文化现象。未来世界公民的培育，并不是以抹杀这些文化差异为代价，而是正相反，要以弘扬本民族文化为基础和特色。用一句大家耳熟能详的话说，就是"民族的，才是世界的"。也因此，未来世界公民的"祖国心"，就是指每一个人都要认同自身的国家和民族文化，并为此而充满自豪、自觉捍卫、积极弘扬，具有坚定纯粹的爱国情怀，愿意为本国、本民族的独立尊严和繁荣发展做出自己的贡献。"乡土情"则是对应于人的自然地域属性。每一个人都出生在一个特定的地域，成长于一个特定的环境，不可避免地受到当地风土人情、风俗习惯的影响。这些乡土文化因素无一不在深刻地影响一个人的人格成长，中国谚语中所谓"一方水土养一方人"，就是指这个道理。人的乡土性既受这个地域所属的民族和国家文化制度制约，又受到世界时空开放文化理念的冲击影响，尤其在逐步国际化的开放地域，这种本土与开放共存的多元性乡土特色就更加明显。也因此，未来世界公民还要形成这样的乡土意识与家园情怀，即不管来自哪个民族、哪个国家，都要认同本土文化，尊重当地习俗，为共建美好家园而付出努力。

这种世界意识、祖国心、乡土情应深深地根植于一个人的人格系统中，成为一个世界公民的核心特质，其他的知识技能，则围绕着这样的核心价值而丰富发展。而全能宝宝教育体系，是这个世界公民人格系统大厦建设的起点与基石，也就是说，只有在尚未形成文化偏见和社会化冲突的婴幼儿阶段就开始培育这样的健康完整人格，植入多元文化融合共处的观念意识技巧，才能最大限度地实现这样的国际和平教育理想。这不仅需要中国文化对世界做出贡献，更需要整个国际社会的合作共创与和谐共享。

第三章

全能宝宝
课程实践

播 种 幸 福

幼儿教育的顶层设计，人类发展的根基工程

任何伟大的教育思想，必须通过具体的课程与可行的教学法才能真正转化为教育实践，否则就如空中楼阁，难以扎根生长。这里的课程，就是指"教什么"的问题，它包括学科、经验、活动、计划等组成的一系列可操作的内容与要实现的目标，是整个教育思想的载体，也是所有教育实践的灵魂。

全能宝宝教育体系的建构只是用了各个阶段的碎片累加时间，但全能宝宝的课程主体却经过了反反复复二十多年的探索。为什么？就是因为课程的实践性、精细化、系统性决定了它是从实践到理论，又从理论到实践不断丰富、提升、细化的复杂工程，就像再宏伟的建筑蓝图都要经过一砖一瓦的精砌细垒才能成就真正的高楼大厦一样。蒙台梭利与瑞吉欧教育的伟大，在于二者都是将主创者的教育思想投入亲身实践而创造出的教育系统，就像中国教育家陈鹤琴、陶行知等人，创编课程教学也都是亲力亲为。而当前中国许多课程，却是为编教材而临时搬个概念来组队编写，课程的决策者、编写者与实践者几乎没有多少交叉融合，更谈不上从理论到实践的系统化决策与逻辑化建构了。这样的课程，自然让教师教之无味，让孩子学之无趣，白白浪费生命时光与社会资源，难以让孩子得到真正的心灵文化滋养。

全能宝宝教育体系从幼儿园学科教学法起步，首先探索用什么方法可以让孩子学得更开心的问题，从而积累了各科课程经验。在此基础上，进一步探索与季节、社会生活密切相关的主题综合课程，再结合家庭教育指导经验进一步整合成为"家园同步课程"。同时，从幼儿园主体部分开始向入园前和入学准备两头延伸，向多元智能的潜能特长和父母教育扩展，最后形成从出生前到上学整个0—7岁阶段的全方位课程体系，并与环境创设、师资培养、团队管理、组织文化等统整一体构成整个教育实践生态系统，全面保障全能宝宝教育理论的实施。

下面，我们从全能宝宝课程的目标、内容、方法、原则等各个角度来阐述一下整个全能宝宝教育体系的课程决策与实践要素，以便于大家更加具体细致地了解"为何教，教什么，怎么教"的问题。

第一节　全能宝宝课程目标

从教育思想的理想天空到教学实践的现实播种，中间必然要搭建一座相互联通的天梯，那便是课程目标。因而，课程目标是对教育思想的具体化建构，也是所有教学实践活动的方向性指南。中国幼教界有一句话，叫"心中有目标，眼中有孩子，处处有教育"，可谓是一语道破幼教真谛的至理名言。课程目标犹如海上航行时的罗盘，搭建房屋时的栋梁。心中有了这样的意识，便可牢牢把握教育实践的方向，时时根据孩子的反应需求来灵活调整自己的教学行为，从而真正做到"处处有教育"，让教育视野豁然开阔，自在驰骋。

全能宝宝的课程目标从全能宝宝教育理论及培养目标生发而来。"全能宝宝"要通过什么方式来搭建通向全人发展的幸福基石与人生天梯？我们还是要回到一个人的人格要素与幸福生活力来进行思考建构。影响一个人幸福与否的人格要素包含身心健康、认知水平、观念意识与操作技能等各方面的综合统一，因此，我们从中概括出"健康的身心、丰富的认知、积极的情感、全面的技能"作为全能宝宝课程的总体培养目标，具体阐述如下。

一、健康的身心——幸福生活的基础与前提

健康是人的发展之本、幸福之源，离开了身心健康，生活的质量也就无从谈起。这一点大家都能达成共识。但在教育实践中，这种"健康第一"的观念却未能得到真正的贯彻落实，尤其是近年来幼师虐童现象和校园安全事

件，更是为我们的儿童健康教育敲响了警钟。2000年中国颁布的《幼儿园教育指导纲要》已明确提出要把保护孩子的生命和促进孩子的健康放在首位，而联合国世界卫生组织则把健康定义为躯体健康、心理健康、社会适应良好和道德健康四个方面。这意味着，一个人的健康应该是整体动态发展的。不仅健全的身体是孩子正常生活、全面发展的基础，而且与情绪、性格、认知、观念息息相关的心理健康、社会适应和道德健康，更是一个人获得人格良好发展和生活幸福的前提。而这样的整体健康教育必须从小开始，不仅要保护好孩子的生命健康，促进其良好发育，更要注重在整个生活进程中增进孩子积极的健康观念、生活习惯和动作技能，提高孩子的整体健康水平，为孩子一生的健康幸福生活打下基础。具体内容包括：

1. 保护孩子的生命安全和身体健康，促进正常发育，发展基本动作。

2. 帮助孩子获得基本的健康常识，培养他们初步的健康意识和良好的生活卫生习惯。

3. 帮助孩子建立良好的师生和同伴关系，提高其适应环境的能力。

4. 引导孩子保持稳定积极的情绪，培养活泼开朗乐观自信的健康心理品质。

二、丰富的认知——幸福生活的杠杆与阶梯

认知教育一直是中国传统教育的重中之重。一般而言，一个人的知识含量越多，掌握的信息越丰富，智力发展水平越高，他在社会竞争中获胜的概率就越大，感受到的主观状态就越丰富、充实，因而也越有可能使自己生活中的各种因素得到积极提升，从而创造出真正的幸福生活。从这个意义上说，知识和智慧是引导个体快速走向成功和幸福生活的杠杆和阶梯。捷克大教育家夸美纽斯提出泛智论的观点，认为在6岁以前的母育学校，儿童就应学习全部知识的科学要素，学习对生活有用的知识，"把一个人在人生旅途中

所应当具备的全部知识的种子播种到他身上"，并随其心理的发展而不断地扩大加深。

根据这样的理念指导，我们不仅要重视认知目标，而且要注重给孩子广泛的、丰富的、实用的知识。我们应把生活中孩子可以感受到的、对生活有用的一切知识尽可能地教给孩子，并在学习广泛丰富实用知识的过程中，发展孩子语言、逻辑数学、视觉空间、音乐、身体动觉、自我意识、人际交往、科学观察等多方面的智力潜能，提高孩子的多元认知能力。具体包括以下内容：

1. 帮助孩子充实与生活有关的各个领域的科学文化知识和经验。

2. 引导孩子感受事物之间普遍联系的特点和基本规律，让其初步意识到世界是一个相互联系的生态整体。

3. 帮助孩子掌握科学的认知方法，培养其良好的认知习惯。

4. 发展孩子的多元智能，提高孩子的整体认知水平。

三、积极的情感——幸福生活的核心与动力

幸福作为个体建立在客观条件基础上的对于自身生活的主观感受，它与一个人的情感因素息息相关。一个人的情绪、情感、观念、意识直接影响着他的身心健康水平和生活质量，影响着其认知潜能的发挥和学习的效果。不仅如此，从马斯洛的需求理论来看，人只有在生活中充分感受到各种需求的满足，体验到生活的内在价值，才能真正创造一种幸福完美的人生，而如果"没有情感，日常生活将是一种毫无生气、缺乏内在价值、缺少道德意义，空虚乏味而又充满无穷无尽交易的生活"（诺尔曼《情感论》），从这个意义上说，积极的情感既是幸福生活的核心，也是推动主体走向幸福人生的内在动力。

许多研究表明，婴幼儿时期是个体情感发展的敏感期和关键期，一个

人早期的情感体验将对后期的情感发展起着奠基性和趋向性的作用。举个例子，孩子小时候能不能学会什么并不重要，而喜不喜欢探索，能不能感受到学习的快乐却往往是影响孩子后继学习的动力。因此，情感教育才是幼儿教育的本源和根基。要从小培养孩子对人的信任感、合群感，对事对物的求知感、求美感、惜物感等各方面的积极情感态度观念。这包括以下几方面：

1. 培养孩子对周围事物的浓厚兴趣和关注态度，让其乐于探究、主动学习。

2. 引导孩子爱护和欣赏周围的美好事物，尊重科学、珍视生活，形成积极的生活态度和初步的科学意识。

3. 帮助孩子适应集体生活，能与人积极交往、友好相处，培养善良、同情、分享、合作、谦让、欣赏等积极的情感品质和行为习惯。

4. 帮助孩子通过恰当的评价正确了解自己、尊重自己、信任自己，培养他们在挫折面前能自我控制、自我调节并勇于克服困难、不断努力的意识和进取心。

四、全面的技能——幸福生活的工具与手段

传统教育非常注重基础知识和基本技能的教育，却把技能狭隘地理解为读写算或音乐、美术、动作等方面的学习技能，而恰恰忽视了对于一个人的生活和发展起到至关重要作用的多方面技能，因而才造成了许多教育问题，如：孩子高分低能，不会处理简单生活问题；会模仿艺术考级，却不会独立创作的普遍教育诟病，从而大大影响了孩子的幸福生活，也给这个社会造成了许多不安宁的因素。

如果把追求幸福比喻为攀登一座高山或走完一段旅途，那么，技能就相当于给孩子提供的登山旅行的工具。技能越丰富出色全面，就越能够帮助一个人获得成功与幸福。这些技能，不仅仅是读写算等认知方面的技能，更是

涉及人与自然、社会、他人、自我相互作用的方方面面的具体实用的技能。

这些技能包括：

1. 自我服务及自我保护的技能。

2. 与成人和同伴积极交往的技能及初步的情绪和行为控制技能。

3. 适应集体生活，遵守公共秩序和规则的技能。

4. 运用所学知识和经验解决生活中实践问题的能力。

5. 用语言、表情、动作及其他艺术手段表达自己愿望和情感的技能。

6. 语言、音乐、美术等各方面艺术感知、表现和创造的技能。

第二节　全能宝宝目标分解

　　前面阐述了全能宝宝教育关于"健康身心、丰富认知、积极情感、全面技能"的总体培养目标。但若要将这样的目标贯彻落实到课程实践中，还必须要做非常具体细致的目标分解工作，从而形成包括领域、分类、年龄等不同维度的目标逻辑系统。这就像设计一座大楼，确定好整体的大楼风格框架之后，还要逐步细化每层楼、每间房的布局，这样才能保证这座大楼的顺利建成和实际使用。

　　正是因为全能宝宝教育是立足于人的整体发展，着眼于幸福人生的全息生活引导课程，在建构这一目标分解体系时，我们首先考虑生活对于人的发展的影响因素。从生活的宏观角度来看，一个人生活的所有内容都包含在两大关系之内：人与人的关系和人与物的关系。这两大关系构成了影响人发展的两个环境：动态环境和静态环境。人们正是在与这两种环境的交互作用中感受生活、体验生活并获得自身的发展的。而这两大关系又可以具体划分为"人与自我"、"人与社会"、"人与自然"这三大领域："人与自我"是指人自身的身体状况、功能自我保护、自我意识、自我情绪调控以及角色认知、社会归属和自身历史发展等等；"人与社会"既包括家庭关系、同伴关系、师生关系、其他人际关系以及群体意识等等这些动态社交内容，也包括家庭、社区的生活场所和社会机构、社会风俗、社会现象，文化科技和艺术存在、人类历史发展等等这些物化环境与人的静态关系；"人与自然"则是指自然界的一切事物和现象与人的关系，包括对动植物、自然现象、自然资源、气候、宇宙等各方面的知识、经验及对其相互关系的感知体验。我们首

要的课程目标是围绕着如何引导孩子以积极的态度去认识、适应、改造这三大关系而展开具体化的分解。

分解目标要考虑到的第二个因素，是要将这些领域的目标进一步分类。根据布卢姆的教育目标分类学理论，每一领域都包括认知、情感、技能三方面的分解目标。而全能宝宝课程总体目标中除了认知、情感、技能以外，还有身心健康的培养目标。这里的"身心健康"涉及人与自身、人与社会、人与自然的各个方面，因而可以将健康目标渗透到各个领域的分类目标之中。

接下来最需要认真考虑的是年龄维度。其实全人发展和幸福引导都是从孩子出生甚至母亲孕前开始贯穿终生的整体教育，但在不同的年龄阶段，有不同的程度侧重。这既是遵循身心发展规律的科学教育需要，也是持续引导发展的完整系统培育。而婴幼儿阶段是整个人生历程中最需要全面奠基的幸福启蒙播种工程。当前社会出现的许多问题，就是因为婴幼儿时期的教育缺失，反映到了日后的行为中。所以，全能宝宝体系非常注重各个年龄阶段教育目标的阶梯细化与螺旋递升，尽量做到逻辑紧密、无缝对接。但考虑到婴幼儿阶段以幼儿园教育为主体，而现代幼教又要体现托幼一体化和幼小衔接化发展趋势，因而我们将全能宝宝家园同步课程目标确定为2—7岁的年龄阶段。同时，我们考虑到2岁与3岁不同入园年龄以及是否就读学前班的不同情况，采取灵活处理的办法，实现0—3岁亲子与2—3岁入园、学前班与幼小衔接的自由过渡。

根据以上几方面的思考，我们将全能宝宝总体目标进一步细化为包含三大领域、三大分类及五个年龄阶段的纵横交错、循环递进的分解目标体系，每一个领域、每一个阶段的目标都以认知为起点，落实到情感和行为技能目标上。目标以表格形式列举如下。

一、"人与自我"领域——建立积极的自我概念

	认知目标	情感目标	技能目标
亲子班 1 至 3 岁	1. 知道自己的名字，会用宝宝或小名称呼自己。 2. 初步认识五官，了解它们的名称和基本用途。 3. 初步感受自己和别人的异同。	1. 情绪稳定，在日常生活中感受到安全感和愉悦感。 2. 对自己的身体有好奇心，喜欢走、跑、爬等运动，乐意用自己的身体做一些简单的探索。 3. 有初步的独立愿望。	1. 能够较为自如地完成走、跑、爬等大肌肉动作和一些简单的精细动作。 2. 能用表情、手势和简单的语言表达自己的情绪和愿望。 3. 能够在成人的帮助下学习吃饭、穿衣等自我服务技能。
小小班 2 至 3 岁	1. 知道自己的姓名、性别和年龄，感受到自己和别人不一样。 2. 认识身体主要部位如五官、手脚等，知道它们的名称和主要作用。 3. 初步识别自己的情绪和要求，知道要使自己更高兴。 4. 了解一些简单的健康安全知识，知道不做危险的事。	1. 喜欢自己，情绪稳定积极，在群体中有安全感和愉悦感。 2. 喜欢自己的身体，愿意参加各类身体活动。 3. 乐意用感官去探索、体验，乐于表现自己并从中获得成功感。 4. 具有初步的独立意识和行动愿望，喜欢做一些力所能及的自我服务。	1. 能自如协调地完成基本的大肌肉动作和一些精细动作，初步掌握动作的平衡、灵敏、协调及控制能力。 2. 能用简单的语言和动作表达自己的基本情绪和要求。 3. 在成人的引导下能初步控制自己的情绪和行为。 4. 初步掌握吃饭、脱衣等一些自我服务技能。
小班 3 至 4 岁	1. 初步认识自己的身份，知道自己的姓名、性别和所属群体。 2. 了解身体基本的外形特征，知道五官、四肢的名称、功能和保护它们的基本方法。 3. 初步感知自己的情绪、感受、能力和需求，知道要保持积极的情绪。 4. 初步认识自身健康的重要性，了解照顾自己的一些简单方法。	1. 喜欢自己，体验到自己在家庭、幼儿园等群体中的安全感和被爱的感觉。 2. 对自己的身体有好奇和爱惜之心，乐意用自己的感官去感受、体验。 3. 乐意表达自己的高兴心情，保持积极的情绪状态。 4. 具有初步的自我服务意识，相信自己能做好一些简单的事情，并为此感到高兴。	1. 能在成人的引导下用多种感官认识和体验自身的特点。 2. 能够用语言、动作等正确地表达自己的情绪。 3. 能够大胆地表达自己的需求。 4. 具有初步的生活自理能力和基本的控制能力。 5. 能够保持身体的清洁卫生，初步形成良好的个人卫生习惯。

续表

	认知目标	情感目标	技能目标
中班4至5岁	1. 进一步认识自己的身份和角色，知道自己是独特的个体。 2. 了解身体外部器官和结构的主要特征及其功能，知道如何保护它们。 3. 了解自己的情绪、能力和喜好，感知自己与他人的不同。 4. 懂得一些维护自身健康和安全的基本知识和感性经验。 5. 初步感知自己的变化过程，知道通过努力自己可以做得更好。	1. 悦纳自己，具有在群体中的安全感和归属感。 2. 乐于探究自己的身体，积极参与各种感受和体验活动，为自己的身体和能力感到自豪。 3. 不做危险的事，有保护和爱惜自己的意识和愿望。 4. 关心自己和别人的情绪反应，喜欢表达，愿意与人交流自己的情绪和感受。 5. 具有主动学习、自我提高的初步意识和愿望。	1. 能够觉察自己的情绪，并能用适当的方法表达自己的情绪和感受。 2. 具有初步的自我控制能力，对自己的不良情绪反应和行为能加以控制和调节。 3. 能够掌握保持身体清洁和安全的简单技能，进一步养成良好的个人卫生习惯。 4. 能够通过别人的评价来形成对自己的相对稳定的认识，并能通过努力取得进步。
大班5至6岁	1. 感知自己是多角色的个体，初步认识到自己属于各种不同的群体（如我是大班小朋友，我是中国人）。 2. 了解身体内部主要器官和系统的基本特点、功能以及保护它们的方法。 3. 进一步认识自己的缺点和长处，了解自己在情绪、能力、需求、喜好等各方面与他人的异同点。 4. 进一步掌握促进自身健康和维护安全的知识和经验。 5. 了解自身的发展变化过程，初步感受人一生成长的基本规律。	1. 欣赏自己和别人的不同，为自己在群体中受到关爱和重视而感到自尊和自豪。 2. 关注自己的身体成长和发展变化，积极主动地了解自身的特征，乐于提出疑问并有浓厚的探究兴趣。 3. 关心自己的健康和安全，有较强的自我保护意识。 4. 愿意接受他人对自己的评价，有争取进步的愿望和信心。 5. 愿意为调节自己的情绪和行为做出努力，不怕困难。	1. 能根据不同的场合和氛围选择合适的方式表达自己的情绪，并能够运用一定的方法调适自己的不良情绪。 2. 能够通过多种方法了解有关自身健康成长的一些知识，独立地解决一些问题。 3. 有初步的自我评价能力，能比较客观地看待自己的一些优点和缺点。 4. 对自己的行为具有较好的自我控制能力，能克服困难，坚持完成任务。 5. 有初步的主动学习、自我提高的能力。

续表

	认知目标	情感目标	技能目标
学前班 6 至 7 岁	1. 进一步了解自己，感知自己的身体面貌与性格特点，认识到自己与他人的区别和共性。 2. 进一步感知自己作为一个家庭，一个国家成员的社会属性，了解祖国的标志特征与自我之间的联结归属关系。 3. 进一步感知一个人的生老病死之发展历程与生命价值，更加懂得爱护生命、保护自我的重要意义与基本常识。	1. 进一步意识到自己的成长，在将要结束幼儿园生活，成为小学生之际，具有自我成长的自豪感和积极期待。 2. 更深切细微地关注自己的身心变化与身体健康，对于自己的身心成长具有更浓厚的探究兴趣与保护意识。 3. 有积极主动的进取意识，愿意付出努力让自己扬长补短、争取进步。 4. 对自己有更强的信心与更高的要求，在困难面前不退缩，愿意尝试独立自主地去解决问题。	1. 能够保持较为稳定、乐观的情绪，不轻易发脾气或转嫁情绪。 2. 能够更清晰地了解自己的优点和不足，对于自己的不良行为习惯能够有所克制。 3. 能够主动地找到一些方法来调节转移自己的情绪及解决生活中的一些实际问题。 4. 具有基本的生活自理能力，形成良好的日常生活作息习惯与行为品性。

二、"人与社会"领域——了解广泛的社会生活

	认知目标	情感目标	技能目标
亲子班 1 至 3 岁	1. 知道园所及班级的名称和所在方位，认识班级的老师和常在一起玩的同伴。 2. 熟悉家庭生活环境，认识自己的家人，感受他们与自己的关系。 3. 认识几种常用的生活用品，知道它们的名称和用途。	1. 愿意进入新环境，愿意与同伴在同一个空间内活动。 2. 愿意和身边的成人交往，形成初步的依恋感，喜欢模仿成人的动作、表情和语言。 3. 对周围的环境和物品有好奇心，喜欢用自己的感官去探索。	1. 能在成人的提醒下向他人打招呼，会说谢谢、再见等礼貌用语。 2. 能听懂成人的话并执行简单的任务，能识别他人的哭、笑表情，成人问话能回答。 3. 能用表情、手势和简单的语言表达自己的情绪和愿望。
小小班 2 至 3 岁	1. 进一步认识班级和家庭生活环境，熟悉班级老师和幼儿园医生等主要工作人员，认识班级同伴。 2. 了解家庭生活环境的主要特点和设施设备，认识家人的角色特征和与自己的关系。 3. 认识几种常见的物品，区分它们之间最突出的特征，知道它们的名称和用途。	1. 愿意上幼儿园，愿意亲近教师或熟悉的成人。 2. 乐意和同伴一起玩，体验大家一起做游戏和分享食物、玩具的快乐。 3. 喜欢自己的家人，体验与亲人之间的亲情。 4. 喜欢用各种感官去探究生活中各种有趣的日常用品和事物，对周围环境和事物感到好奇。	1. 在成人提醒下会和人打招呼，会说你好、谢谢、再见、对不起等礼貌用语。能听长辈的话。 2. 能用简单的语言与成人和同伴交流，玩具和食物经成人提醒能与别人分享。 3. 能在成人提醒下遵守简单的集体生活秩序和规则。 4. 学会使用简单的日常用具，如吃饭用勺等。

续表

	认知目标	情感目标	技能目标
小班3至4岁	1. 熟悉幼儿园、家庭生活环境，了解社区中一些主要的机构设施，感受它们与自己生活的关系。 2. 认识同伴、老师、父母及其他有关机构的工作人员。 3. 认识日常生活中一些主要物品的特点和功用，了解一些简单的使用方法。 4. 认识元旦、儿童节、中秋节等主要节日的意义和风俗习惯。	1. 对周围社会环境和物质世界感到好奇，有关心和爱护它们的愿望，并愿意参与简单的探索活动。 2. 愿意参加集体活动，初步感受幼儿园集体生活的安全和快乐，保持愉快、稳定的情绪。 3. 愿意与熟悉的人交往，有尊重别人的意识，体验与人分享的快乐。 4. 体验父母、老师对自己的关爱，喜欢他们并愿意与他们交流。	1. 初步掌握日常生活中常用的基本礼貌用语。 2. 能够用语言来表达自己的需求。 3. 在成人的指导下能够遵守最基本的集体生活规则和公共秩序，初步养成良好的生活、行为习惯。 4. 能较正确地使用玩具和简单的日常生活用品。 5. 适应幼儿园集体生活。
中班4至5岁	1. 进一步认识幼儿园、家庭环境和主要社会机构、设施的特点及其与人生活的关系，懂得要遵守公共场所的规则。 2. 了解幼儿园、家庭和社区主要机构有关人员的工作特点和辛勤劳动，懂得要尊重他们的劳动成果。 3. 认识生活中常见物品和设施的类别、特点及其与人生活的关系。 4. 进一步了解一些节日的来源与风俗，认识家乡的风土人情和发展变化。	1. 喜欢关注周围环境，积极参与认识物质世界的各种活动，乐于发现并提出问题。 2. 有初步的集体意识和责任感，喜欢参加集体活动，乐于遵守公共规则，愿意为集体做事。 3. 喜欢与人交往，愿意关心、同情别人，体验分享、谦让和初步合作的快乐。 4. 感受物质世界的丰富多样，爱惜美好的事物，萌发初步的科学意识和创造欲望。 5. 喜欢自己的家乡，有为家乡服务的初步愿望。	1. 能够用正确的方式来表达自己的需求和愿望。 2. 能大方、礼貌地与人交往，有分享、谦让等友好行为。 3. 能够遵守集体生活规则和公共秩序，养成良好的生活行为习惯和初步的学习习惯。 4. 能较快地适应周围的环境和事物，并能用多种方法进行探索，获取经验。 5. 能用语言、音乐、绘画等多种形式进行表现和初步的创造。
大班5至6岁	1. 深入了解幼儿园、家庭、社区等对人生活的意义和相互关系。 2. 从不同角度认识社会成员，了解不同社会群体的主要特征和相互关系。 3. 了解社会生活中物质的不同类别、特征和简单的历史发展过程，知道人的生活与它们之间的相互关系，感受科学技术在生活中的重要性。 4. 了解祖国的民族特点、节日风俗和主要的自然人文景观，初步感知祖国历史发展的进程。	1. 积极主动地关心、探索周围环境和物质世界的奥秘，乐于提出各种问题并尝试不同的解决方法，体验获得成功的快乐。 2. 积极主动地参加各种集体活动，感受集体的力量，有初步的集体荣誉感和责任感，喜欢为集体出力。 3. 有主动地与同伴友好交往的愿望，愿意与人合作，乐于助人，体验相互合作的成功和快乐。 4. 喜欢祖国，有初步的民族自豪感和建设祖国的美好愿望。 5. 进一步感受物质世界的丰富多样和科技的迅猛发展，欣赏、爱惜一切美好的事物，有初步的科学意识和创造欲望。	1. 适应周围环境和事物，能从多种角度分析问题，探索事物之间的联系和规律，获取科学的经验。 2. 积极主动地与人交往，能够运用较为恰当的交往方式和策略，学会同情、欣赏别人，能够与人合作。 3. 面对认识和交往过程中出现的各种问题能较独立地思考，并尝试用多种方法解决。 4. 能自觉地为集体做一些力所能及的事情。 5. 有初步的欣赏美的能力。能用语言、音乐、绘画等各种形式加以表现和创造。

	认知目标	情感目标	技能目标
学前班6至7岁	1. 进一步了解社区、家乡、祖国、世界各国等社会场所形态与自己生活的关系和意义，形成更宽广的认知视野。 2. 进一步了解社会成员的职业、分工、角色职责对于社会生活的重要作用，懂得如何看待他们，与他们交往的基本规则与方法。 3. 进一步感知自己国家的风土人情与文化特色，深化对祖国悠久历史与丰富文化的认知与认同感。 4. 了解世界各国的节日风俗，了解交通、通讯等各种现代科学技术的存在，进一步感知人类社会的丰富辽阔与精彩生活，形成初步的世界意识。	1. 愿意积极参与各类社会探索与实践活动，对于社区环境有初步的认同感与责任感，愿意为改善周围的环境做出努力。 2. 愿意亲近社会成员，主动积极地与他们交往并从中感受到愉悦，愿意做一些力所能及的事去帮助他人。 3. 更加深入地理解、珍惜友谊，能够与同伴之间结成真诚、热情并较为稳固的情感关系。 4. 进一步感受到作为一名中国人的自豪感，喜欢自己家乡的风土人情与文化特色，有爱祖国、爱家乡的初步情怀。 5. 喜欢探究世界各地的特色风貌与节日风俗，欣赏各种科技艺术的发展，对世界的丰富与美好充满积极悦纳与向往期待之情。	1. 主动适应周围环境与事物，能够用自己的方式来独立地认知、判断、分析事物，具有初步的自主学习能力。 2. 能够用适宜有效的方式与人交往，能够与同伴建立较为稳定的友谊关系，学会自主处理在人际交往中出现的一些矛盾问题。 3. 能够承担在集体中的一些基本责任，积极主动地为集体做些力所能力的事，懂得如何帮助人。 4. 能运用所学的一些科技、艺术等方法来表达对社会各种现象的认知与感受，能运用生活中的各类小工具来解决实际问题，具有初步的生活实践与创意能力。

三、"人与自然"领域——亲近美丽的自然世界

	认知目标	情感目标	技能目标
亲子班1至3岁	1. 感知下雨、太阳、月亮等常见自然现象和水等自然现象，知道它们的名称。 2. 认识一两种身边的动物、蔬菜和瓜果，知道它们的名称和主要特点。	1. 喜欢自然环境，在成人引导下愿意观察各种有趣的自然现象和事物。 2. 愿意跟着成人指认各种动植物，愿意用语言或动作进行模仿。	1. 能根据要求指认几种常见的动植物和自然现象。 2. 能够用自己的感官去探究自然界的常见事物和现象。 3. 能够初步适应自然气候变化。
小小班2至3岁	1. 观察一些常见的自然现象，如下雨、下雪、起风等，感知它们的简单特征。 2. 认识几种常见的动物和瓜果蔬菜，初步了解它们的名称、习性和特点。	1. 喜欢户外活动，愿意观察自然界的各种事物和现象。 2. 愿意亲近动植物和水、沙等自然物，具有自由探索的愿望和行动。 3. 对自然界的变化感到好奇。	1. 能在成人的引导下用各种感官观察动植物和自然现象。 2. 能用简单的语言和动作表达对自然的认识和感受。 3. 具有初步的辨别安全和危险的能力。

续表

	认知目标	情感目标	技能目标
小班 3 至 4 岁	1. 观察自然界的明显变化，初步了解各个季节的主要特征。 2. 感知动物、植物和人的活动随季节而发生相应变化的规律。 3. 认识生活中常见的几种动植物，初步了解它们的主要特征及其对我们生活的重要作用。 4. 感受生活中简单的自然科学现象，获取初步的感性经验。	1. 愿意关注自然界的变化，并且感到好奇。 2. 喜欢和爱护小动物，并愿意去亲近它们。 3. 喜欢户外活动，对自然界的花草树木有初步的爱惜之心。 4. 愿意用多种感官去探索有趣的事物。喜欢操作活动。	1. 能发现自然界的一些明显变化并用简单的语言、艺术等手段表现出来。 2. 能根据季节变化表达自身的一些感受和需求，如"我热了"。 3. 对自然环境和气候变化具有初步的适应能力。 4. 具有初步的自我保护能力。
中班 4 至 5 岁	1. 观察自然界的变化，了解各季节的基本特征和人的相应活动。 2. 认识各季节中常见的动植物，感受动植物随季节变化的规律。 3. 探索常见的自然现象和生活中的科学现象，感受它们对人的生活的影响。 4. 初步了解自然界中有关的事物和现象与人类生活的关系。	1. 喜欢观察自然界的变化，并且对自然现象产生兴趣。 2. 尊重动植物的生活习性和生长规律，愿意参加种植和饲养活动并爱护它们。 3. 喜欢并欣赏自然界中美好的事物，体验美好事物给自己带来的愉快。 4. 对自然界中有关的事物现象乐于探索和提问。	1. 能按一定顺序观察自然界的事物和现象，能运用各种感官去发现它们的主要特征和变化。 2. 初步掌握种植、饲养和照顾动植物的简单方法。 3. 能用自己喜欢的方式创造性地表现自身对周围事物的感受和认识。 4. 能运用合适的方法来满足自身的需求，以适应自然界的变化。
大班 5 至 6 岁	1. 掌握各季节特征及四季变化的自然规律，进一步了解动植物及人类活动与季节变化的关系。 2. 了解动植物的主要类别、基本特点和生长规律及其与生存环境的关系。 3. 感受自然环境、动植物与人三者之间的相互关系。 4. 初步了解有关宇宙的知识，知道宇宙是由众多星系组成的广阔世界。	1. 积极主动地观察和探索自然现象及其变化。 2. 尊重自然界、动植物和人之间互利共存的关系，拥有对于自然的感激之心和保护周围环境的愿望。 3. 主动探索生活中各种有趣的科学现象，积极尝试用各种方法去解决疑问，并为自己找到答案而感到愉快。 4. 欣赏自然界的美丽和神奇。	1. 能根据一定的目标从不同角度细致、有序地认识自然界的各种事物和现象。 2. 能用各种方法表现对自然界变化的感知和认识。 3. 能较熟练地运用各种感官探索自然事物，并进行分析、比较，较为全面地概括事物的总体特征。 4. 具有较好的适应自然环境和气候变化的能力，能主动地运用各种解决问题的方法。

续表

	认知目标	情感目标	技能目标
学前班6至7岁	1. 进一步掌握动植物、季节、气候等相关自然科学知识，初步形成类的意识。 2. 进一步感知自然界的各种现象、事物与人类生活之间的关系，形成初步的生态意识。 3. 进一步探索宇宙星空的奥秘，了解地球与其他星球之间的关系，初步感知人类历史上为飞上太空所做的努力。	1. 对于探索自然世界有强烈的好奇心，有亲近大自然的积极情感和探究动力。 2. 欣赏感恩自然界、动植物对于人类生活做出的贡献。具有热爱自然、保护自然的热切愿望。 3. 对于地球与宇宙有探索的兴趣与美好的向往，能够欣赏宇宙世界的美感与神奇。	1. 能初步形成对于动植物的分类认知方法，学习用一定的分析推理去认知、解决自然问题。 2. 能够积极主动地去适应自然环境，并利用自然中的动植物、季节气候资源来为自己的生活服务。 3. 能运用各种方式去探索大自然及宇宙世界的神奇奥秘，具有初步的收集信息、独立探索、解决问题的习惯与能力。

以上这些还只是整个课程中的中位分解目标体系，接下来还要进一步细化为每一个主题、每一个课程的下位操作目标，将目标真正落实到课程教学实践中，而这一步建构工作，就需要与具体的课程内容选择和组织紧密结合在一起了。接下来，我们将根据不同的主题领域来做出具体的分析，从而帮助大家更深化细致地理解全能宝宝教育全方位的课程目标与内容实践。

第三节　全能宝宝课程内容

　　根据以上目标系统和领域分类，我们再来选择组织编排具体的课程内容，这就像根据每一楼层每个房间的功能设计框架来选择合适的建材砖瓦，用一定方式来垒墙砌壁一样。由于孩子是在整个生活中体验发展，同时又在整体情境中感知学习的，因而我们需要引导孩子学习的课程内容也应该是丰富、生动且系统、完整的。只是生活中的内容实在太多，包罗万象，不可能一一穷尽或任意编排。因而我们在其中选择符合孩子兴趣与年龄特点，对现实和未来生活真正有用的，并符合全人发展和幸福人生价值导向的科学、基础、综合、典型的内容，用每月单元主题、每周核心主题、每天活动主题的方式予以组织编排，将主题目标与学科内容有机地整合起来。具体而言，包括以下几方面主题内容。

一、适应衔接教育——帮助孩子顺利过渡

　　这本不是最重要的课程内容，放在首位予以介绍，是因为孩子的社会生活现实所需。在中国，每年九月是幼儿园和学校开学的季节。这个时候，各个阶段的孩子都会面临进入一个新环境或升入新年级的变化，这就会带来一个环境或规则的适应性问题。尤其是托班初入园的孩子，第一次离开家庭呵护到幼儿园开始集体生活，实在是人生的首次大考验，不可避免会带来分离焦虑问题。传统幼教往往需要耗上几乎一个月的时间来解决孩子哭闹的问题，我们则因境设置了"做个笑娃娃"的主题，把孩子的哭闹现象变成课程

的内容资源，完全根据孩子的现实情境和心理特点，通过童话、游戏、表演等各种方式来引导孩子逐步摆脱分离焦虑，适应班级环境，了解接送规则，掌握在园一日生活程序，更轻松有效地度过入园适应期。实践证明，这样的课程能够大大缩短孩子的入园适应期，并加快养成孩子的在园独立生活能力。在设计小班"我爱幼儿园"的主题时，考虑到有一些孩子是初入园，所以依然以入园适应为主要目标，但在课程内容程度要求上已进一步加深。而到中大班、学前班，则分别用"成长的我"、"快乐你我他"、"朋友，你好"的主题逐步深化地开展升班规则与自我成长激励、同伴相处与集体合作意识等方面的教育引导。除了入园初的适应教育与新学年初的升班教育，幼儿园与小学之间的衔接教育也至关重要。从小小班开始就逐步培养各种良好习惯，在此基础，到了大班第二学期，则以"小书包大世界"为主题，来开展包括认知书与文具、整理书包、认字识字、熟悉课堂纪律等在内的幼小衔接教育。在大班和学前最后一学期，则分别以"告别幼儿园"与"准备上小学"的主题进一步深化入学准备教育，做好衔接过渡。

二、自我悦纳教育——建立高自我价值感

如前所述，全人教育的本质特征，就是注重个体生命价值与社会发展价值相融合的整体性。也因此，全能宝宝课程以自我生命教育为整个课程的起点与核心，所有的内容都围绕着"我"的视点而展开。在入园升班适应教育之后，紧接着便是"人与自我"的主题系列。从小小班的"我有六个宝"开始，让孩子认知自己的五官与双手的特点与作用，激发探索自我的好奇心；到小班"我自己"主题，则让孩子懂得自己有一个美丽的身体，懂得欣赏并爱护它；再到中班"成长的我"主题，让孩子感知自己的情绪变化、成长历程、独特之处、性别意识等，对自己有更深刻的认知和把握；到大班"探索我们自己的秘密"主题，则引导孩子全面了解自己的身体结构、体内系统及

从生到死的成长历程，包括性教育、残疾教育等，对自己的生命有一个基本的了解，懂得爱惜和保护自己的生命；到学前班"我们都是中国人"主题，则引导孩子进一步了解自己的社会属性，知道每一个人都归属于某一个民族及国家，他们需要了解自己民族及国家的文化特色，并对自己所属的民族与国家担负责任，做出贡献。通过这样的循序渐进逐步展开深化过程，引导孩子认识自我、感知生命，树立自尊、自信、自爱的独立生命价值，培育自我调适、自我保护的生命健康意识与能力。

三、家庭生活教育——爱的幸福源自家庭

家庭是人生第一个"社会场"，一个人的所有社会规则、人际关系与价值认知，最初都是从家庭环境和亲子关系中习得的。对于婴幼儿来说，这样的家庭教育尤其重要，是所有"人与社会"教育内容的第一课，因而，我们每年都用一个主题来展开这样的家庭之课。小小班围绕"亲亲热热一家人"的主题，培育孩子对于家人的亲近与依恋感，感受家的幸福温暖；小班则以"甜蜜的家"主题来引导孩子了解家的来历、家的环境和活动等等，激发孩子对家的爱；而中班则以"我爱我家"为主题，引导孩子了解一个家庭里会出现的各种状况，包括离婚、争吵、陷入困境等等，使孩子进一步获得对家的真实认知，感悟家庭生活的酸甜苦辣，培育他们的家庭责任意识；到大班，则以"我们都有一个家"为主题，让孩子从对自己家的认识扩展到对朋友、邻居的家的平等认识，以及对于整个社区环境的认知与责任；学前班主题"美丽大家园"，则从自己的小家开始引导孩子关注到自己所在乡村、城镇以至整个国家、世界的存在与意义，从而形成环境共享、责任共担、互爱互助的启蒙意识。

四、自然季节教育——人与自然和谐相处

自然教育是一个很宽泛的概念，包含"人与自然"的诸多方面内容，而最突出的主体内容便是季节教育。按中国幼儿园的学制，第一个季节教育从秋天开始。小小班以"果宝宝乐园"的主题展开对秋天果实的认知，并渗透相关的情感技能教育；小班"树叶飘啊飘"主题，则从树木的变化来探索秋天；中班"天凉好个秋"主题，开始深化探索秋天的气候特征及动植物和人的活动变化；大班"秋收季节"，则重在对秋季农作物的探索，了解各种粮食的来历及其对人类生活的价值；而学前班则综合为"植物世界"的主题，以帮助孩子建立对于植物的结构及类的概念，激发孩子对于整个植物世界的探索兴趣。接着是冬季主题：从小小班"晒晒太阳做运动"的动物认知，小班"雪花飘啊飘"的寒冷气候感知，到中班"冬季运动会"的活动特点，再到大班"地球上的冬天"主题中的不同地域、不同国家认知，最后到学前班对整个"神秘的宇宙"逐步深化的探索。第二学期的春季和夏季主题也是这样由简单到复杂循序渐进地螺旋上升，并包含了动植物，水、沙、土、石等自然物，气候特征及人类活动等方方面面的内容。各季节主题都配合着相应的现实生活季节特点，让孩子身临其境地感知体验与实践。

五、社会认知教育——奠定社会化的广泛基础

除了家庭主题以外，"人与社会"还有着更为宽泛丰富的课程内容。就社会场所而言，除了家庭以外，还有社区附近的商店、超市、菜场、银行、邮局、学校、图书馆等各种生活学习场所，以及与这些场所相关的社会人际关系、职业角色、建筑特征、物品工具、文化科技艺术等各种社会存在。比如规则教育，便是社会化认知的重要内容，它渗透在各个主题之中。设计大班升班主题时，便专门安排了规则教育内容，通过童话方式让孩子感知到

规则的重要性，再让孩子自己讨论制定班级规则，并设计规则标志进行表达。比如职业教育，它是伴随着对于社会人际角色的认知而展开的。在各个主题中虽然已有相关的职业角色认知的内容，到大班时则专门以"各行各业的秘密"主题来介绍各种职业角色的内涵特征及其对于社会的价值功能，让孩子有初步的职业认知及积极的职业观念。再比如节日风俗教育，在各个季节及其他主题中虽已有分别体现，但到学前班还是特意安排了一个"节日大聚会"的主题，集中介绍中外各个节日特征，并从中渗透相应的社会风俗教育，比如在圣诞节中结合节日来历展开有关宗教生活现象的初浅探讨与科学认知引导等等。

六、生活实践教育——从小学做快乐生活小能手

其实全能宝宝课程的前身就叫"学会生活"课程，因而这一路探索获得的所有内容都可以归之为生活实践教育。在此特意单独提出来加以阐述，是为了进一步强调生活教育的重要性。在全能宝宝课程的各个主题中，都可以感受到对于培育生活实践能力的重视，从衣食住行到柴米油盐，都有相应的主题来引导。比如小班时有"美味食物"主题，介绍各类食品特点及烹饪方法，并让孩子动手实践；有"来来往往的车"主题，引导孩子了解各种车辆的奥秘，学习安全乘车。在中班时有"美丽的服饰世界"主题，引导孩子感知服饰的色彩、式样、面料、季节、功能以及制作方法，体验自制服装，学习相关服饰技能；还有"小商店大商场"的主题，引导孩子了解各类购物环境，掌握相关的买卖知识，培育合理消费意识。在大班时安排"奇妙的建筑"主题，让孩子全面了解从房子到桥梁到亭塔等各类建筑的奥秘，掌握与建筑相关的生活与创造技能。在学前班还安排了"生活中的小工具"主题，让孩子认识用于清洁、厨卫、修补等的各类生活工具并掌握应用技能，并学习创意设计。可以这样说，若能够全面地学习这五年的幼儿园课程，每一个

孩子都能够成为知晓生活百科并能独立解决基本问题的"生活小能手"。而这样的生活基本能力，恰是幸福人生的实践基石。

七、科学探索教育——让孩子爱上科学创造

科学性是全能宝宝课程的首要特征。这意味着整个课程便是一部幼儿百科全书的探究史，几乎每一个主题，每一天的内容，都是从具有科学性和人文性的故事开始展开探索的。这是因为，孩子是天生的科学家，他对这个世界中的一切现象，都怀着与生俱来的好奇心与探究欲，而我们所需要给他提供的，必须是经得起真理检验的科学知识（包括自然科学和社会科学），这样才能有助于培养孩子的科学理性，使他在以后的人生成长历程中不至于陷入虚幻、迷信、混乱的认识误区。而这样的百科知识，又蕴藏在广阔平凡的生活世界之中，因而，通过感知生活、参与实践的过程来引导孩子打开科学探究之门，再从科学感知进入到人文情怀和艺术创造世界，是全能宝宝课程的主旋律。除了各个主题的科学探究主线以外，还专门安排了"从这里到那里"主题，引导孩子探索物体移动的秘密及现代通信世界；通过"畅想宇宙"主题探索宇宙星空奥秘及飞向天空的航天技术，激发孩子的宇宙梦想；通过"生活中的朋友"来引导孩子关注纸制品、石制品、木制品等各类生活科技现象及其价值应用；通过"动脑筋乐园"主题来引导孩子关注探索生活中的各种创意发明，激发爱科学、爱学习、爱思考、爱动手的科学精神与创造意识。当然，随着现代科技的不断发展，还可以与时俱进地更新科学教育内容。

八、多元智能教育——让每一个孩子自信闪光

加德纳的多元智能理论带来了席卷全球的智能观革命，也推动了幼教

课程结构改革。确实，多元智能理论有效地支持了儿童的全方位智能学习实践，许多幼教机构都开始以多元智能的课程分类来代替传统的学科课程。但根据全能宝宝教育理论，一个孩子的成长就像一棵大树，需要从灵性根部来培育出全人发展的主干，再从这样的健康人格主干中长出多元智能的各个分支，结出各项智能优势的甘果。全能宝宝课程与其他幼教体系的最大区别在于，我们并不强调多元智能教育本身，但在每一个月的主题、每一周，甚至每一天的主题中，都蕴含着丰富的多元智能大餐。甚至每一节课，都包括科学观察、身体运动、语言、音乐、数学逻辑、空间、内省、人际交往等多种智能学习因素。这些综合性的智能学习完全整合在人的发展主题目标中，因而体现出更高的通识通感学习功效。在这些智能学习中，数学是一个相对特殊的学科，不容易自然地融入到主题中，我们便将数学单列出来，按内在逻辑序列和外在主题情境进行融合创意，作为单独课程排入各周主题。而其实，教师若能够明了把握数学目标序列，每天都可以利用主题情境来引导孩子展开数学智能学习。

另外，为了让孩子能够完整地感知并应用多元智能进行艺术创造，我们还专门在五月份给大班安排了"快乐六一节"的主题，整个月都让孩子自己畅想、策划六一儿童节。我们通过表演会的精彩介绍来让孩子了解欣赏说、唱、跳、书、画、武、技等各种表演艺术，从中感受各种智能创造的精彩艺术，并一边欣赏学习，一边自己排练。我们还安排了快乐游园会来介绍各类动手动脑的游戏节目，让孩子一边感知体验一边创造游戏。最后则让孩子们盛装打扮闪亮登场，一起来享受一场自编自导自演的六一联欢会。这不仅让孩子更深刻地体验了六一儿童节，欣赏参与了各种艺术表演和游艺活动，还全面地锻炼了孩子的各项智能。

当然，全能宝宝课程中的多元智能各科教育内容含量太多，在幼儿园日常教学中无法一一精到培养。同时，幼儿园教育要照顾到所有孩子的全人发展基本需求而无法满足每个孩子的不同智能专项兴趣。考虑到上述情况，我们又开发出专门针对多元智能专项特长的课程。课程以业余兴趣特长班的形式开设，供孩子选择，以与幼儿园课程结合达到一专多能的教育功效。打个比方，幼儿园的主题课程就像是人格标准餐，多元智能特长课程就是潜能特色餐，入园前的亲子课程是健康预备餐，而从出生前就开始的父母指导课程就是营养保障餐，通过父母的科学教育意识和言行呵护着孩子各个阶段的健康全面成长。这四大课程，构成了全能宝宝0—7岁的整个生态课程体系。

第四节　全能宝宝课程实施

　　在实践探索历程中，曾经多次遇到过幼儿园老师对于全能宝宝课程实施的畏难情绪，但这个体系却在一个最不起眼的郊县民办幼儿园实验成功了。这是为什么呢？是因为这么多年来的幼儿园教材市场包办之风，把中国幼儿教师们的教学创造能力都削弱了。教师已经习惯了教材商们把教学参考书、儿童用书、图片、音像什么的全都准备好，自己只要临时抱佛脚，依样画葫芦就行，几乎不再需要动什么脑筋。让别人把食材处理好、准备好，自己照着做好饭菜味道也不尝就塞给孩子们吃。也无怪乎，这些年来学校培养出来的幼儿园教师学历越来越高，技能越来越强，却鲜有更出色的创造型教师了。教师失去了创造性，又如何能够培养出有创造性的孩子呢？所以我常常感慨，如今的教育折断了孩子们的灵性翅膀。

　　而全能宝宝课程试图还原这样的创造性教育。全能宝宝课程一直没有编写教学参考书，也没有提供幼儿用书及图片音像之类的资料，而只是提供了2—7岁每天在园的教育方案，就相当于只提供了极其丰富完备的"教学营养食谱"，就是希望能够引领教师们因地制宜地自己找食材，根据孩子们的生长需要自己配菜烹调。而生活中处处都有这样的"食材"资源，尤其是在强大的网络的辅助之下，能搜索到的远远胜于教材商提供的有限资源。唯一的要求，就是教师们必须提前动脑筋去寻觅创造，还要根据自己和孩子们的水平作出灵活调整。这样就把原来只是照搬的课程变成了教师和孩子、家长一起互动参与的创造之旅。一开始，确实会让习惯了依赖现成资源的教师们畏难抗拒，但一旦坚持这样做下去，老师们就会从孩子们的积极反应中尝到甜头，孩子们越学越有趣，老师们也越教越有味道。一旦自己能开发出美味的新菜肴，就不甘心只是照着别人的食谱依葫芦画瓢了。只要认真实施过全能宝宝课程的幼儿园老师，就再也不习惯使用别的课程教材了，这是在实践中的普遍反应。

那么，对于初试全能宝宝课程的教师，如何才能有效实施呢？现在，我把自己再重新放回到教师的位置上，来与孩子们一起走进一个个主题的课程实践之旅，看看要实施全能宝宝课程，需要做哪些准备，经过哪些程序。

一、备课第一步——细致解读目标系统

曾几何时，教师们养成了一个很不好的习惯，就是只看活动不见目标。特别在学习听课的时候，只想照搬有趣的活动内容，而不去思考这个内容从何而来，在整个课程体系中起到怎样的作用。这样的结果是，学得再多，也是一片零碎拼凑，无法为自己课程内容的创新设计提供支撑。要实施全能宝宝课程，必须首先改变这样的思维习惯，要目标在先活动在后，先从明确目标开始备课。

我自己认为全能宝宝课程最有价值之处，在于它首先建构了一个系统严密的目标体系，从"一生幸福需要学习什么"这样的总目标出发，逐步细化每一年、每一月、每一周、每一天的主题目标。这就像给孩子的发展描绘了一张世界地图，每一个具体的教学点，都步步连通到整个世界，确保孩子的学习既不无效重复，又不缺失遗漏。而教师，必须对整张地图了如指掌，明确地知道这个月、这一周、这一天为什么要上这样的课，而不是不辨东西南北，抓来一个活动内容就去盲目地塞给孩子，后者是无法体现完整发展的课程价值的。

全能宝宝幸福课程2—7岁每一本教育方案中都有清晰的主题网络和每个主题的目标表达，教师们只需静心阅读。但阅读的时候，必须同时去思考这些目标承前启后的原因，以及它与自己班级孩子的实际兴趣与发展水平的适

应性。全能宝宝课程每个月的主题课程，开始都会有设计思路介绍，即为什么要制定这样的主题，要达到怎样的总体目标，以及可以通过怎样的每周分主题来实现。这些表述与实际的课程内容看似无关，在我看来却是最重要的部分。它可以帮助教师们从系统层面去把握整个月的主题，当进一步落实到周目标和日目标时，就比较容易掌握了。就像我们对照着整张地图，才能清晰把握自己的家乡是在东南西北的哪个角落一样。

接下来是每一周的主题，它是家园同步课程的操作性实施单位。也就是说，我们的备课和实施，基本上都以周为单位。每一周的主题也是以目标为主导而展开，首先是环境创设和家长参与，其次是每一天的主题目标与教学建设，再次是家园同步温馨提示。也就是说，无论是环境创设、家长参与还是每日课程及对家长的指导，都是围绕着周主题目标而展开的。这样才能让各个环节的总体效果达到最大化，而不是把课程狭隘化为一节十几二十分钟的集体教学课。

二、备课第二步——灵活选择课程内容

理解领悟了目标系统，接下来就可以选择安排课程内容了。如果说课程目标是一个方向，一个航标，一个需要到达的彼岸，那么，接下来的内容编排，就是如何选择交通工具去航行了。在漫长的探索历程中，我深深体会到幼儿园教师在教学中巧妇难为无米之炊的实践之困，因而费尽了九牛二虎之力收集了各种课程资源。从二十世纪二三十年代的幼儿文学到不断翻新的睡前故事，当时都被我搜罗了个遍。不仅要百般挑选那些更具有科学性、生活性和趣味性的内容，还要根据不同的年龄、不同的主题、不同的程度进行逻辑排序，把各个内容适切地安排进各个主题结构中。其中有许多课程目标点找不到现成的匹配内容，还得自己创编文学或音乐作品。故事的文学性或许不及某些名家作品，但这样的度身定制可以帮助孩子恰当理解目标。在一些

社会性的目标中，这样的作品就尤为重要。

举个例子，现在越来越多的孩子经历了父母的离异。诸如此类的社会现象对孩子个人的成长造成了极大的影响，却常常被传统教材所忽视。如何引导孩子正确看待这些问题？我们在中班课程中创编了《没有爸爸的小狗贝贝》故事，通过很多人关心小狗贝贝的情节来让孩子感悟到虽然没有爸爸很难过，但生活中有那么多人的爱，小狗贝贝依然可以过得很开心。再比如性教育。如何满足五六岁的孩子对性器官的好奇以及培养性保护意识？我们在大班课程中创编了《王子与公主世代相传的幸福生活》，分别把男女性器官比喻为王子的魔法钥匙和公主的宫殿，用童话手段来介绍两者的重要性及其关系，以及如何保护的科学健康知识。这个故事借鉴了中国童话大王郑渊洁的创意，经过这样的创编后便给孩子的性器官教育提供了一个绝佳的范本，既避免了直接面对认知的尴尬，又在甜蜜美妙的童话情境中打破了性器官的神秘，轻松有趣地解决了孩子的困惑。

正是有了费时多年的细致烦琐的创编工作，现在的"全能宝宝幸福课程"才能够成为一个有着非常丰富内容的宝库。可以说，它几乎每天都涉及语言、音乐、美工、科学、运动、游戏的各科内容，一天的可选量有时相当于其他教材一周的内容。尽管内容繁多，但都通过一个核心目标串联统整起来，因此孩子学起来其实并不累，并且很容易沉浸在连续性的教学情境中，学得既快乐又有效。老师教起来也是如此，就像手边有丰富的食材，可以随时给孩子们烧出满桌子的好菜，看着孩子们吃得香吃得饱，自然也很有成就感。所以老师们都说，上过了全能宝宝幸福课程，就再也不习惯用其他教材了，总觉得没有什么东西可上——如同吃过满汉全席之后，便再也不习惯粗茶淡饭了。

当然，有了那么多丰富的课程内容，并不意味着可以原样照搬地都给孩子塞下去，而是要根据孩子情况和现实条件灵活地选择应用。这就涉及课程资源的收集及教具应用问题。也就是说，要把教材上的课程内容转化到实际的教学活动中，还需要准备好相应的课程资源工具，不像使用一般教材那样用现成的图片、音像等按部就班地进行下去就行。这是全能宝宝课程的难点所在，也恰是全能宝宝课程的价值和趣味所在，因为它给师生提供了丰富宽广的空间去发挥创造。课程教具从哪里来？全能宝宝课程完全来自于生活，根据生活的特征而展开，因此，只要从生活中去收集资源就行。比如，在服装主题的课堂上就可以让孩子们把自己家里的服装拿来，汇集在一起就是一个五彩缤纷的服装世界，可看可摸可闻，比图片好用多了。秋收季节要认识农用工具怎么办？带孩子去农场实地观摩，或者干脆安排亲子郊游，在外面上课，这样的现场体验可比在教室里生动多了。实在不行，借助于网络也可收集到非常丰富的资讯。有一次上"竹子用处大"主题的课程，老师竟从网络上找到几十种不同的竹制品，大大超出我编写该课程时预期的教学信息量。我们要求全能宝宝幼儿园每个班配置电脑，接通网络，来解决课程资源工具问题。而现在家家有电脑，若把这样的任务布置给孩子，让孩子在家长的帮助下自己学会上网找资料，则这本身就是一个很好的亲子探究性学习过程。

因此，教师在准备全能宝宝课程的时候，不会涉及没有实质性内容或无法引起孩子求知欲，只是需要思考如何将课程安排得更生动、更灵活、更高效。而最低的底线是，哪怕是什么功夫都不下，只是对照着教育方案提供的课程内容照本宣科下来，孩子从中得到的营养，也依然比学其他课程教材要丰富得多。

三、备课第三步——动静交替安排流程

每天的"教学建议"已经安排好一天的教学流程：围绕这一天的主题目标，上午的课程一般用游戏、故事、问题等方式引入，再过渡到音乐、美术、实践体验等内容，下午安排复习延伸或补充表演等活动。这是一个动静交替、多元整合的流程，在此把这个"动静交替"的问题摆出来作为备课

重点来强调。儿童的基本心理，可概括为"好玩、爱动、丰富刺激"，想要孩子喜欢一个课程，必须要满足孩子的这些特点。一节课，或是半天的主题教学要如何吸引孩子的注意力？首先就是要"好玩"。所以，活动开端非常重要，要在最短的时间内吸引孩子并抛出教学主题，而不要在与教学无关的话题上拖宕时间。孩子的注意力容易涣散，再进行下面的内容就不容易有效接收。优秀的教学活动就像一个使人身临其境的舞台剧一样，当序幕拉开之后，一幕一幕地把整个剧情推向高潮。这里面的跌宕起伏、抑扬顿挫的节奏，就需要通过动静交替的教学环节流程安排来实现。当用"好玩"的开头来吸引孩子以后，接下来就要利用孩子"爱动"的特点，尽可能让各个教学环节动起来。

综观幼儿园的课程实践，静态有余、活动不足。很多班级上课，孩子们都分组围坐在桌子旁边。这样的安排非常适合于静态活动，但不适合师生互动，更不适合大集体活动。所以，想要让孩子在课堂中多多动起来，首先就要改变这样的座位状态：尽可能把桌子移开放在四周，留出宽敞的空间，或者可以根据不同的教学环节来安排不同的座位形态。比如谈话类的环节大家可以围坐在老师身边，音乐表演类的环节可以坐成环形，而操作绘画类的环节则需要坐到桌子旁边。同时要尽可能考虑座位空间的摆放，以灵活满足这些不同环节的转换需要。

有了空间的活动条件，接下来是如何让孩子动起来的问题了。根据不同的年龄阶段，动静交替的比例应有所不同。小小班、小班孩子还在直觉行动思维期，最需要以动作来促进孩子的体验认知，因而一节课或一个半日活动的动静比例应在7：3或6：4以上，即以动为主、以静为辅；中班可以在5：5左右；到大班后则可以逐步发展为以静为主的模式；学龄前孩子的课程应留出三分之一的时间用于动态活动。只有这样才能适应孩子的思维和注意力状态的变化，增强教学有效性。

那么，怎样才能保证更高频率的动静交替丰富转换呢？首先要从教学手段的变通性设计开始。比如，我们一般要求孩子安静地听故事，但对于小年龄的孩子，是否可以一边听一边用动作模仿故事角色？比如，在听音乐学歌曲的时候，是否可以让孩子离开座位，在中间空地边学歌曲边表演？在教学时我们常常习惯用图片、音像等方式让孩子静态学习，而其实身体动觉手段几乎可以应用在各个环节中，对于小年龄孩子尤其有效。比如我们让孩子用亲亲热热挤一起的方式来表现葡萄一串串的形态，既生动形象又能让孩子开心。像这样让孩子同时运用身体各个部位来学习的方式，我称之为"通感教学法"。这种教学方法相当于让孩子的各个感知通道同时打开一起接收信息，其效果肯定是大大优于只是用视觉和听觉的静态学习方式。

除了在每个环节中善于用动态学习方法来变通，更重要的还是要尽可能安排丰富的教学环节。孩子需要重复性学习，如何在一遍遍的强化练习中让孩子保持对活动的兴趣和注意力？这就需要用更丰富的教学环节来对课程目标进行"变奏"。比如，在探索身体的主题里，有一个内容是让孩子在地板上练习"用身体走路"。虽然这只是一个花不了几分钟就能做完的简单动作，但如果加上向不同方向前进、后退、侧走的指令，用上鼓点来指挥快慢节奏、停顿开始，则不仅能够大大提高孩子的练习兴趣，丰富教学内涵，也更方便于增加动静交替频率。

动静交替问题，实际上是一个课程实施现场组织的问题。唯有在备课的时候就多动脑筋进行这样的创新，才能最大程度地保障教学现场的实际效果。记得有一位教师给小班上"1和许多"的数学课，在短短十五分钟内竟安排了十几个动静交替的教学环节，让孩子们学得兴趣盎然，这便是课前用心思考准备的结果。正是这样动静交替的丰富转换，使得全能宝宝课程中的师生完全打破了原来一节课只上十几二十分钟的惯例，将其变成四五十分钟甚至一小时以上的连续主题活动，并把如厕、喝水等变成了自由过渡环节，真正实现了更符合孩子心理特征的"弹性时间"安排。

四、现场第一关——组织控场活动展开

    教师在充分备课之后，便开始进入现场实施了。没有经验的老师，在没有上课以前都觉得只要备好教学内容记住各个环节就可以了，但一到课堂上，就会发现根本无法将教学计划顺利实施下去。为什么？就是因为不知如何组织控场以吸引孩子的注意力。往往老半天都无法让孩子安静下来听课，环节刚一展开，孩子们七嘴八舌动来动去的，纪律又乱了。因此，很多教师便不敢让孩子乱动，只让孩子乖乖地坐在座位上听讲。而这样一来，活动没有动态趣味，不符合孩子的心理需求，就更难让孩子持久集中注意力。

    这种情况在中国的幼儿园课堂中更为普遍，因为班级人数多，又主要以集体教学为主。而西方则多以个别操作和小组活动为主，集体活动大多只是讲讲故事、学学唱歌，没有那么多丰富的环节转换，组织起来也就更容易一些。这并不意味着中国集体教学落后于西方教育，恰恰相反，我认为集体教学完全应该成为中国幼儿教育的特色与骄傲。为什么呢？集体教学来自于"班级授课制"，在工业革命后因个别教学满足不了普及教育的要求，才应运而生。而中国的集体主义文化土壤则使这样的集体教学方式得到了充分的培育发挥，连幼儿园也沿袭了这样的教学模式。依我看来，集体教学不仅能够在同一个单位时空内使更多的孩子接受到教师的启发引导，提高师生互动的频率，同时也能增强孩子与孩子之间的互动频率与规模，可以大大促进同伴间的模仿学习行为。更重要的是，它还极大地考验了教师的教学艺术设计与现场调控能力，提高教师与孩子个体和群体兼顾的互动能力与教学把控水平。也因此，尽管集体教学难度很大，但是若组织好了，是完全可以成为幼儿园教学艺术中的一道亮丽风景的。

    那么，如何才能做到有效控场顺利展开集体教学呢？除了做好充分的准备工作以外，还需要教师们准备点小道具，学点小技巧来备用。传统的中国幼儿园常用小铃来组织教学，让孩子们安静下来，但有的教师把小铃敲得

太响，反而给课堂带来噪音。其实有很多种方法可以吸引孩子的注意力，比如用音乐，把口令变成歌词，或变成弹奏的曲调。我记得以前就用"太阳出来了"的上行曲调和"太阳落山了"的下行曲调来分别表达离位和归位的口令。年龄小的孩子只要哼歌曲"坐下来坐下来，快快坐下来"就能奏效。也可以用快慢轻重的铃声转换代表不同的口令，还可以用眼神、手势等。不管用什么方法，只要通过练习让孩子了解认同你要表达的信息，并一次次坚持应用，孩子就自然而然接受你的信息常规了。

当然，孩子有可能会不断地发生混乱，尤其是在动静的转换中，孩子一兴奋，就不容易收住场面。怎么办？除了教师自己不要临阵慌乱外，还可以准备一些小游戏来控场转换，比如手指操、嘴巴发声游戏、正反义词、词语接龙、咕噜咕噜转之类的双手游戏，等等，都适用于不同年龄阶段的控场活动。只要把孩子的注意力吸引过来了，就要尽快地进入下面的活动环节，用课程内容本身去吸引孩子，这样才能真正有效地让教学顺利进行下去。

除了这些小技巧的准备和应用，更重要的还是教师对于课程目标的了然于心与沉着引导。只要牢牢记住整个课程的教学目标，并且在布置每一个环节任务之前清晰地表达这样的教学要求，在环节之中按这样的目标要求去沉着指导孩子，在环节之后再检查目标到达，就能够有处变不惊的控场能力，主导课堂的现场进展。这就像在大海中航行，尽管有大风大浪吹得人晕头转向，但只要能够清醒思维、明确方向，便能够一次次战胜风浪，顺利到达理想彼岸。

五、现场第二关——预设生成灵活调节

除了组织控场能力外，教学现场还会涉及课程预设与生成的调节问题：你会发现你备的课不符合孩子的兴趣水平，或者教学环境中的一些因素让你原来的计划不能顺利进行下去。这怎么办呢？

　　曾经有一段时间，中国幼教界热衷于讨论教学预设与生成的问题，这其实是中西两种教学理念的碰撞。中国历来重视教师对教学的预设主导，往往写好课程计划照本宣科，这就免不了有填鸭式灌输之嫌。而西方注重孩子的自主探究发展，更重视课程的灵活生成。当这两种不同理念碰撞在一起，就给教师带来了两难的选择：是像以前那样备好整个教学过程去按计划教给孩子呢？还是不详细备课，仅根据孩子在活动中的反应来生成探索性的课程呢？像这样的疑问，在瑞吉欧项目活动传播到中国幼儿园的时候尤其引人深思。当时生成性的理念曾经风靡一时，但最后发现难以持续实施。所以我们在做这个课题的时候，曾经以"创造我们自己的瑞吉欧教育"为题，思考如何运用瑞吉欧教育的理念来作中国本土化的课程实践探索。

　　其实预设和生成的问题并不是一个舍此取彼的选择，而是两者如何兼顾如何融合的问题。显而易见，课程预设能够更明确地指向目标，适合大规模集体教学，对教师来说也更容易驾驭，但成人的主观预测未必最适合孩子兴趣水平或能够考虑到所有现场环境因素。而生成课程建立在孩子的自主发现和探究基础上，更符合孩子的兴趣和发展需求，但也带有很大的零散性和不确定因素。要把这样的偶发性内容有机地纳入课程轨道，使它指向系统性的教育目标，这不是一般的教师可以把握好的。而且在一个较大规模的班级集体中，孩子之间不同的兴趣视点会生成课程的不同方向、不同内容，这也给教师的指导过程带来很多难以解决的问题。如果引导不好，则很可能会陷入一片自由混乱状态。

　　正因如此，全能宝宝课程便作了两者的兼顾与融合设计：一方面，在充分了解孩子、把握生活的基础上选择最贴近孩子生活的共性内容来建立方案式的主题网络和教学建议；同时又给教师和孩子留出尽可能多的弹性探索空间，从而使预设内容和可能生成的课程之间可以相互转换、相互回应，共同指向课程目标。在这样的兼容设计中，越成熟的教师就越可以根据现场环境及孩子反应来灵活应变、自然生成。而越是新教师，则越要认真详细备课，

尽量按计划实施，遇到现场变化，也尽量通过各种方式引导孩子回到既定环节中，以保证教学效果。

其实，预设与生成的问题，就像是外出活动计划：前者如同与目的地相配套的地图、交通时刻表和指南针，能给人以一定的参照标准和行动指南；而后者就是不确定路线和时间的车次或航班，每人可以根据具体需要选择适宜的时间、线路和交通工具。一般来说，如果是初次出门或大团体行动，就要对行程线路作更为具体明确的规定，以保证安全和效率；而如果是"熟客"或协调起来比较方便的小团体，则可以在行程上有更大的选择自由度。这样相互兼顾、不断实践，就能慢慢学会灵活变通，使预设计划越来越接近孩子需求，使现场生成越来越贴近预设方案，不断缩小预设和生成之间的差距，逐步融合为一体，实现最好的课程效果。

六、现场第三关——教学艺术节奏把握

解决了组织控场和现场应变问题，接下来就是如何提高教师的教学艺术与课程实践能力了。在《打造孩子一生幸福的幼儿教育》一书中，我曾经专节论述了关于主题情境游戏教学法的课堂艺术问题，提出要体现主题美、画面美、节奏美、旋律美、意境美几大美感艺术。在此再做一下笼统介绍。

关于主题美，在全能宝宝幸福课程里已经做了既定设计，这包括主题的科学性、教育性和童趣性的问题。比如，所选择的主题要体现现代科学意识，倡导现代科学精神，不能出现迷信、不属实及与环保生态观念相违背的主题，还要在各个主题中体现爱、关心、合作、勇敢、进取等积极情感观念，这样的教育性几乎渗透在每一天的主题活动中。比如小小班的水果主题，就将认识水果的科学性与"香蕉兄弟有礼貌"、葡萄"亲亲热热在一起"这样的情感人文教育性自然巧妙地融合在一起，体现出充满童趣的体验性学习的特点。

关于画面美，主要是指课程实施场景的视觉设计问题，包括环境设置、道具、服装、动作等相关因素与课程主题、教学目标、游戏情境以及我们所倡导的儿童观、教育观的协调匹配问题。记得以前看一位年轻老师带孩子们上体育活动课，竟然穿着碎花裙子高跟鞋，这显然不搭调；另一位教师穿着低胸超短裙给孩子上小士兵的课，显然也不合适。而有一位教师在给孩子上建筑工地的课时，特意穿上了工装裤配鲜艳T恤衫，教师的飒爽英姿一下子就把孩子带入建筑工地的游戏情境中了。这些都是由于教师衣饰打扮给孩子带来的不同画面感影响，所以也在此建议教师每天去上班时能够根据当日主题来有意识关注一下服饰搭配问题。除了服装，还有场景、道具、动作都会带来不同的视觉感受而影响到教学效果。记得在前面举例的"给小人鱼送礼物——认识沉浮"的课程中，原来老师们用的道具都是大块泡沫、大铁钳、大瓶子之类，虽然也能用来区分不同沉浮的材料，但实在是太粗糙太没有美感了。于是我调侃她们：如果你是美人鱼，你喜欢收到这些礼物吗？老师们一听，马上换成精致的小木屋、小汽车、小花伞什么的，放在蓝色的水盆里，这样一来，画面的美感一下子就出来了。在这些视觉设计上，每天动点小脑筋，就有可能更加吸引孩子，大大增强教学的效果。

当然，影响课堂教学艺术的更重要的是教学本身的内在美，主要包括节奏美与旋律美。一节课或一个主题活动，从拉开序幕，到展现整个抑扬顿挫、起承转合的过程，中间需要经过精密的教学艺术处理。这包括教学密度、速度、重点、难点等的一系列连贯次递安排，须呈现出环节清晰、结构紧凑、重点突出、强弱相宜的节奏感以及层层推进、步步深化、循环往复、涨落有致的旋律美感。这就像一首曲子，我们要求孩子掌握的知识点就是教学的一个个拍点，而教学的重点难点就是其中的重拍，需要以高、强、慢的形式详细交待，而一些过程性的练习则以低、弱、快的形式进行，这样就构成了强弱交替的节奏循环，符合孩子的身心节律，也给教学过程创造了富有变化的趣味性。而以这样的丰富节奏变化来连接各个教学环节，形成重复环节的变式结构，再以集体、个别、分组相结合的形式间隔练习，就会体现更丰满、更有层次感的整体旋律美。比如同样是练习10以内数数的内容，一位教师安排了"小兔采蘑菇"（数数几只兔子，采了多少蘑菇）和"小兔拔萝卜"（拔了几个萝卜）的环节。而另一位教师则安排了"兔姐姐过生日"的主题游戏，包括"去看兔姐姐"（有几只小兔？几只穿花衣服？几只扎蝴蝶结等）、"送礼物"（你带来了什么礼物？有几个？）、"帮兔姐姐拔萝卜"（你拔了几个萝卜？几个红的？几个白的？）、分"蛋糕"（蛋糕上的数字是几，就给兔姐姐表演几个节目）和"采花做花环"（分组根据图示的数字指令采相应数量的花，做成花环庆祝生日会）。两课对比，就会体现出完全不同的教学艺术与课堂效果。

说到底，教学艺术的节奏把握依赖的还是教师丰富的教学经验、深厚的专业素养和良好的教学技艺，而以人为本、尊重孩子的教学理念也在其中起着举足轻重的作用。若教师既能不断提高自己的业务修养同时又能够关注到教学的外部展现因素，那么，就能通过主题、情节、语言、环境道具、背景音乐等各种因素共同打造课程现场的整体美感，通过不同的风格设置，让孩子身临其境地进入与主题和谐匹配的整个游戏情境中，感受与课程融为一体的意境美。我听过一节"小鱼捉迷藏"的美工活动课：伴随着流水般的音乐，教师一边用亲切柔和的语调讲着"会跳舞的线条"的故事，一边快速地变出一条条美丽的小鱼。那优美的乐曲、轻柔的语调、五彩缤纷的画面，不知不觉地就把我们带入一个神奇、美妙的海底世界之中，令人深深陶醉。而这样的教学意境，不仅是孩子所爱，更是教师的理想追求。

综上所述，教师只要掌握以上备课三大重点、教学三大关键，便能顺利轻松地实施好全能宝宝课程，同时，随着自身业务的成熟而不断增强课程设计与现场应变能力，教师就能让每天的主题课程成为师生之间和谐共奏、快乐共享的交响曲，充分体验教学的幸福感。

想到一个小插曲：我们召开全人教育国际论坛，让别的幼儿园老师和全能宝宝课程的老师开课供大家观摩，全能宝宝课程的老师一听要求（季节、主题、领域），就在半小时之内当场设计出了课程环节提纲，而其他幼儿园的老师却要花上几天时间绞尽脑汁思考、查资料。不是因为老师本身的素质有多大差异，而是全能宝宝课程的教师已经从这样的课程实践中学会了创造思维和技巧，所以，任何任务一到手上，就能顺藤摸瓜地找到创作通道了，效率自然提高许多。也因此，初次实施全能宝宝课程，可能一开始会很累，因为内容繁多又没有现成资料可以依赖，但越到后来，就越得心应手，也就越能感受课程创作之乐趣了。

第五节 全能宝宝课程形式

尽管前面的课程实施中详细介绍了全能宝宝课程的主体形式——主题性集体教学，但还是有必要再来补充谈谈课程形式的问题，以进一步理清关于全能宝宝课程的内涵概念。

纵观教育发展史，专家学者们对于"课程"有着多种不同的定义，中国古代学者朱熹在《朱子全书·论学》中就有"宽着期限，紧着课程，小立课程，大作工夫"的说法，这里的课程通常是指功课及其进程，即学习内容的安排次序与规定。在西方英语世界里，最早提出"课程"一词的英国教育家斯宾塞称其为"curriculum"，它是从拉丁语"currere"（跑道）引申而来，表明为学生设计的不同轨道。后来，课程内涵就慢慢演化为"课程即教材"、"课程即活动"、"课程即经验"的不同解读，也就有了相应的不同课程形态与表达方式，比如研究性课程、潜隐课程、校本课程、分科课程、活动课程；等等，都是对于课程理解的不同角度表达。

全能宝宝教育体系采取的是主题综合性的课程概念，既包括教材所展现的课程安排，也包含不同领域与途径的课程方式。如前所述的课程实施部分，主要指教材中所写的从每月、每周主题落实到每天进行的主题活动课程，但这并非全能宝宝课程的全部。全能宝宝课程特色，首先是全天持续化，即每一天的主题课程不仅仅只是上几十分钟的教学活动，而是从入园到中午时间的半日主题连续展开，还包括下午的延伸活动；其次是家园同步化，全能宝宝课程不只是幼儿园老师的任务，而是以幼儿园老师为主导，带动家长同步共育。这不仅包括要求家长一起参与每周课程的环境创设与资源收集，并根据每周课程目标来同步开展家长指导，还包括每天幼儿园课程结束后便进入家庭同步教育；第三是多元一体化，无论是主题集体教学、区域活动，还是分科教学、个别教育，或是一日生活各个环节，都围绕统一的主题进行，从而形成多元聚焦的一体化模式来实施课程目标。下面就来简单地介绍一下在全能宝宝课程中对于各种课程组织的应用。

一、主题教学——课程目标的核心载体

关于主题教学，在前面的篇幅中已有详细介绍，是指围绕一个主题开展集体教学活动，主要安排在上午，以半日活动为主体，以集体教学为核心。整个半日活动基本是语言、音乐、美术、科学、手工等各科内容的主题性整合。这是全能宝宝课程的实施重点，提倡的是"要在最有效的时间内给孩子最集中的教育引导"的教学理念。因为上午是注意力最易集中的有效教学时间，将这个时间用于最核心的主题集体教学能起到提纲挈领的有效引导作用。奠定这样的课程主干，其他辅助性补充活动便可在这一基础上次第展开。半日主题教学，意味着从晨间接待和谈话开始，便进入主题性的环境与活动引导。比如今天的主题是水果，那么晨间锻炼可以安排与摘水果有关的动物游戏等等，让孩子感受到情境的关联性。这样，哪怕是整个半日教学实际上要被晨间活动、课间游戏、生活环节分割成两三段，也能在整个环境氛围和孩子的心理情境上保证主题的连续性，从而达到最佳的教学效果。

二、学科教学——课程实施的细分通道

与主题教学中多学科整合的性质不同，学科教学具有某一学科领域的专业目标与鲜明特色。但这并不意味着脱离主题或者只使用这一学科的单一教学手段，而是围绕每天的主题目标进一步将各学科目标专业细化。如果主题

教学是为了培养孩子的通识多能，那么学科教学便是训练孩子的专项才能。在手段上，依然用多种方法来实现动静结合与综合应用。比如"探索石头"的科学认知课，除了通过看看、摸摸、捏捏、敲敲的手段来展开认知外，还可以通过用石头敲节奏，用石头算算术，用石头摆造型，用石头装饰艺术品等多种手段来增强教学趣味，发展孩子多元认知的能力。按全能宝宝的教学理念，在理论上每一学科教学，都可以应用其他各科的教学手段，只是在实际应用中，要根据各科教学特点目标灵活选择、巧妙设计，而不要生搬硬套、牵强附会。形成这样的目标明确、手段灵活的习惯意识，便能轻松设计出丰满生动的优质教学课程了。

三、区角活动——课程深化的辅助手段

区角活动曾经在中国幼儿园受到热切的关注与重视，我在探索过程中遇到过多次上级教育主管部门组织开展区角活动创设比赛或接受检查的状况。这或许与中国幼教从集体教学到针对性教育观念转化过程中的矫枉过正性实践有关，许多幼儿园都在本已拥挤的教室里开辟出一个个活动区，摆上各种物品标志，让人一看便感觉到似乎孩子可以按自己的兴趣进入区域自主学习，但实际应用如何，不得而知。其实，区角活动作为集体教学的小组式或个别式学习补充，大可不必兴师动众地在空间和形式上做文章，只要因地制宜地选择几个固定的角落，根据不同的主题投放材料，让孩子每天在非集体活动时间自由学习就行。比如早上来园时、课间游戏时、饭前饭后自由时间、午睡前后、离园等待时间等等这些碎片化的时间，都可用来进行区域活动的辅助性学习。空间上也可以将每一个角落、每一扇门都利用起来，记得以前班级里有一个装废旧材料的百宝箱加一个工具台，成了让孩子乐此不疲的DIY区角。更重要的是区域内容的设置和材料的投放，既要围绕整个主题目标，又要考虑到各学科领域目标以及满足不同孩子的兴趣和水平，还要关注孩子实际活动的发展状况与困难

障碍。这才是考验教师确切把握区角活动的真正艺术。

四、家园活动——课程达标的保障手段

在中国的幼儿园实践中，家园活动并不鲜见，但将家园活动纳入课程，作为课程实施的重要组织形式，却是全能宝宝课程的独特先创与重点之处。首先在教材设置上，全能宝宝幸福课程没有给孩子准备课堂用书，却给家长准备了与教师同步的教育方案。家长只要拿到这个教材，便能很清晰地了解到每学期、每月、每周、每天的幼儿园课程是如何展开的，以及自己需要在每一步做些什么，这就把家长也同时纳入了课程实施者行列，成为教师的合作伙伴。其次在日常教学中，我们要求在课程实施过程中不断加强与家长的互动，比如让孩子和家长一起收集课程资源、创设环境，每天通过现场交流、成长记录、网络展示等各种方式向家长汇报孩子的在园表现，以增强家长对孩子的关注、陪伴与参与，以促进教育认知与同步合力。另外，在活动安排上，要求每月最后一周安排亲子主题会请家长来园集体展示汇报本月主题成果，分享下月主题目标，每月定期安排家长沙龙研讨，每学期举办孩子的成长档案交流，还有确定或不确定日期的家长开放日……各类规模和内容的亲子活动从多角度、全方位促进课程实施的家园同步合力发展。

以上举例的是全能宝宝课程的基本组织形式，事实上，全能宝宝提倡的是"以天地为课堂，以万物为教材，生活时时处处是教育"的生活大教育理念。在这个意义上，家园的整个环境，孩子的整个生活，教师的整个面貌，家长的整个状态，都是影响课程实施的全息因子，很难区分哪个重要，哪个不重要。只有在教学引导的意义上，才有课内课外的区分：通过课内的教学启发来引导孩子课外的生活体验；通过课外的实践感知来促进课内的学习成长。这样，课内课外相辅相成、同步一体，才能真正优质高效地培养出通识专才的全能宝宝，让每一个孩子都能够通过这样的课程来充分感受现时生活的幸福，积极创造未来的幸福人生。

第六节 全能宝宝课程原则

正是因为全能宝宝课程的整体全息性对课程实施者提出了更为多元丰富的要求，而不仅仅只是通常的学科教学那么简单。那么，如何才能实施好全能宝宝课程呢？这里概括几大原则，供实施者参考。

一、科学认知原则

中国人讲究"格物致知"、"知行合一"，这可以说是中国古代的"科学精神"，尽管没有西方科学那么技术发达，却奠定了认知在人的整个发展中的重要地位。科学意味着客观、理性、全面，这样的认知是一切发展的源头，人们形成怎样的价值认知，就会怎样行动，进而影响到整个社会的发展。当前许多社会不良现象，其根源便是对自己、对他人、对社会、对环境缺乏客观理性全面的科学认知。而这样的价值认知，则必须从婴幼儿阶段开始，根深蒂固地植入到孩子的生命早期人格系统中，这是全能宝宝课程的第一要义。

科学认知原则，首先表现在引导孩子客观地感知事物的真实面貌。

如何做到客观？这就要先解放孩子的头脑和手脚，让孩子自己去探索答案，而不是自以为是地告诉孩子现成的结果。在传统教育中，人们习惯了用看和听的方式来学习，而全能宝宝课程却需要调动孩子们的所有感官，用看、听、闻、摸、触等多通道方式来综合感知课程内容，我称之为"通感教学法"。这样感知到的事物而非被盲目灌输的意识或想当然的幻念，才是孩子们学习到的真实丰满的世界。越是让孩子从多角度客观地认知，越有助于孩子建立科学发展意识。

科学认知原则，还需要引导孩子从客观现象中抽取出理性的常识，进一步形成真正科学的价值认知。

成年社会里有许多人被自己所看到的客观现象所误导、迷惑而陷入到痛苦中，就是因为不会"透过现象看本质"，不能正确把握实相背后的真相而做出理性判断。惯于从众的中国民众更具有这样的特点。这种理性认知的品质也需要从小开始培养。以全能宝宝课程主题为例：比如在中班"家里的酸甜苦辣"主题中，就要引导孩子理性面对父母离婚、吵架等各种困难，以积极应对；在学前班"外国的节日"主题中，通过认识圣诞节而引出有关上教堂做礼拜或去庙里烧香拜佛等的日常宗教活动话题，再引导孩子理性认知到这些宗教活动都是人们为爱而创造出来的，既不抗拒排斥，也不盲目跟从。这种理性认知，不仅是全能宝宝课程对于教师和家长的实践要求，更是教师家长自身的科学理性修炼。

科学认知原则，还需要引导孩子全面辩证地看待整个世界与自己的关系。

打个比方，对于冬天，我们通常灌输给孩子的概念就是冬天是个寒冷的季节。但其实，同样是冬天，各个地域却大为不同。我们就通过"各地冬天不一样"的主题和"南南和北北"的故事，让孩子理解同在一个季节、同一个国家的东西南北各地却有不同的气候特征和生活习俗，并由此扩展到对于世界各国和地球家园的整体认知。再比如，在认知世界各国的时候，讲到日本，在介绍日本的风景名胜、风俗特产之后，自然而然也会涉及中日战争。如何让这么小的孩子理解常常在影视作品里出现的相关历史场景？我们不能把自己的观念简单地灌输给孩子，而是应先让孩子展开讨论，让孩子表达自己的意见，在这一基础上再因势利导。既不能让孩子过早地陷入狭隘的民族主义对抗意识而否定日本作为一个国家的平等美好存在，也不能忽视忘却历史教训，从而引导孩子懂得追求和平对于人类生活和发展的重要作用。

这些客观、理性、全面的科学认知意识，并不是在孩子成长的某个阶段突然地灌输下去的，而是需要从小开始，通过孩子喜闻乐见的生活课题，点点滴滴、日积月累地播种下去，并不断浇灌培育成长。通过科学认知播种基本价值观念，这是实施全能宝宝课程中需要遵循的首要原则。

二、情感体验原则

科学认知往往需要转化为相应的积极行为才能促进人自身和社会的发展。那么，如何实现这种顺利转化呢？这里面有一个非常重要的因素，那就是情感体验。在"知—情—意—行"的循环系统中，"情"即是动力源，也是调节器。我们因为"喜欢"，而去"探究"，因为"探究"而有了"获知"，然后就会有了行动。行动出现障碍时，又需要新的情感动力作为调节，来形成更强的意志，再进一步转化为更有坚持力的行动。也因此，情感体验与引导应该是影响教育成效的最重要因素之一。当前许多教育失败，在很大程度上是因为只关注认知技能，不重视情感体验。孩子脑中装了许多知识，却缺乏动力去转化为积极行动，知识也就不能真正内化为孩子的经验与能力。

全能宝宝教育体系关切生命、注重社会、追求幸福、热爱和平的人文本质更决定了情感教育是整个课程的重中之重。这种情感体验，以每一个孩子的"我"为参与视点，以各自的"喜欢"为体验本位，以共同的价值理想为引导方向，伴随着每一个课程主题、每一个教学环节而展开。在每一个教育情境中，我们都需要把情感的引导、爱心的培养、兴趣的激发、性情的熏陶放在首位。在让孩子认识身体奥妙时，重要的是要让孩子爱上自己的身体，为自己的独特和奇妙而自豪；在让孩子认识家庭时，重要的是让孩子感知到家庭的温暖与责任，从而形成热爱家人，为家庭主动分担的情感意识；在让孩子认识大自然的一草一木时，重要的是让孩子深深感受到大自然的神奇及其对于我们人类的馈赠，从而萌发感恩自然、爱护自然的生态意识与环保情感。

这样的情感体验，是一种用"心"的教育。它需要教师和家长自己用心投入、用心带动、用心培育。引导孩子用心地去感受自己、悦纳自己，才能树立孩子更高的自我价值感和自信心，从而让孩子更好地尊重自己、享受自己、发展自己；引导孩子用心地去感受社会、热爱生活，才能真正激发孩子的学习动力与探索勇气，让孩子积极主动、不畏困难、勇往直前地不断创造进取；引导孩子用心去感受环境、探索世界，才能真正培育出孩子对于周围环境的爱与感恩情怀，从而转化为对于这个世界的真善美价值行为。

三、动手实践原则

中国俗语"百闻不如一见，百见不如一干"指出了知行合一、动手实践的重要性。"实践出真知"，学习事物对于成人而言，也是听而易忘、见而易记、做而易懂，对处于直觉行动性与具体形象性思维期的婴幼儿童而言，更需要教学做合一，通过"做中学"的实践活动来学习知识、体验情感、发展能力、培育个性。

这一点在全能宝宝课程中尤为重要。全能宝宝课程是"以天地为课堂、以万物为教材"的生活化教育，尤其提倡古代人所说的"遇物而诲"的教育理念。这就给实施者提供了广阔便利的实践空间，教师可以充分利用社区、家庭、幼儿园等各个活动场所和机构以及大自然的丰富资源作为主课堂，开展实地、实景、实物化的实践感知活动。教师应使课堂尽量符合生活的真实性和客观性，能用真实的生活场景和实物，就不用图片和录像替代。比如可以带孩子去小朋友家里真实体验"做客"的礼仪教育，到社区制衣店去实地观看衣服的制作过程，到植物园去寻找常绿树与落叶树，到社区小卖部和百货大楼去调查小商店与大商场的区别，等等。即便有时因时间客观条件所限无法让孩子感受真实的生活场景，也要通过各种手段来设计模拟情境（比如请交通警察来园演示交通规则等），尽可能给孩子提供具体直观的感知对

象，让孩子积累丰富鲜活的实践感知经验。

实践性原则不应只是停留在真实感知，更重要的是动手操作。孩子对事物的认知是通过动作来完成内化过程的。皮亚杰有一个著名的"守恒实验"就表明了孩子在这一方面的特点。孩子正是在一遍一遍的动手操作和反复试验过程中，逐步建立一种认知概念的。因此，要想让孩子真正学有成效，就必须让孩子动手操作，通过触摸、摆弄等方式不断地尝试去理解和运用知识，从而让孩子将学习感知真正内化为知识经验与实践能力。

四、自由创造原则

当孩子对事物有了科学的认知、积极的情感和动手实践的体验以后，自然而然地会萌生出创造表现的欲望。这种创造欲既是情感需求的充分表达，是知识能力的应用体现，也是整个探索学习过程的价值展现。就如同孩子认识了面粉的特性，掌握了用面粉揉成面团做点心的方法技能之后，自然而然就想要用学会的本领来大显身手一番。比如，教师提供的"我给妈妈做心意点心"的活动便给孩子们提供了这样融情感技能为一体的创造天地。又或者，当孩子们了解了服装的丰富知识，知道了服装的制作过程之后，让孩子自己动手制作、装扮、表演，办一场趣味时装秀，则更是满足了孩子们的情感需求，让他们感受到溢于言表的自豪与快乐，体会到成就感与自我价值。

自由创造原则不仅重在创造，更在于自由。举一个简单的例子，二十多年前，有一节手工课，一位教师教孩子用瓶子做熊猫，而另一位教师让孩子用信封做玩偶。后一位教师只教了基本方法，具体造型则让孩子自己发挥。这两节课引发了非常激烈的争论：有些人认为前一节课重点突出，只学一样东西，孩子们学得扎实；而另一些人认为，教学不在于让孩子学会某种具体技能，而是要让孩子学会用技能进行自由创造，这种创造的自由比让孩子按部就班学会做某样东西更重要。在二十多年的幼教探索历程中，我一直在为解放孩子们的自由创造天性而不懈努力。这意味着要完全改变固有的教育观念，把教师从执教者变成激发者和支持者，这也正是我把全能宝宝教育体系的研究过程自诩为"创造我们自己的瑞吉欧教育"的意义所在。

注重孩子自由创造并不意味着忽视教学主导本身，而是在让执教者起到最根本的引导作用的同时，给予孩子最广阔的自由空间。这里有几方面的策略供大家参考。一是主题统一形式自由，比如同样是表达花卉世界，孩子们可以用绘画、用雕塑、用刺绣、用身体等各种表征手段。二是形式统一方法自由，比如让孩子表现赶花会的场景，让每个人都用不同的身体动作扮演一种花，最后呈现出各种各样、丰富多彩的造型。三是方法一致内容自由，比如教孩子学习刺绣，只教给孩子绣点、线、面的基本方法，但至于具体绣什么内容，则完全让孩子自由创造。按照这些策略，既能发挥教师的主导作用，又能让孩子在一定的规范目标引导下获得充分的自由发展，可以最有效地培养孩子的创造性。

全能宝宝课程与瑞吉欧教育体系的区别也在于此。同样是注重孩子的天性发挥和自由创造，全能宝宝课程却并非任由孩子天马行空，而是具有严密的逻辑主线，既契合孩子的身心发展规律同时又反映着社会的培养期望。同时，它又在统一既定的目标引导之下给予每一个孩子充分的自由创造空间，从而真正实现既规范又自由、既传承又创造的"快乐第一、发展第一"全人教育理想目标。

五、整体把握原则

以上从认知、情感到实践、创造的过程，并不是相互割裂、彼此分离的一个个环节，而是一个有机的整体和持续的过程。在科学认知的时候，其实就已经带有强烈的情感倾向了，或者情感体验本身便是一种认知的手段。而在认知的过程中，孩子们也是随时随地进行创造表现的，并在创造表现的过程中更深刻地进入情感的高峰体验。就这样，知—情—意—行各方面要素完

全地融合在一起，形成良性循环。

　　这一过程需要用心去体会。若仅仅只是把上课作为一项死板的任务或单纯的技巧是无法感知个中奥妙的。记得在关于喜怒哀乐的情感认知主题中，我选编了一篇《快乐王子》的童话作为引子。那篇童话很长，老师们抱怨一下子讲不完，孩子们更记不住。我就当场读给他们听，让他们边听边体会听故事时的心理感受。此举让老师们茅塞顿开：如果把它当故事教学，那确实太长了。但整个主题目标就是围绕这个故事展开的，而故事本身已包括了跌宕起伏的情感转换。因此，仅仅是把故事完整地讲出来，就能让孩子体会到喜怒哀乐的变化。若能在讲的过程中引导孩子迁移到自己的情感体验上，那么讲这个故事其实是一个非常有效的情感教学的手段。再让孩子们动手创造，就会更加丰富精彩。让孩子们只是听讲、记住，和让孩子们在认知、情感、实践和创造方面整体参与，最后表现出来的教学效果完全不同。所以才有家长说，全能宝宝课程上一个月，抵得过其他幼儿园一学期的收效。可以说这样的褒奖是不为过的。

　　当然，整体把握原则不仅仅只体现在一节课或一个主题活动中，而是体现在整个课程全貌中。这里的课程全貌，以一天为单位来说，是指从早上来园到下午离园之间的每一个环节、每一个时刻。教师应随时随地围绕课程目标和孩子的兴趣来因势利导，而不是仅仅将教学活动局限在上课时间之内。孩子恰恰可能在上课时被一个问题点燃了兴趣，开始不断思考，而在下了课去厕所的时候好奇心燃烧得越来越旺盛。全能宝宝实验园的教师就这样发现了孩子们对性的探索，而开始深入关注。正是在这样的整体全息意义上，全能宝宝课程才采取弹性实施计划，在符合动静交替、科学作息规律的前提下，每位教师可以根据孩子的兴趣和课程资源条件自由设计教学时间，而不是硬性地将教学时间规定在几十分钟内。这样才能真正地做到"心中有目标，眼中有孩子，处处有教育"，而不是用外在的时间表去盲目控制孩子的内在学习节奏和流程。

这样的整体把握原则，不仅仅停留在一节课或一天的单元结构上，还要进一步扩展到一周、一个月以及一个学期甚至整个幼儿园的学习阶段。当然，更长的，还要延续到整个童年，甚至一生发展。这样的说法并不夸张，因为人格的成长就如同一株植物一样，所有生命要素的生长都是整体的、连续的、全息的过程。如果把育人工程简单理解为知识灌输或技能培训，将不同的学科知识、不同的身心阶段割裂为互不连贯的教学碎片，让现在与过去、未来分离，让心脑与外部世界分离，就会发展出有知识技术却"无人"的割裂式教育。而这种教育正是造成当前社会混乱不堪，现代人人格扭曲的根源。

也因此，要实施好全能宝宝课程，首先就需要了解全能宝宝课程的整体概貌，知道2—7岁各个阶段的主题如何循序渐进地展开，做到心中有数；再从一个学期的主题入手来整体把握这个学期主题安排与当地气候资源条件及自己班级孩子的关系，做出学期性的计划调整；然后再逐步细化为一个月、一周、一天的主题备课，并将每一个月的主题环境创设、每一周的家长参与指导、每一天的环节安排都与主题课程目标有机地统整起来思考，从而将课程目标落实在"生活时时处处是教育"的整体时空环境中。切忌临时抱佛脚拿起某一天的教案照本宣科，或从中拎出一个故事、一首儿歌、一个曲子来简单地灌输给孩子，那往往起不到整体之效。

这样的要求看似复杂，其实不难。需要的只是教师改变把上课当任务的被动观念，从心出发去爱孩子，把与孩子的每一分钟互动都作为师生对课程的共同创造，去投入、去发现、去感知、去引导。如此一来，自然从孩子那儿收到令人欣喜的回报。而习惯了这样的心理互动方式，授课就会越来自然、越来越有乐趣，教学效率也会越来越提高，课程效果也自然越来越好。所以，教师学会了上全能宝宝课程，再去上任何课程都能教得丰富和精彩了。

六、实效建构原则

前面所讲的整体把握原则，是在整体连续的全局意义上来实施每一个主题课程，但这并不意味着眉毛胡子一把抓。正相反，越是讲究整体系统性，越需要关注到实效性。这就像看一张地图，只有看到全貌，才能更清晰地判断哪些地方是要塞，哪些道路是主干，而不会主次不分、认知混乱，影响整个进程实效。孩子的教育更是如此。要在最恰当的时机，把最重要的内容通过最合适的方式播种进孩子的心田，让它自然、高效地生长。

那么，全能宝宝课程如何体现实效性建构的原则呢？还是要着眼于孩子的发展需求，立足于现实的资源条件，因地制宜、开源节流、实事求是、因势利导，尽量杜绝那些形式化的影响因素。这从一节课的角度来说就是，能够用现成生活用品解决的，就不用去刻意采购制作教具；能够用两分钟交代清楚的，就不要花上八分十分钟来罗嗦；能够在一个自然空间内进行的，就不用兴师动众地在环境摆设上费力折腾。而从整个班级的设置或一个学期的时段考虑，也要以最少的资源和资金投入来做内容安排，为孩子创造最自然、适宜的教育环境，从而获得最大化的教育效益。打个比方，要给孩子上有关雨具的课，是放在晴天上好呢，还是放在雨天更好？显然是后者，只要直接利用自然环境开展就行，而不用准备图片、音像道具来刻意营造雨天的氛围，还能给孩子更直观的感受。正是因为考虑到这样的实效性需要，全能宝宝课程虽然规定了每个主题的时间序列和内容，但却准备了大大多于实际需要的内容，供老师们自由选择调整。不同地区的教师也可以根据这些课程目标构架和内容资源来做出适宜当地的本土课程，就像精心挑选原料来烹制适合当地孩子口味的佳肴。

下面用一个具体的例子来表明这种实效性的建构。有一次我们举办全人教育国际论坛，要为与会者展示教学活动。其中一节英语教学活动课定名为"动物狂欢节"，表现各种动物在森林旅行中认识各种花儿的主题情景，让孩子从中学习动物的名称、动作与花儿的颜色等。一开始，老师花了很长的时间在道具和环境的设计上，还在犯愁要申请多少经费用于购买动物服。后来一经点拨，他们认识到教学展示最重要的是体现课程内涵与教学艺术，而不是那些外在的形式，结果就用了一个狮王面具、一束塑料花、几根彩带来完成，其他则用师生的语言、造型和表情来展现。尽管是老师初次登台，整个活动却相当生动有趣，备受好评。记得在十几年前我专门撰文指出过幼儿园观摩活动中的一些表演现象：往往道具准备了一大堆，环境也布置得琳琅满目，整个教学过程对孩子们产生的实际效果却微乎其微。这样的现象在全能宝宝课程实施中是需要倍加重视、严加杜绝的。

实效性建构原则意味着老师要把关注视点从自我表演转向孩子，从外在形式转向内涵实质，从孩子的内在需要出发，从生活的实际条件出发来建构一切教学元素，使整个课程呈现简约而丰富、自然而实用的高品质和良好效果，这是全能宝宝课程需要遵循的根本原则。

第四章

全能宝宝
管理系统

播 种 幸 福

幼儿教育的顶层设计，人类发展的根基工程

课程是全能宝宝教育体系中的核心与主旨，而这样的核心主旨需要一定的环境载体，通过一定的组织行为才能实现。也就是说，哪怕是一对一的教学，也需要在一定的环境内，通过一定的组织计划来实施，更何况是通常在一个幼儿园大规模办学呢。一个幼儿园需要得到从环境创设到班级管理、从家长工作到师资培训、从公共关系到社会推广、从管理制度到组织文化等组成的整个管理系统的支持，才能保证课程的顺利实施发展。而这些课程教学之外的因素，则被称为"潜隐课程"，虽然看不见，却无时无刻不在影响课程本身。

下面，我们将按由近及远的逻辑来分章节具体阐述全能宝宝管理系统的建立与实施，让大家对全能宝宝教育体系的实践运行有更切实的把握。

全能宝宝环境创设

一位名人曾说过："不露痕迹的教育是最有效的教育。"这种不露痕迹的教育指的就是环境的影响。环境是教育的载体，好的环境不仅要时时给人愉悦、舒适、美观的感觉，还要处处传承着我们的教育哲学和文化理念，负载着促进孩子自我发展的教育功能。它还要从孩子的视点出发，与孩子平等"对话"，并追随孩子的发展历程。也就是说，环境并非仅仅是单纯的摆设和单调的标识，而是蕴含着因人而异、以人为本的丰富内涵的无形教育。在这里，人和物之间结合一致，精神与物质和谐统一，活动空间和教育内容相互匹配，这种环境的和谐性就像阳光、雨露，滋润着孩子的成长。

这样的环境包含着视觉、空间、文化等诸种要素，形成一个整体，于无形中影响着师生的心理成长，也对外透出一个机构的办学品位。因此，全能宝宝体系将环境创设视为教育的一环，无论整体、造型、布局，还是家具、摆设或文化氛围，都力求体现"快乐第一、发展第一"的阳光理念和"以人为本、关注细节"的专业品质。这里的"快乐第一"，是指符合孩子年龄特点的科学性与趣味性，让孩子能够与环境快乐互动；"发展第一"则是指符合社会发展需求的时代性与实用性，能够恰当地负载全人教育的功能并体现时代美感。这需要本着以人为本的原则来加以整体创建，并在每一处细节中透出这样的专业品质。下面加以具体介绍。

一、全能宝宝视觉形象

环境，首先给人带来的是视觉上的印象，不同的色彩、造型、空间布局会给人完全不同的视觉感受，从而影响人的心理反应。中国幼教行业在很长时间内是忽视这种视觉因素的，各幼儿园都是统一的墨绿、灰蓝加白墙装修，更没有什么视觉形象设计。从二十世纪九十年代后，开始有了色彩的变化，出现了粉红、粉蓝、粉黄等更符合儿童喜好的色系应用，但依然十分局限。全能宝宝体系对此率先做了非常大胆的探索与改革，最早采用了彩虹七色来装修布置整体环境，后来发现太纷杂，很不容易掌握配色品质，最终就选择了果绿作为基调，加上亮黄、橙红共三种颜色组成全能宝宝的标准色调，间之以白、黑、浅黄、浅橙、本色等过渡色来进行装修。整个环境简洁而不沉闷，亮丽而不艳俗，明快而不张扬，就像春夏之交阳光灿烂的大地，散发出融融暖意和勃勃生机。

之所以运用这样的绿黄橙三色作为标准色调，是因为从色彩学的角度而言，这三种颜色明度相似，冷暖相宜，因而搭配起来十分和谐明快，无论怎样搭配都能保证较好的视觉效果，在对实验基地的装修应用中也确实体现了这样的功效。只是当时这样的明暗用色创意确实非常大胆，还受过质疑，但没过多久，这样的色彩风格便不断地被相关儿童机构效仿应用。这样的色彩风格能为公众所接受，表明它确实是适用于孩子的。

全能宝宝体系创造这样的色彩风格是建立在整体的CIS体系设计基础上的。全能宝宝体系作为应用性的婴幼教育体系，很早就开始向企业学习视觉形象的设计，以及组织文化的建立。首先是根据全人教育的理念设计了标志图。标志图分为主、辅两种，主标志为一个苹果，苹果剖面外形代表成熟的母体，苹果内两个孩子就像是苹果种子，其中男孩叫快快，女孩叫乐乐，喻示婴儿从出生开始就是完整的、充满潜能的"全能宝宝"。孩子身上的翅膀表示给予孩子充分的发展空间，让孩子快乐自主地展翅飞翔。整个图标寓意全能宝宝体系"快乐第一、发展第一"的核心理念和"以人为本、专业品质"的目标特色。而辅标志图为一条苹果成长链，整条成长链包含苹果（孕育期）—幼苗（婴幼儿期）—大树（儿童少年期）—开花（青春花季）—结果（成熟期）的过程循环，既表明了人一生的各个阶段持续发展，又意味着全人类发展的周而复始，代代相传，蕴含着"十年树木、百年树人"的全人发展终身教育理念，体现出全能宝宝教育是人生奠基工程，是整个幸福人生的起点与根基。

全能宝宝的所有VI环境标识与色彩风格，便从这样的标志造型色彩与内涵释义中衍生而来。再将其与相关理念、规范结合，形成完整的CIS系统，供全能宝宝实践者参考指导应用，将全能宝宝理念直观形象地应用于各领域的实践发展中，形成整体的环境视觉感受。当然这种色彩风格只是提供一种示范性或标志性的形象参考。全能宝宝教育体系作为一种可以满足各类办学特色的基本内涵应用体系，并不局限于其外部的视觉形象，而是可以不同程度、不同视角地与各个办学机构融合，加以创造性应用，从而使全能宝宝丰富内涵可以造福于更多的孩子、家庭及办学机构。

二、全能宝宝空间设计

色彩、造型的视觉形象只是给人以视觉上的愉快感受，还不足以承载环境对于儿童成长的促进作用。要让环境真正为儿童所用，必须还要在空间布局上下功夫。它包括环境与对象、环境与活动、环境与感受的外部关系，又体现在环境与空间布局、环境与家具物品、环境与装饰布置的内部关系。具体而言，在空间设计上，全能宝宝环境强调科学性、艺术性和实用性的紧密结合及完美统一，总体要求如下：

1. 科学适宜：空间的布局和设施的布置要充分考虑到教育目标和孩子的年龄特点，要适应孩子各方面的发展需求。

2. 开放丰富：提供丰富多样的活动材料以给予孩子足够的感知觉刺激，设立自由开放的活动空间以便于孩子自由探索。

3. 安全合理：合理利用每一处空间进行独具匠心的巧妙设计，认真对待每一处细节以保证孩子身体的安全和心理的温暖。

4. 美观实用：不仅要体现孩子的审美特点，营造一种童话般的游戏情境，还要将美观和实用密切结合，激发孩子的参与热情。

根据以上基本要求，从幼儿园整体环境而言，这首先涉及场地设施的功能分配问题：怎样才能满足孩子发展的基本需要？什么是开展日常活动的必备设施？这包括如何满足孩子在园一日生活起居的需要，如班级活动室、午睡室、盥洗室、医务室等；如何满足如奔跑、跳跃、攀登、平衡、钻爬、投掷、推拉等大肌肉运动需要；如何满足对自然科学的探索需要，如玩沙玩水的设施、种植与饲养的区角、自然观察的设备、简单的理化实验操作材料等；如何满足社会交往和创造表现需要，如表演集会的场所、绘画手工创造的设施设备、作品展示的空间等等；如何满足教师工作、学习、交流的需要，如必备的教学用具、备课室、资料阅览室、会议室等；还有如何满足幼儿园对外宣传、交流、展示的需要，如宣传窗、接待室等等。

要将这么多的功能整合在一个园舍空间内，就特别需要对空间布局进行巧妙精心的设计，还需要在一些设备设施的细节上动脑筋。比如买一个大型玩具，要尽可能地满足多方面的功能需要；设置一个功能室，要考虑尽可能提高场地和物品的利用率；再比如沿场地一侧安上不同高低、不同形状、不同颜色、不同大小的水泥柱子，既可以用来练习平衡，又可以用来认知，还可以用来小坐休息；把旧轮胎、梯子、凳子、硬纸箱装饰一下就可以变成玩钻爬、推拉、跳跃及其他创造性游戏的道具；做一些五颜六色的正方体大积木就可以用来搭建、隔离、攀爬、平衡，变换出许多种不同的玩法；再比如在场地一角放两个大盆就可以满足孩子玩沙玩水的乐趣；利用墙面一侧或某个柱子挂上一些动植物的形象，就可以用来练习投掷；把泡沫塑料箱装上泥

土挂在窗口就可以用来种植；而利用楼梯底下的空间或某个拐角就可以设置一个温馨的娃娃家或者一个安静的悄悄话角。总之，在保证安全、健康、便利的前提下要尽可能地做到一个场地多种用途，一种设施多项功能，一样物品多种用法，因地制宜、就地取材，让有限的园舍环境得到最为充分的功能发挥和丰富的实效利用。

但全能宝宝环境还不仅仅满足于这些功能性的设计，而是力求通过造型、色彩与功能的完美结合来将环境的科学性、实用性、艺术性融为一体，既好看、好用又好玩。比如把家具橱柜设计成树木、花草、瓜果、动物等造型，不仅把孩子带入童话般的游戏情境中，还有效地起到了隔离空间的遮挡作用，同时又可以充当孩子动手操作的天然展板；墙面上设置各种造型的涂鸦板，既是形象生动的装饰物，又是孩子们自由创造的艺术空间；还有色彩缤纷的攀岩墙、攀登梯，可以自由拼图讲述的活动墙，可以任意组合变换玩法的七彩积木群，可开可合的多功能童趣桌椅，甚至角落里站着的青蛙垃圾筒、地板上趴着的金龟子坐垫、墙上挂着的会唱歌的闹钟……这些设计，都建立在以孩子为本的专业创意上，无不透着美观和实用的双重功能，使孩子感到既赏心悦目又乐趣无穷，宛如置身于童话乐园中。

三、全能宝宝班级布局

当整体园舍环境做好美观实用的空间布局以后，接下来的重点就是班级环境了。关于班级环境，除了前面所说的科学、美观、实用要求以外，还要特别考虑到班级活动室的家具摆设和空间功能区分，要把孩子在园生活的每一个环节、课程的每一项需求，都考虑在班级环境空间之内，并做好妥善的安排。

首先是空间的布局。如何恰当地利用一个教室的现有空间来满足所有的需求？全能宝宝实践历程中做过多方面的相关探索，比如为增加空间利用率，将活动室与午睡室合而为一，设计出可以抽拉叠放的抽屉床，并用色彩图案挡板来进行装饰，以体现整体美观性。比如在每个活动室都要求装上低至地面的大墙面镜子，镜子下部用栅栏装饰并起保护作用，当孩子们每学习一样东西，都可以透过镜子来观察自己的表情动作以增强自我认知与自信表现。比如教师的讲台柜和孩子们的玩具柜要作不同的设计，教师用具尽可能置于高处封闭管理，而孩子的玩具却需要置于低矮开放处以便于孩子自由取用。还有孩子的书包、衣物、水杯、毛巾等都需要分别放置在最安全、恰当、卫生之处，比如书包、衣物适宜放在靠近午睡休息处，而水杯、毛巾则尽可能离盥洗区更近。只有站在孩子的活动视点上，把孩子一日生活的每一个细节都考虑周到，才能更合理地安排好班级环境空间。

其次是桌椅的摆放。这是一个考验教师用心与智慧的艺术问题。因为在幼儿园一日活动中，有许多活动需要借助于桌椅进行，如吃饭、画画、操作材料等，但更多的活动则不用桌子，如身体运动、音乐表演、倾听故事、交谈及各种游戏。这就需要对活动室的家具桌椅摆放做一番精心的设计，既要留出一定的空间用于集体活动，又不用频繁地搬动家具。比如把桌椅摆成U字形，或摆放在活动室的一边，而用前面或旁边的空间作为集体活动的场地，这些都是比较简便可行的方式。当然最好的方式是减少全班使用桌椅的时间和频率，尽可能让孩子活动起来。去幼儿园常常会看到有些班级空间主要地带摆满了一张张桌子，孩子们的一切活动都被固定在狭窄的桌边座位完成，连音乐律动都不例外。这在全能宝宝体系中是非常不符合随时随地让孩子充分活动的理念的，需要及时得到重视，及时纠正改进。

第三是分区的设计。全能宝宝课程是以主题集体教学活动与区域小组活动、个别自由活动的结合生成，这就需要经常进行区间的转换，既满足集体教学需要，又便于分区活动。但通常由于活动室面积的局限，往往设置了活动区，平时集体教学的场地就难以保证；而考虑到集体活动的空间，活动区的空间就变得非常局促。这就需要教师能对活动室内外的所有空间和家具做统一的调配，比如有的将午睡室利用起来，用建阁楼或活动床的方式开辟阅读区、社会区、建构区；有的利用阳台、走廊、过道来设置创造区、沙水区、科学区；有的把教师的讲台和贮藏空间腾出来作为孩子的表演区、躲藏区；还有的在较为宽敞的盥洗室里安排探索区、玩色区等等。当然还可以在家具上动点脑筋，比如可以将活动室的家具和集体教学用的桌椅尽可能合而为一，并尽量设计成可灵活移动、可多角度拼拆的，或者用一些大块的方积木来代替活动区家具，这样不用时往边上一靠，用时只要稍加拼搭就可以了，既节省空间，也避免频繁搬动家具。

在做分区设计时，还要考虑到孩子的年龄特点及多元化学习需要，尽可能动静相宜巧妙分隔。比如3岁以下的托儿班，一个用来随意钻爬的活动区和可抓可搭可扔的软积木区是必不可少的，用于信手涂鸦的大块创造墙（如黑板、瓷砖）也是孩子们的最爱；而小班中班时，孩子们最爱扮演社会角色，或者把一些颜料水倒来倒去做各种饮料，需要设置这样的操作游戏区；到了大班，用于观察和探索的科学区及一些更有挑战性的智能项目则占据了活动区的主要地位。另外，还可以利用活动室一角或用大纸箱营造只容一两人的隐蔽空间，用于孩子的独处或躲藏需要，还可以设置专门的"百宝箱"，让孩子自己收集各种废旧物品、自由地进行创意制作。

而无论设置哪些活动区内容，在空间的分隔上都要注意动静相宜，即按从喧闹到安静、从封闭到开放的连续方式安排各活动区的位置，将社会区、科学区、阅读区、手工区、创造区等一些安静的区域与表演区、运动区、建构区等一些喧哗的区域分隔开来，活动区之间的分隔界限和过道要清晰，除了用可以移动的矮柜、屏风，可以收放的帐篷、布帘，还可以用一段段的小栅栏、一棵棵自制的小树或一块块可拼拆的地垫来作为分隔物，这样既能表明清晰的分隔界限，又有很好的环境装饰作用。

中国有一句俗语，叫做"螺蛳壳里做道场"，就是指在狭小的空间里做复杂的事。幼儿园班级环境的空间布局基本上就属于这样的复杂艺术，它有赖于园舍装修设计者和班级教师的共同智慧创意，事先考虑越周到，现场设

置越灵活，就越有利于孩子的丰富体验与适宜发展。

四、全能宝宝墙面设置

除了空间布局和设施功能，其实无论是整个幼儿园的公共场所，还是班级的活动室，墙面布置都是环境创设的重点所在。全能宝宝的色彩形象已经给整个幼儿园环境提供了非常丰富亮丽的视觉感受，在这个基础上，如何设计墙面装饰布置则更是画龙点睛之笔。

在谈到墙面布置时，便会想到一句话："让每一面墙壁都说话"。说什么话呢？一要传递幼儿园的办学理念与文化，二是表达孩子的学习过程与成果，三要体现整个装饰的美感与艺术。

我们从形到神，首先来谈艺术美感的问题。就整个幼儿园的公共墙面来说，除了必不可少的信息宣传内容以外，其他墙面的布置一定要注意画面内容与装饰风格的统一协调，或者都用生动具象的童话世界，或者都用激发想象的抽象画面，或者都用巧夺天工的手工制品，或者都用图文并茂的知识图解，切不可多种风格在同一视线内混杂存在。当然也可以在不同楼层或不同方位用不同的风格布置，从而体现和谐、有序、清新、柔和的整体美感和文化品位。

而班级活动室的墙面布置就更为丰富而具体，主体大墙面、家园宣传栏、作品展示栏、认知创造栏、图片信息栏、各活动区标识栏等等几乎都必不可少。怎样通过适宜的布置将这些墙面功能具体地统整起来，成为美观与实用相结合的墙面艺术整体，这是下面我们要探讨的主要问题，需要遵循以下几方面的要求。

1. 依据孩子年龄特点，体现适宜性与童趣性

孩子的视线低，墙面布置就不能根据成人视线安排画面，而应将画面放低与孩子身高齐平，便于孩子仔细观察甚至直接触摸，而且还要突出色彩明

快、形象趣味化的特点。要注意根据各年龄班孩子的不同心理特点来设计墙面布置，小年龄班教室和活动区宜采用形象活泼、造型简单明确的画面，内容要与孩子的日常生活相结合，宜选择孩子熟悉的事物，如"水果娃娃"、"小猫吃饭"等，这些都是利用简单而夸张的形象帮助孩子认识事物或进行生活常规的教育；中班孩子思维有了进一步发展，墙面布置的内容可以更加丰富，可以设置一定的情节，增加一些细部表现，如"动物火车"、"丰收的果园"等；到了大班，孩子的思维更加活跃，审美能力有了提高，知识面也拓宽了，墙面布置就可以偏重知识性更强的内容，形象也更为丰富、抽象，以启迪孩子的想象力，丰富孩子的知识，如"太空旅行"、"祖国各地"、"海底世界"等，同时还可以增加一些工艺装饰性的内容，如皱纸编织、浮雕、风景画等，给孩子以美的感受和启迪。

2. 围绕主题统一设计，体现整体性与和谐性

从审美的观点看，成功的环境装饰并不在于各种美丽形象和鲜艳色彩的任意堆砌与组合，而在于通过和谐的画面、相应的摆设巧妙地构成一种独特的风格，突出一个鲜明的主题。就一个班级来说，除了教室的主墙面外，还有家园联系角、小墙面及各活动区的墙饰等。应将这些画面作统一的安排布局，以大墙面为主体设计成一个主题，小墙面布置则围绕这个主题安排相呼应的画面。比如在大班我爱祖国主题时，可将大幅墙面布置成"各民族娃娃歌唱祖国"这一主题，家园联系角则用"天安门"的墙饰，小墙面布置"祖国山河真美丽"的照片专栏，并用与墙饰材料相一致的彩纸、布条编拼出各活动区的墙饰，这样就形成了既多样又统一的装饰风格。

现在全能宝宝课程是以每月主题为大单元的，最好的方式是能够将整个活动室环境按月更换，以适应主题教育的整体性及环境与课程的和谐性。但哪怕是不能做到，也要尽可能体现这一个季节、这一个阶段的特点。有不少幼儿园都已经到秋天了，教室里还布置着春天的柳树，或者春节已过去好久

了，还放着新年快乐的图文标识。这是教师忽视环境因素与有形教育之间的关系的表现，需要加以重视、及时改进。

3. 美观与实用结合，体现教育性与实效性

幼儿园墙面布置虽然具有很强的装饰性，但如果只是纯粹的摆设而没有动态的教育作用，则肯定是美中不足的。应结合每一时期的教育内容和要求设计画面，力求欣赏性、教育性、实用性为一体。如小班墙饰"鸡的一家"就是根据认识活动的内容设置的，还可用于区别1和许多、数数、认图形、讲故事等；中班设置"动物运动会"的画面，既可以用来编故事，又可用作认识序数、数字以及故事教学的教具和背景图；大班的墙饰可帮助孩子认识世界地图、了解各国特色。除了内容以外，还可以在造型上动脑筋，比如在墙上设置水果形或太阳形的黑板及瓷砖，从整体看是很漂亮的装饰图，而孩子用起来又是非常方便的创造空间。再如在合适的墙面分别画上春夏秋冬的大幅画，就可以成为各个季节教学的永久背景图，既美观又实用。还有孩子的作品栏也是重点，可以将它布置成一列火车或几座房子，每节车厢里或每间房子里放几个孩子的作品，或用布艺袋装作品挂在墙上等等。这些方法还可以用于遮挡电表、空气开关、消防窗等一些有碍视觉艺术的墙面物品，既保证了整个墙面的美感，又不影响其安全使用。

4. 时时引导孩子参与，体现互动性与创造性

以上几点都主要是指以教师为主体对墙面进行布置的一些思路与策略，但其实，在全能宝宝体系里，所有的墙面环境几乎都是孩子参与互动与教师共同创造的结果。各班教师都开始养成了做好基础装饰再给孩子留白添加的习惯，随着每月主题课程的展开，孩子的作品也被布置成各种造型图案开始一天一天地贴满特定的墙面，一周主题贴满再贴另一周，直到第二个月主题转换。这样，只要往各班教室内外一转悠，便可以清晰地了解每个班级的不

同课程内容及孩子们的创造表现，真正做到"孩子的学习过程看得见"的参与性环境创设目标。

其实除了每个主题的孩子作品展示，在其他墙面装饰上都可以用这种师生共同参与的互动模式来创设，只是要根据孩子各年龄阶段的能力发展循序渐进地进行。比如先提供一些模型和半成品让孩子加工，再过渡到孩子自己动手制作甚至自己设计安排。小班时可以由老师完成主体性的画面内容，让孩子参与简单的添加工作。如在小鸡和鸡妈妈的主题画面里，先教孩子用皱纸撕柳条剪花草，布置成春天的背景图，再教孩子在预先画好的纸上拼贴、添画成小鸡，布置在母鸡周围。虽然孩子的作品粗糙笨拙，但一只只小鸡形态各异、别有生趣，连能力最弱的孩子看着自己的小鸡贴在墙上，也会表现出强烈的自豪感。中班时，在认识了各种动物之后，教师可提供动物模型，让孩子在家长的帮助下用碎布、包装纸等拼贴一个个动物，然后在老师设置的森林背景图上组合成丰富有趣的画面。大班墙面布置的有些内容较难，比如"我的祖国"主题，可以教孩子用彩纸拼各种花形，再一起拼成地图，用挂历纸卷成纸管做天安门，或让孩子画自画像布置成各种相应的画面。这样，每一个画面中都有每一个孩子操作和参与的成分，既锻炼了孩子的动手能力，又给孩子留下深刻的印象和无穷的乐趣，促进孩子与环境之间的积极互动。这种参与创造的过程比布置的结果更具有重要的教育意义，可以让孩子充分体验到责任感与成功感。

五、全能宝宝文化氛围

如果说科学丰富的功能设置、美观实用的空间设计以及灵活童趣的墙面布置为以人为本的全能宝宝教育提供了必要的环境硬件的话，那么积极愉悦的心理氛围的创设则是全能宝宝体系着力打造的环境软件。"我们的环境要为孩子们带来什么样的感觉？要为家长带来什么样的启示？要向园内员工和园外宾客传递什么样的文化？"这是我们在创设环境时需要考虑的最重要、最核心的问题，也就是环境的人文性的问题。

全能宝宝环境的人文性首先体现在自由平等方面。在这里，每一个人都是平等的，我们充分尊重每一位孩子的个性特点，认真关注每一位孩子的行为细节，尽可能满足每一位孩子的发展需求，从而使孩子感到自己是自由的、快乐的，萌发出充分的自我价值感。

全能宝宝环境的人文性还体现在开放互动方面。教师、家长和孩子是教育的合作伙伴，是全能宝宝环境的共同创造者和使用者，每一个人都可以开放地交流、平等地协商，每个人的意见都受到应有的重视，每个人的才智和爱心都得到充分的发挥。

全能宝宝环境的人文性更体现在文化传播方面。不论是全能宝宝的视觉设计，还是全能宝宝的环境格言，都无一不透出全能宝宝快乐教育、全面发展的教育理念和以人为本、专业品质的文化内涵。

让每一面墙壁都有对话功能，让每一处空间都有人文气息，让每一个细节都有爱心体现，这便是全能宝宝体系努力打造的环境文化氛围。它体现在丝丝缕缕的环境细节之中，更体现在人与人之间、人与物之间的言行表达之中，是人与环境和谐互动、硬件与软件融合共创的动态持续发展结果，需要每一个人的积极参与和真心贡献。

六、全能宝宝建筑创意

最后再来谈谈全能宝宝环境的建筑创意问题。前面所提的每一步策略，都是在我们十几年的探索实践中一步步体验过来的，甚至到了从土建开始修改图纸以满足应用者需要的步骤。因为那时中国幼儿园房舍建设还是依据二三十年前的建筑规范文件，明显跟不上中国幼教实践发展的需要，尤其不符合全能宝宝创新开放实用美观的前瞻性要求，因而常常会出现需要在园舍建筑体上进行结构性修改调整的案例。尤其是对于民营幼儿园，所有的投资都需要在学费收成中解决成本开支与相应回报问题，因而尽可能地增加场地面积的办学利用率是第一需求。我们为此帮一个幼儿园从三个班的规模改到八个班的设置，规范性没有降低，实用性却大大增强，减少了很多浪费的空间。

但只是在内部结构上改进，还无法满足全能宝宝体系以孩子为本的创新理念，需要从一片空地开始全面的规划与设计，让整个幼儿园建筑从外到内都体现孩子们的心理需求、满足专业化的办学特色。比如，那些打着艺术特色旗号的幼儿园，其建筑创意本身就要体现丰富的艺术感，而科技类的幼儿园，则要从建筑风格上就满足孩子对创新科技的感知与探索需要。当然也可以把幼儿园设计成像迪士尼乐园一样，完全变成一个童话世界，但里面表现的不是纯粹的游戏娱乐，而依然有着完整的课程教学体系，只是让孩子置身于童话般的乐园里来开展童趣化、游戏化的学习。这不同的建筑风格内涵，便能熏陶培育出孩子不同的兴趣与发展走向，让孩子向着既具有全面人格又具有专长特色的方向发展，这才是人与环境、人与建筑合而为一的幸福乐园。

当我在一次讲座上介绍这样的全能宝宝幸福乐园实验过程和展望时，有一位建筑设计师家长很激动地找到我，说他一直想要给孩子设计这样的幼儿园建筑环境，现在终于找到了有共鸣的同道中人。后来我们又遇到了具有相同理念与愿望的园林规划设计师家长，再加上一些有创意的办园者和课程设计者，形成了一个团队，开始面对某一个幼儿园空地展开了幼儿园建筑创意的讨论与规划。我们认为，根据全能宝宝的教育理念，未来的幼儿园建筑需要体现以下几方面的创意特色：

一是童话性。打破传统幼儿园设计思路，强调以孩子为本，遵循儿童身心发展特点和兴趣。从建筑外观设计上就应体现童话乐园式的童趣形象风格，让人一看就有体现这个办园特色的个性化、标志性的建筑感觉，使这个园舍真正成为孩子的幸福乐园。在应用上，则可以给每个幼儿园设计童话主角、编写童话故事，最后成为这个幼儿园独特的童趣文化，让孩子虽然只是在这儿上几年学，却能够铭记一生。

二是专业性。从现代化幼教的专业视角来设计整个幼儿园的空间布局。从围墙到门禁到室内的安全监控系统设计、各个教学活动功能区块设计，到户外的嬉水乐园、沙土世界、林荫大道、趣味小径、植物迷宫、种植园地、四季果园、主题攀岩、运动广场等都要体现专业化的创意与应用思考，充分体现建筑园林环境的幼教专业化创意功能。打个比方，现在幼儿园普遍都铺设大面积的塑胶地垫，这个地垫除了起到操场的安全舒适作用，还可以如何体现专业性设计呢？我们就曾经在一个超大型的幼儿园设计了三大块从本省地图到中国地图到世界各国方块图案的地垫操场，不仅看上去视觉美观，还能在这些图案上开展认识地理知识的游戏化教学。再比如另一个幼儿园，就想要在园区内种植、饲养各类春夏秋冬植物与动物，形成一个生命成长探索园，用于探索、体验全能宝宝生命课程。这些都是从专业的角度来进行思考设计的。

三是参与性。专业性不仅仅意味着丰富合理的空间布局，更意味着要充分满足孩子自主自发、动手动脑的参与乐趣，寓教育教学于动手游戏之中。比如可设置想象变幻的时光隧道、童趣盎然的森林剧场、动手动脑的科技走廊、优美动听的音乐广场、自由创意的涂鸦天地、奇妙无穷的植物迷宫、快乐饲养的动物乐园、可玩可学的益智地垫、自助创意的美食餐厅等等，用专业的创意智慧和不多的成本，给孩子创设一个可看可听、可触可玩的动态环境，让孩子充分体验在这个环境中自然投入、快乐游戏、轻松学习、全面发展的幸福感。

四是功能性。以上几点都是从以孩子为本的角度来思考和设计的，但作为一个成人与孩子共处的综合性幼教机构，还要考虑办学经营的多元化应用功能。比如从建筑群布局而言，可考虑打破幼儿园单向思路，既能满足2—7岁日托办学的主体功能，又可考虑设置0—3岁宝宝和家长活动的亲子早教社会性活动功能，还要考虑满足师资培训及员工生活的行政生活后勤服务功能及对外宣传展示的大会议厅功能。这些不同区块的功能既要有各自的科学便利性，又要有整体的和谐统一性，即便是在同一个建筑体，也要充分考虑如何满足家长、孩子、老师不同的功能布局。比如在行政大厅接待区可设置信息枢纽主控整个管理系统，从而使家长咨询、对外接待和对内联络都变得简便规范有序，可大大节省运营过程中的人力损耗；再比如户外围墙的红外线监控、各个教室的视频监控和智能化晨检接送系统等三大安全管理系统可以整合一体，全方位保障在园安全、日常流动和接送规范问题等等，这种种功能都需要在建筑设计时就一一布局、落实到位，从而大大避免后续应用时的缺陷、冲突和浪费现象。

五是时代性。全能宝宝体系作为着眼儿童终身幸福发展的新概念教育体系，其办学机构的建筑创意也要体现出与时俱进的现代性与时尚性。比如，随着互联网技术和人工智能发展，整个幼儿园可设置成全息智能化环境与体感设备。比如，随着自然环保意识的深入人心，可用节能减排、种植、水循环等技术来建造全生态幼儿园等等，要让幼儿园环境设计紧跟时代发展步伐。

中国有句谚语，叫"磨刀不误砍柴工"，比喻事先做好充分准备，就能使后面的工作加快、效率提高。在关乎孩子的环境设置上，特别要重视这样的道理。我们在环境上多为孩子思考一分，孩子们的教育成长效率就会多提高一倍，这是全能宝宝体系特别强调的环境理念。非常希望在不久的将来，我们能够集聚更多出色的建筑设计师，将全能宝宝诸多建筑创意理想，在一块块幸福的土地上予以生动呈现。

第二节　全能宝宝班级管理

　　当幼儿园和班级环境创设准备就绪，接下来就是如何开园办班，迎接孩子和家长们的到来了。对于新教师来说，开学的第一要事不是上课，不是教学，而是如何带班，如何做好班级管理。有一句话可以用来形容幼儿园班级管理的复杂与繁琐：麻雀虽小，五脏俱全。一个小小的班级，少则十几个人，多则二三十人，却要照顾孩子每天吃喝拉撒学玩等各个生活环节及其物品、时空管理，要关注到每一个孩子的特点需求与不同反应，还要与家长、同事、上下级之间互动，掌握国内外的各种信息。无怪乎，一位教育工作者在谈到班级管理时，说到一位幼儿园老师能够带好幼儿园班级，就可以胜任任何阶段的班主任工作，同样，一位园长能够管理好幼儿园，便可以管好任何企业，这就体现了幼儿园带班工作和办园管理的繁琐与不易。

　　幼儿园班级管理从广义而言是指班级教师进行的一切活动，狭义则是指班级保教人员通过计划、组织、实施、调整等过程协调班集体内外的人、财、物、时间、空间，以达到高效率实现保教目的的综合性活动。它包括人的协调互动、物的管理应用、时空的流程安排、课程计划的组织实施、规则制度的贯彻执行等一系列工作环节与综合活动，是一环扣一环、一事连一事的整体运作与螺旋上升过程，是所有教育理念和课程目标的实现基础，也是办学品质和教学质量的具体保障。因此，要做好幼儿教育实践，必须从细抓班级管理开始。

　　下面，我们分别从班级人员管理、班务计划制订、一日生活常规、物品环境管理及家园互动反馈等各方面来具体阐述将全能宝宝教育体系应用班级

管理工作的理论与实践思考。

一、班级人员管理

这里的班级人员是指带班的保教人员。一个班级设置怎样的保教人员，取决于办学理念特色与现实条件发展。很长时间以来，中国的正规幼儿园都采取两教一保的班级人员配备，即一个班级有两位主班教师及一位保育员，两位教师轮流主班，保育员做配班辅助及生活服务工作。班级规模大概都在三四十人以上，有的班级甚至有五六十人。后来开始提倡小型班模式，一个班的规模降到了二三十人以下之后，有的就采取了一教一保或两教半保制度：一位教师和一位保育员全天带班，或两位教师轮流主班，一位保育员两个班共用，只做一些生活服务工作。当然还有一些商业早教机构，以一个班级多位教师的高配比，或者一位教师带几位孩子上课的模式，来吸引家长为高学费埋单。还有的则在班级带班人员之外，再请外教、专业教师等来定时授课。

全能宝宝体系是最早探索并实施小型班制度的。为保证具有一定的集体性活动效果，又能最大限度地照顾好每一位孩子，全能宝宝体系将班级师生比例限定在1：8左右或以下，即一个班二十几个孩子，配备三位保教人员，孩子人数可根据不同年龄而有所增减，最多不超过25人。关于师资的配置，也曾经探索试验过清除保育员的制度，即一个班级保教人员全由教师承担，分为主班与配班教师，由配班教师和助理教师承担所有保育任务，而每一位新教师都从配班助理开始做起，再慢慢学习带主班。因此，有的班级会有一位成熟的主班教师带领配班教师和助教，有的班级则是两位教师轮流主配班带一位助教，或者有的孩子年龄较大的班级由两位成熟老练的教师带班，便不再配备助理教师。这样做的好处是，可以真正将一日的生活环节都作为带班内容，将保育与教育完全融为一体，不再彼此割裂。另外这样的制度还可以磨炼带班教师对于班级师生的统筹分配协调能力，让整个班集体能够真正成为一个统一体和谐有序地运作起来，而不是教师、保育员各顾各地工作、彼此分离。当然，初入园或年龄小的班级，需要更多的生活保育照顾，还是需要配备更有经验的保育员，或者当过妈妈的助教来协助带班。

在职责的分配上，一般主班教师要全面负责班级日常统筹管理，包括制订落实学期班务计划、班级环境布置、班级物品采购、设计实施课程主题以及建立儿童成长档案、主持各类家长工作开展等等，还要指导配班教师及助教做好孩子一日生活管理及班级日常工作，是整个班级的引领者、统筹者和协调者。配班教师则在统一计划指导下，负责班级的物品管理、卫生保健、生活保育等班级常规管理工作，协助主班教师做好日常教学课程的开展、孩子档案的建立、活动组织及家长沟通工作，并接受主班教师的指导。主要工作内容具体包括每天活动前后的开窗通风、桌椅摆放、地面桌面清理、物品收拾整理及玩具物品定期消毒等环境卫生工作；孩子每天来园离园时的衣物用品交接保管整理工作，孩子洗手、进餐、如厕、午睡、起床等各个生活环节的指导督促工作，户外活动时的增减衣服、擦汗及安全保障工作，还有孩子服药、大小便、呕吐等特殊情况处理工作等；协助准备教学活动用具、收集资料、记录整理档案、创设环境、维持教学现场秩序及联络家长等带班辅助工作；以及负责班级物品的领用、保管、安全检查、报修、清洗、盘点等管理工作。若有助理教师及保育员，则分担以上配班工作内容。

如此复杂的班级管理，需要班级工作人员精密配合、高度协调才能做到和谐有序地高效运行。这就需要根据不同班级的师资条件恰当分配搭班时间。有的是长期上下午班制度，即主班教师全带上午班，主导课程主题，配班教师带下午班予以教学辅助；有的是一周或一月轮流制，即按一周或一月的周期固定某一位教师主班，另一位配班，在下一周期轮换过来。不管是怎样的搭班制度，都要注意在任何情况下尽量保证要有两位保教人员同时在场。尤其是在一些动态离场或多向兼顾的环节，如户外活

动、分饭菜、如厕等环节，就更需要两人以上的保教人员在场看护，以避免在混乱中发生危险。

这样的班级管理，意味着既要让孩子在园的每一个环节都得到周到细致的照料，又要保障每一位班级保教人员都要有合理科学的作息安排与休息时间，确实需要精心设置、认真磨合才能达到高效的管理目的。

二、班务计划实施

如此复杂的班级工作，想要在几位班级保教人员之间形成和谐、高效的管理氛围，就必须先制订周密、充分的计划，再依据计划同心协力地去实施执行。

一个幼儿园的工作计划，大致可分为以下几个层次：一是园务计划，包括年度计划；二是班级学期计划，包括月计划；三是课程计划，包括周计划、日计划与课时计划；除此以外还有教科研计划、专题计划及个别儿童指导计划等等。然而在过去很长一段时间之内，许多幼儿园的班级管理、课程教学、科研工作、家长工作与其他工作之间并没有相关的内涵理念主导，因而这些工作计划之间常常是目标不统一、结构不严谨、关联不紧密。只剩下一些常规工作、节庆活动等碎片化的活动安排，各个计划便成了简单的形式任务排列而非内涵目标意义上的系统展开。随着幼儿园对于自身的办学文化理念及课程目标内涵越来越清晰，这些计划之间也呈现越来越紧密的关联化、系统化发展，环环相扣，形成完整教育体系。

而全能宝宝教育体系对于班级工作的计划制订，是在园务计划及年度计划的部署指导下展开的，主要表现为两个层次的计划：首先是班务计划，一般以学期为单元，针对本班孩子的实际情况及特点，依据园务计划安排和本学期课程主题，经班级保教人员共同商讨而制订。首先要对本班孩子情况进行人数性别情况、身体健康、认知水平、行为习惯等各方面的具体分析；其次，在此基础上提出本班学期总体目标与工作设想，围绕这些设想提出具体的要求与实施的措施，再将其进一步细化为每一个月的工作重点。这个月工作重点应明确园务年度计划中的月工作内容分配，以此将园务计划、班级工作和课程进展三者有机地融合在一起。（附全能宝宝体系探索过程中所创建的各类计划例表）

班务计划

班级＿＿＿＿＿＿＿＿＿　　时间＿＿＿＿＿＿＿＿＿　　填表人＿＿＿＿＿＿＿＿＿

班级情况分析	班级人数：	男：	女：
	主班教师：	配班教师：	其他人员：
	身体状况：		
	行为习惯：		
	认知水平：		
学期总体目标与工作设想			
具体要求与措施			
每月工作重点	月份：		
	月份：		
	月份：		
	月份：		
	月份：		
	月份：		

　　制订好一学期的班务计划后，接下来便是每月、每周、每日、每课时的计划了。考虑到全能宝宝课程有清晰的主题引导，为了简化教师的工作量，

就省去了月计划和课时计划，只保留每周一次的周计划和半日备课计划。班级教师在学期班务计划和每月主题的指导下，根据孩子的实际发展情况，每周讨论一周的主题目标内容以及围绕着这些目标的环境创设、家长工作等相关内容，再将它细化为从周一至周五每一天的上下午半日活动计划。每天的半日计划之间都有交接和反馈，一周结束后也有总结反馈。一周结束后，将所有的计划与反馈结果装订在一起，于下周一时给出展示，既便于家长及时了解也便于管理检查，一周后就集册入档。

周计划表

班级_____　　时间_____　　填表人_____

主题名称:	分主题名称:		
本周主题目标			
分类目标	身心健康:		
	认知发展:		
	习惯培养:		
	行为技能:		
环境创设			
家园联系			
一周情况反馈			

半日活动计划（上午）

年__ 月__ 日__ 星期__   主班教师_____

晨间活动	主要内容：
	目的要求：
	指导重点：
主题教学活动	内容：
	目标：
	准备：
	过程：
生活与游戏	重点内容：
	目标：
	指导方法：

半日活动计划（下午）

年__ 月__ 日__ 星期__   主班教师_____

下午特色教学或区域活动	内容：
	目标：
	准备：
	指导过程：
生活与游戏	主要内容：
	目标：
	指导方法：
一日活动反馈	上午：
	下午：

全能宝宝体系表格化的备课制度经过了相当一段时间的实验探索。一方面，传统幼儿园计划只写活动名称不写过程反馈的方式很容易造成计划与实施的脱节，即计划上写一套，实施时另一套，不利于管理。而这种即时、公开、具体、透明的表格化形式不仅能促进与家长之间的课程交流，还能使教师的备课从被动管理转变为自主管理。另外，传统备课计划常常要写出从晨间接待到做操喝水、吃饭午睡的各个环节，而其实这些环节在进入常规以后每天重复，再绞尽脑汁来写不仅没有意义，而且浪费时间。因而全能宝宝体系对原有的备课制度进行了调整改进，删减了一些重复性的生活记录，增加了活动准备、课程指导重点、活动反馈等一些更重要的内容，使教师分清了备课主次，保证了计划的质量与实效，也便于班级档案的规范完善管理。

从以上计划便可以看出，全能宝宝教育是以计划引导实施，以反馈促进检查，从而形成一个从计划到实施到检查到反馈的管理"戴明环"的。通过这样的周计划、日计划，便将每月、每周、每天的班级工作都统整在一个课程计划中了，再加上班务日志、全能宝宝成长档案以及相关家长工作记录，便形成了一个完整的班级工作档案。

班务日志

班级_____　　日期_____　　带班人员_____

出勤状况	今日出勤人数：　　　　　缺勤：　　　　　等共　　人
	缺勤原因：
上午要事记录	 　 　 　 记录人：_____

下午要事记录	
	记录人：＿＿＿＿＿＿＿
备忘录	

三、一日生活常规

其实对于班级教师来说，最头疼的问题，还不是计划的制订与实施，而是每天每时的带班工作。从孩子来园到离园，将近十个小时的时间内，包含了吃喝拉撒睡洗学玩诸多环节，每一个环节都要面对几十个性格各异的活泼顽皮的孩子。如何让他们听指挥懂礼貌，像琴键那样合奏出优美和谐的班级旋律？这里面有一个很重要的因素，就是一日生活常规的建立。可以这样说，要想带好班上好课，创造良好的教学品质与课程质量，必须要以科学有序，稳定有效的班级常规为基础。而这种班级常规的建立，又以班级保教人员的协调配合与师生之间的积极互动为前提。

那么，要如何建立这样的班级常规呢？必须从教师自身的言行规范及对于在园一日生活每一个环节的精雕细琢开始。

对于一位新带班的教师来说，首先要明了幼儿园一日生活作息安排。以下表为例：幼儿园一日生活从来园接待开始，依次包括晨间锻炼、早操、上午点

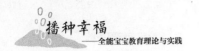

心、主题教学、户外游戏、午睡、餐后活动、午餐、起床、下午点心、下午教学活动、自由游戏、离园等各个环节。除了上下午的课程主题与教学安排有不同外，其他大致相同。与传统幼儿园相比，全能宝宝体系中半日活动更富有弹性空间。各班可根据孩子的年龄特点和实际兴趣适当缩短或延长主题活动、生活活动和游戏活动时间，并可根据主题内容来自由调整户内外活动时间，只要做到动静交替，保证户外活动两小时以上。下午活动也可以自行灵活安排，可以延续主题，可以分科学习，也可以班际间组合互动。

作息时间表（秋冬季）

时间	活动安排
8:00—8:30	轻松上学、快乐交友、自选游戏
8:30—9:00	运动PARTY（晨间律动、体育锻炼）
9:00—9:20	开心小点
9:20—10:20	全能宝宝幸福课程主题探索活动
10:20—10:50	户外游戏、自由活动
11:00—11:40	营养午餐
11:40—12:00	餐后游戏、睡前谈话
12:00—14:30	温馨午睡
14:30—15:00	起床整理、区域自选活动
15:00—15:20	甜蜜下午茶
15:30—16:30	音乐、美工、文学等多元智能艺术特长活动 动手动脑DIY创意活动 大小互动快乐交友活动
16:30—17:00	自由游戏、快乐离园活动

　　根据以上的一日生活作息表，再来详细制定每一个环节的教师行为规范，这包括在每一个环节中的规范要求以及相应的禁忌行为，列表举例如下：

教师一日工作规范

内容	规范要求	禁忌行为及杜绝现象
晨间接待	1. 提早进班开窗通风，做好室内外清洁工作，备齐半天所需教学和生活用具。 2. 孩子来园时要起身笑脸相迎、热情接待，检查幼儿衣着物品指甲，对于穿着不适宜或带危险物品的孩子要当场与家长交流指正，指导幼儿放好衣物、入座参与游戏活动。 3. 仔细观察幼儿情绪及身体反应，发现情绪低落或不正常情况要及时询问家长并随时关注，有特殊情况要及时做出处理。 4. 安排丰富的晨间活动内容及材料，为早到幼儿主要安排室内自选活动，秋冬季节主要安排户外运动。 5. 做好特殊幼儿的看护、指导工作；随时注意防止幼儿的打闹纠纷；随时提醒幼儿及时解小便、喝水、注意安全等。	1. 未及时开窗通风，教室物品凌乱，环境不整洁。 2. 桌椅摆放不合理、不利于幼儿活动，危险物随手放置。 3. 背对幼儿，顾自准备教具或做与带班无关的事。 4. 面无表情地对待家长幼儿。 5. 与家长或同事长时间聊天。 6. 偏重或忽视某些幼儿。 7. 游戏内容单调，让幼儿长时间坐在座位上活动，活动时袖手旁观、不加指导。 8. 在幼儿活动现场搞卫生或做其他妨碍幼儿活动之事。
户外活动	1. 晨间及上下午室内教学后都要安排户外活动，午睡前可安排户外散步，保证晴天每天户外活动两小时以上，冬天增加活动量。 2. 活动前督促每位幼儿如厕，检查幼儿衣着鞋带，提醒帮助幼儿脱去厚重外衣、塞好内衣裤、放好不该带的物品。配班教师带上擦汗巾、纸巾等。 3. 注意幼儿站位要背风、背光，避开不安全因素。 4. 随时注意控制幼儿活动量及检查幼儿身体反应，有出汗或不适现象要马上予以处理。 5. 玩大型玩具时各位教师分立两侧或相对危险之处保护，散步参观时要一头一尾压队，随时提醒幼儿注意安全，随时开展自我保护教育。 6. 随时清点人数，关注特殊幼儿行动，避免出现不安全现象；活动后及时帮助幼儿整理、添加衣物。	1. 外出前未及时组织幼儿做好准备工作。 2. 幼儿活动时聚众聊天、双手交叉或把手插在口袋里。 3. 在有危险隐患处活动或任由幼儿长时间奔跑打闹。 4. 幼儿出现拖鼻涕、露肚皮、满头大汗或汗湿衣衫现象。 5. 未及时清点人数或制止不良行为而出现危险现象。 6. 未让幼儿充分活动，未进行必要的活动指导。 7. 未及时带领幼儿出操或未示范领操。

续表

内容	规范要求	禁忌行为及杜绝现象
如厕 洗手 喝水	1. 幼儿来园及各环节转换时都要组织提醒幼儿按顺序如厕、洗手、喝水，各位教师分工在洗手间内外做好幼儿指导看护工作，只有一位教师时则站在洗手间门口看管两边幼儿。 2. 幼儿如厕完毕后逐一检查，指导帮助每一位幼儿塞好内衣、系好裤子。 3. 指导幼儿自己学会大小便，当幼儿尿湿或大便拉在裤子上时要及时清洗，安抚幼儿。 4. 细心指导幼儿按规定要求洗手并用毛巾擦干。 5. 经常提醒幼儿喝水，倒水时注意次序及安全。	1. 环节转换前未提醒幼儿如厕，致使幼儿尿裤子。 2. 秋冬季节幼儿露出肚皮。 3. 幼儿大便时未多加看护指导，致使其弄脏裤子或环境。 4. 未指导幼儿按要求洗手，幼儿玩水或把水洒在地上。 5. 吃东西前未用肥皂洗手。 6. 幼儿饮水量太少。热水放在幼儿容易触及的地方。
教学 活动	1. 提前做好各种准备，包括内容、教具、场地、材料及幼儿如厕、洗手、喝水等准备工作。 2. 尽量按计划实施教学，不随意改变主体内容。 3. 用亲切、生动、自然的语言组织教学，用游戏的方法开展活动，用正面语言进行激励。 4. 细心观察幼儿反应，根据幼儿兴趣灵活调整教学策略，采用多种教学手段，动静交替、节奏紧凑。 5. 为幼儿提供充分的动手、动脑、动口机会，激发幼儿参与兴趣，尽量让每一位幼儿都积极展示、充分活动。 6. 注意在活动中随时开展有关安全保护、卫生保健及文明品德、行为习惯等多方面的教育。 7. 环节转换及活动结束后指导、帮助幼儿及时整理玩具、地面并将桌椅归位。	1. 仓促应付、临时准备教具场地或随意改变教学计划。 2. 非桌面活动时不搬开桌子，未提供宽敞活动空间。 3. 活动内容不符合幼儿兴趣特点，不注重幼儿反应。 4. 照本宣科，死搬计划，不注意灵活应变及随机教育。 5. 内容无趣、方法单一、节奏拖沓，忽视动静交替。 6. 对幼儿拖鼻涕、玩危险物品的情况未及时处理，玩具未及时整理。
点心 进餐	1. 餐前指导幼儿用肥皂洗手，擦干双手后，入座安静等待。 2. 提前做好餐具清洗、消毒和摆放工作，消毒桌面。 3. 边分餐边组织幼儿安静活动，创造愉快气氛。分发饭菜热饮时注意避开幼儿，以免倒翻烫伤。 4. 提醒幼儿注意正确的坐姿和使用餐具的方法，向幼儿介绍饭菜内容及营养，以激发食欲。 5. 照顾特殊幼儿，对体弱的，吃饭慢的可先安排吃。 6. 注意用游戏的方式、积极的语言引导幼儿自己按要求进餐，认真吃完自己的饭菜。 7. 进餐时，提醒幼儿一口饭一口菜地吃，需要时喝汤，做到细嚼慢咽。 8. 把握幼儿饭量，有需要时随时添饭，不催食、不减食。 9. 指导幼儿饭后自己整理桌面垃圾，放好餐具并用正确的方法漱口及擦嘴擦脸擦手。 10. 安排先吃完的幼儿在指定的地点活动，提供丰富的活动材料及内容。	1. 未做好必要的清洗消毒工作和充分的幼儿餐前准备。 2. 提前开饭或在秋冬季给幼儿吃冷食。 3. 餐前十分钟让幼儿剧烈活动。 4. 餐前、餐中训斥幼儿或处理事件，影响整体就餐情绪。 5. 用手直接给幼儿分发食物或其他不卫生行为。 6. 擅自食用、私藏幼儿点心食物。 7. 进餐时有喧闹、离位、玩耍现象，疏于看护指导。 8. 幼儿剩饭或漏饭现象严重。 9. 餐后组织无序、任凭幼儿打闹或无所事事。

续表

内容	规范要求	禁忌行为及杜绝现象
午睡 起床	1. 睡前集合，讲明午睡要求、缓和幼儿情绪，提醒每一位幼儿放好物品、做好如厕等准备工作。 2. 指导帮助幼儿按要求铺好床铺，将脱下的鞋子在指定位置摆放整齐。 3. 根据季节气温变化，提醒幼儿穿合适的衣服午睡，并按要求有序地脱下衣裤叠放在固定位置。 4. 午睡时及时巡视，观察幼儿的面色、睡姿、盖被及室内通风保暖情况。关注特殊幼儿行为。 5. 在幼儿入睡后方能备课做教具，但要面朝所有幼儿，眼观全面，并每隔十分钟巡视一次。 6. 起床时指导幼儿按顺序穿衣、叠被、如厕，逐一检查衣裤、整理头发等，并安排好自由活动。	1. 未做好睡前准备，幼儿床铺、衣物、鞋子摆放凌乱。 2. 幼儿未脱外衣裤睡觉。 3. 幼儿被子不卫生，未提醒家长清洗或未及时晾晒。 4. 幼儿入睡率低，有脱衣在床上打闹、玩耍现象。 5. 午睡时疏于看管，顾自做事。 6. 睡躺幼儿床铺或盖幼儿被子。 7. 在午睡室聊天、会客或吃零食、做私活。 8. 起床组织无序，未指导幼儿穿衣、叠被、塞衣及未安排游戏。

当然，教师的行为规范最终是为了养成孩子的一日生活常规。那么，幼儿一日生活要遵守哪些常规呢？全能宝宝体系对此也做了详细的规定，列举于此，供教师和家长朋友对照参考：

全能宝宝入园一日生活常规

内容	常规要求
衣着 仪表	1. 穿全棉透气宽松内衣；不穿满裆背带裤；外衣整洁大方、易于穿脱。 2. 不得穿硬底皮鞋或发光发声的鞋子；不得佩戴项链、手镯、耳环等首饰。 3. 冬天以两件毛衣、一件小棉袄或背心、一件厚外套为宜，不要过早穿太多太厚的衣服，以免影响运动。 4. 按老师要求携带学习用品，不得携带硬币、纽扣、小刀等危险物品及零食。
言行 礼貌	1. 在家按时起床，自己刷牙洗脸，吃好早餐，及时做好入园准备。 2. 在家长的带领下自己走着上下园，不离开家长视线，不能让老人抱或背。 3. 进园离园时，看到有客人进班时，路上遇到认识的人时都要主动地问好或道再见。 4. 不讲脏话，不攻击别人，不乱扔垃圾，爱护玩具物品和花草树木。
晨间 活动	1. 按时入园，衣着整洁；愉快进园；主动刷卡；接受晨检，将药物交给医生。 2. 进园时向门卫和医生问好；进班时向老师和小朋友问好，跟家长说再见。 3. 脱下外衣、帽子、围巾，并将物品整理好放在固定的地方。 4. 听从老师的安排，能自选玩具、自结伙伴，愉快地进行游戏活动。 5. 活动中注意安全，并能自觉谦让、合作、分享，与同伴友好相处。 6. 活动结束时听从老师的指令将玩具放回原处，主动如厕、洗手。

续表

内容	常规要求
如厕	1. 外出活动前、活动结束时、餐前、睡前都要及时如厕；如厕时遵守秩序，不拥挤。 2. 想大便要及时告诉老师，备好厕纸，学习用正确方法擦屁股，不要浪费厕纸。 3. 如厕后主动拉好衣裤，冬天要将内衣塞入裤子内，不会的要求助老师帮忙。 4. 不得在如厕时打闹、玩耍。如厕后及时洗手。
洗手	1. 餐前、便后、户外活动及玩玩具后都要用肥皂及流水洗手。 2. 按正确的方法及顺序洗手：先卷衣袖，用水冲湿双手，把肥皂或洗手液涂在手心，反复搓洗手心、手背、手指及指尖，用流水冲净，甩手，再用毛巾擦干。 3. 洗完手后进食前要保持双手干净，不得用手触摸不洁物件。
喝水	1. 下课时间及户外活动后都要及时主动喝水，在家里也要做到多喝水少喝饮料。 2. 按秩序拿自己的杯子取水。取水时注意安全，不要把水洒在地上。 3. 喝水时不要奔跑玩闹，喝完水后把茶杯放回原处。不得用杯子玩耍。
早操	1. 有序地走出教室，按老师的要求站队。不推不挤，不任意离位。 2. 听音乐跟着老师的示范做动作，精神愉快、动作放开。 3. 做操时不说话、不打闹，精神饱满、动作整齐有力。 4. 早操结束后按次序进教室，按老师的要求入座，安静等待上课。
早点 午点	1. 听从老师的指令整理好玩具物品，有次序地如厕洗手，不推不挤。 2. 按规定要求如厕洗手，洗完马上入座，不在洗手间玩耍，不把水洒在地上。 3. 拿好自己的杯子安静等待老师分豆浆、点心，吃点心时不离位、不打闹。 4. 吃完自己的点心，按要求放好杯盘，把桌子整理干净，在座位上安静等待。
室内 集体 教学	1. 眼睛看老师、耳朵认真听。注意倾听老师的指令，边听边思考。 2. 老师提问时认真思考，想好后马上举手发言，发言时声音响亮。 3. 未经老师的允许不得随意离开座位，不得摇摆椅子，不得和同伴说话打闹。 4. 看书、画画或操作桌面玩具时坐姿端正，注意用眼卫生。玩具、文具、书本按老师的要求摆放整齐，用完后按要求整理归位，自己清理桌面垃圾。 5. 离位活动时听从指令，积极参与，不推不挤，不擅自离开规定的活动范围。
室外 活动	1. 做好如厕、洗手、喝水、脱外衣、系紧鞋带等准备工作。 2. 在规定的地点活动，遵守活动的规则，随时注意老师的指令。 3. 活动时不离开集体，不随意奔跑，不做危险动作，有初步的自我防范意识。 4. 自己感觉太冷太热或不舒服时要告诉老师，在老师的指导下增减衣服。脱下的衣服要交给老师或放回教室，不得乱扔。 5. 同伴间友好交往、轮流谦让，不得做推挤打闹等危险动作。 6. 听到老师的指令马上集合归队，活动结束时整理好物品按次序进教室。
散步 参观	1. 做好如厕、洗手、喝水、脱外衣、系紧鞋带等准备工作。 2. 按老师的要求集合排队，记住自己前后的同伴，不得掉队或乱插队。 3. 行走过程中注意听从老师指挥，注意行路安全，及时跟上队伍。不得在行走时奔跑打闹，不得顾自东张西望或离开队伍，不得损坏沿途花草树木及物品设施。 4. 按老师的要求进行参观访问，认真听讲，细致观察，积极思考。 5. 注意保管好自己的衣物，有事要及时告诉老师。回园后及时检查自己的衣物。
午餐	1. 按要求如厕并整理好衣物，用肥皂洗手并用自己的手巾擦干净。 2. 安静入座等待分餐。待餐时不离位、不玩餐具、不摸来摸去。 3. 就餐时左手扶碗，右手拿勺（筷），一口饭、一口菜细嚼慢咽。不边吃边玩，不挑食，不把食物扔到地上或别人碗里，保持桌面和衣服的整洁。 4. 安静吃完自己的一份饭菜，不妨碍别人。咽下最后一口饭再离开饭桌。 5. 饭后将桌面垃圾捡进空碗，将餐具放在规定的地方，并学习漱口、用餐巾擦嘴。 6. 餐后听老师的指令在规定的地方安静活动，不奔跑打闹，不做危险动作。

内容	常规要求
午睡起床	1. 听从老师的指令将玩具归位，做好如厕等准备工作，不得将玩具带上床。 2. 按要求脱鞋子及外衣外裤，在指定地点摆放整齐。安静上床，不在床上跑跳打闹。冬天要先脱外裤，坐进被子再脱外衣入睡。 3. 放好手脚、睡姿端正。不得抬头张望或与同伴交谈玩耍，不得蒙头睡觉。 4. 有身体不舒服的情况或要上厕所要马上告诉老师。不得在被子里做小动作。 5. 午睡结束后听从老师的指令起床，先穿外衣，后穿外裤，再穿鞋子，然后学着按要求叠好被子。有困难时要告诉老师或请同伴帮助。 6. 起床如厕完毕后在指定的地方安静活动，听从老师的安排，在老师的帮助下做好拉裤子、整理衣物、梳头、剪指甲等工作，不得随意离位、奔跑、打闹等。
离园活动	1. 听从老师的指令安静活动，能自选玩具和伙伴愉快、友好地游戏。 2. 有同伴家长来接时要主动问好并和同伴说再见。 3. 家长来接时要主动整理好自己的玩具和物品，将桌面整理干净，椅子归位。 4. 穿上衣帽，收拾好自己的物品，主动和同伴、老师道再见。 5. 离班后不要长时间地在园逗留。玩耍时注意安全，离园时和门卫人员道再见。

那么，如何训练孩子建立这些常规呢？全能宝宝体系用了生动具体的儿歌方式介绍了一日生活常规的训练方法。

全能宝宝一日生活常规训练

内容	要求和方法	辅助儿歌
起床	按时高兴地起床，不赖床，不哭闹；自己学着穿套头衣和不系带的鞋子；学习折简单的毛巾毯或小被子。	太阳眯眯笑，宝宝醒来了， 不拖拉、不哭闹，穿好衣服叠好被， 高高兴兴来起床。
穿衣服	按上衣—下装—袜—鞋的顺序穿衣；先把衣领朝上、前胸朝下平放，再从下摆口分别将左右手臂伸进衣袖，再将衣领往头上套；理平下摆，对镜翻好衣领。	一座房子四个口，住进一个乖宝宝， 两只小手伸袖口，圆圆脑袋钻领口， 还有一个下摆口，包住身体好朋友。
穿裤子	在床上坐下来，找到裤子前襟，两手拉开裤腰放平，分别将两腿一一伸进裤管，露出脚部，站起身，提好裤腰，理正，系好拉扣腰带等。	两列小火车，一起来钻洞， 大洞慢慢进，小洞快快出， 呜呜，咔嚓咔嚓，呜呜，咔嚓咔嚓， 火车出站了，快快停好啦。
如厕	至厕位站稳后拉下裤子至膝部，若是蹲位则拉好扶手，若是坐位则坐正位置；如厕时不玩耍、不推拉；如厕完毕后把纸折成合适大小，由前往后擦净；离开厕位，拉好裤子，整理衣服（秋冬天将内衣塞进裤子）；自主如厕、按时排便，形成习惯。	肚子胀乎乎，宝宝要小便， 自己找厕所，自己脱裤子， 解好小便快洗手， 真是能干的好宝宝。
洗手	每次排便、玩耍后及吃东西前都要自觉地洗手；用水冲湿双手，把肥皂或洗手液涂在手心，搓遍双手手背及手指缝；流水边冲边搓双手直至洗净；对着水池甩手上的水，用毛巾擦净。	清水哗哗响，来帮小手忙， 湿湿手，擦擦皂，手心手背都搓到， 认真洗，仔细冲，甩一甩，擦擦干， 小手干净又喷香。

续表

内容	要求和方法	辅助儿歌
上课	听到指令后,立即找到自己的座位坐好;双脚并拢,两手放好,眼睛看老师,保持安静,等待老师上课,并能按老师的指令积极反应;发言举手、主动参与、认真操作。	集合了,上课了,快快回到位上了,小脚并并拢,小手放放好,小眼睛,看老师,小耳朵,听仔细,说话先举手,不要乱吵闹,积极动脑学本领,是个好宝宝。
进餐	定时定点定量独立吃饭;在固定的位置上坐好,一手拿勺、一手扶碗,一口菜、一口饭;吃完自己的一份饭菜,把碗勺放在指定的地方;吃饭时不离开座位,不玩玩具,不看电视,不吃零食不喝饮料。	摆好小椅子,放好小碗勺,饭菜喷喷香,宝宝自己尝,一口菜、一口饭,阿呜阿呜全吃光。
漱口	手拿杯子,含一口水;抬头闭嘴,用舌头搅水发出咕噜噜的声音,吐掉;重复几次,用毛巾擦净嘴巴,放好杯子。	手拿花花杯,喝口清清水,抬起头、闭上嘴,咕噜咕噜吐出水。
睡觉	按时做好上床准备;脱下鞋子并排放在床底朝头一侧,脱下衣服折好放在床上脚头内侧或指定之处,（秋冬季节需先脱裤子钻进被窝再脱上衣）;安静躺下,独立入睡。	小床铺,准备好,等我来睡觉,小眼睛,闭闭好,不吵也不闹,轻轻拍,轻轻摇,宝宝睡着了。

经过这样的教师规范行为和幼儿常规训练,想必一个班级的一日常规更有利于形成了。当然,有了这些具体要求与方法指导,还需要教师与孩子之间、教师与教师之间、教师与家长之间的积极互动与良性磨合,才能尽快建成班级常规。关于这些关系互动,我们在下面的篇幅里会陆续加以阐述。

四、环境物品管理

以上所有的班级计划和一日常规都需要在班级环境中加以贯彻落实,因此管理好班级物品环境便也成了计划顺利进行和常规有效建立的重要基础。在谈如何管理好班级环境物品之前,我们先来了解一下一个幼儿园班级到底需要哪些物品设施。

前面说幼儿园班级"麻雀虽小,五脏俱全",不仅是指幼儿园一日生活流程什么都要管,更指一个班级需要各种各样的物品设施:大到电视机、CD机、钢琴、电子琴这些大件设备,小到大头针、回形针、缝衣针这些细巧物品，几乎什么都不可缺。大致罗列一下，需要以下几类物品才能满足一个班级的日常保教需要：

一是生活用品：包括孩子的床上用品、水杯、水壶或净水器、擦手与擦嘴毛巾、点心盘、水果刀、削皮器、梳子、剪刀、针线等。

二是卫生用品：纸巾、厕纸、扫把、畚箕、拖把、抹布、垃圾桶、清洁剂、洗手液、消毒液、洁厕液、肥皂、消毒柜等。

三是游戏玩具：根据不同年龄，孩子年龄较小的班有拖拉玩具、电动玩具、声响玩具、娃娃、汽车玩具、充气玩具、角色游戏玩具、大插片积木、大型软积木等；孩子年龄较大的班则可增加棋类、智力玩具、数字玩具、小插片积木或管状拼接玩具、木工玩具等。玩偶、图书及用于计数的一些果蔬、动物塑料玩具各个年龄段的孩子都需要，应根据不同的年龄配置不同种类、难度的玩具。游戏玩具应该是越丰富越好，但要注意与年龄的适应度。

四是教学用具：包括水彩笔、彩色蜡笔或油画棒（也可包括水粉画笔、国画毛笔等）、绘画纸、大班幼儿用的铅笔与本子、手工剪刀、橡皮彩泥、粉笔、计算器、大小黑板或白板、文件夹、订书机、回形针、大头针、吸铁石、磁性教具、打击乐器、CD机、电脑、电视机、钢琴或电子琴等。幼儿教学用具中有的需要人手一套配齐。

五是运动器械：如球类、绳类、车类、钻爬用具等，视场地配置。

以上列举的这些物品，是开班办学的一些基本配置。要有序地管理这么多细碎繁杂的物品，需要班级保教人员的爱心、细心和匠心。全能宝宝体系对此有以下几方面基本要求：

一要做到分类摆放、方便取用。每一类物品的摆放，都需要根据不同的使用对象、时间、空间方位加以思考，恰当设置。比如卫生用品要近卫生间，游戏玩具开架放置便于孩子取用，教学用具分类摆放满足不同应用要求，等等。

二要做到合理保管、注意安全。一些具有安全隐患的物品，比如卫生用品中的消毒液、清洁剂要往高处放置。生活用品中的水果刀、剪刀、回形

针、大头针等物品，以及孩子们的药物都要注意专门封闭放置，并在每次用好后及时归位，妥善保管。

三要做到及时整理、保持整洁。班级环境管理贵在常清常理，物品用完后要及时整理归位，以保持环境的整洁有序。除了一些带有安全隐患的物品需要班级人员亲自整理以外，一定要培养孩子自己整理玩具物品，将其及时归位的好习惯。

四要做到定期清洗、注意卫生。除了孩子的擦嘴毛巾、水杯、点心盘每日或每餐后清洗消毒，擦手毛巾每周清洗消毒外，床上用品尽可能每周翻晒、每月清洗更换，玩具物品也要每学期定期清洗、晾晒、消毒，保持清洁卫生。

除了以上这些要求以外，地面、桌面的环境卫生更要注意及时清洁。清洁工作除了配班助教和保育员承担以外，也要养成孩子参与劳动的意识。此外还要培养孩子及时将桌椅归位、不乱丢垃圾的习惯，维持整洁、有序的班级环境。

五、健康安全管理

幼儿园带班工作，健康安全管理是第一位。它不像上面几项内容那样是需要每天处理的事物性工作，但却需要每一个班级保教人员随时随地敲响心理警钟的强化意识。从每天早上来园那一刻起，到每天下午离园最后一刻，从开园那一天开始，到学期结束最后一天，无时无刻不牢牢记在心里，一丝也不松懈。

这里的健康安全管理主要包括两方面的工作，一是对孩子疾病的预防与身心健康的照顾，二是对安全隐患及意外事故的防范处理。

对于孩子的身心健康与疾病预防来说，要把好入园关、晨检关、防病关。一是在入园时就请家长详细填写入学情况表，以便存档备查，并请家长给孩子做好健康体检，确保孩子健康入学。此外，须半年体检一次建立健康档案，做好入园预防关。二是每日孩子来园时要用一摸（摸额头看是否发烧）二看（看咽部、皮肤和精神）三观察（饮食、睡眠、精神状况和大小便情况）的方式进行检查，及时发现病情早作处理（以上工作可让幼儿园保健医生检查执行，但班级教师也需要形成这样的意识和掌握相关技能）。三是做好体弱儿的特殊照顾，做好消毒通风防止传染病，在孩子活动出汗及需要增减衣物时悉心照顾防止交叉感染。一旦发现孩子有发热、发疹、腹痛、呕吐等现象，要马上引起警觉，报告医务人员或请家长带孩子去就诊。同时，做好传染病防治、隔离、消毒等相关处理工作，等到孩子症状消失、身体完全恢复才可让其继续来园。

而安全事故的防范则更应深深印在每一位班级保教人员的脑海中。一方面，园方要给全体孩子集体购买平安险、意外伤害医疗险及疾病住院医疗保险；另一方面，班级人员从晨间接待开始，就要检查孩子是否带着尖锐、易燃及细小物品入园，并检查孩子指甲，以防发生意外伤害；有接送车的还要及时检查坐车入园的孩子的出席情况，若有发现缺席要马上寻找并与家长联系；带班活动期间随时注意不得将刀、剪、针等锋利物品和开水、热汤、药品、消毒剂、油漆等危险物品放在孩子可触及的地方。教师自己取用时，也要避开孩子的活动范围。一旦发现孩子身边有上述物品时，任何人都有责任即刻将这些物品拿开放好；孩子的药物也要妥善保管，内服药和外服药要分开放置，并贴上标签，注射、服药时要查对患儿姓名、药名，以免误服、错打。用完后要及时将药物放回原处。

安全事故防范还要注意到环境隐患。比如保持地面干燥整洁，不在孩子活动期间用湿布拖地，不将杂物堆放在地；看到地面上有水迹或桌椅器材等物横放在过道空间，都要及时处理解决，以防孩子滑倒或绊倒；及时检查大型器械、家具、玩具等是否有毛刺、松动、开裂等不安全因素，一旦发现便要即刻处理。

最重要的，带班时要眼观四面、耳听八方，时刻关注孩子的行为。当

发现有孩子相互争斗，在有障碍物的场地上奔跑嬉闹，做危险的动作（如攀爬、玩火、玩电器、套绳、把容器往头上罩等）或手持易碎、尖锐、坚硬及细小的物品（如玻璃珠、筷子、刀具、棍棒、硬币、纽扣等）玩耍时，任何人都有责任马上制止，以防出现意外伤害。

另外，在孩子午睡、外出活动、离园等环节时，都要加以警惕，防止孩子走失或发生其他意外。组织孩子外出活动时，最好佩戴明显的统一标志，做好安全教育，并要有足够的成人陪伴（可邀请家长做义工）。孩子排队时要间隔分散，队首队尾都要有人带领看护，特殊孩子更要专人看护，随时清查人数。离园时则要确认孩子交到家长手里并礼貌道别。

开园带班，安全事故防不胜防。但只要随时敲响警钟保持充分的安全意识，便能将事故的发生降到最低的限度。一旦发生任何事故，一定要尽快通知医务人员和领导，正确判断、快速处理，并酌情通知家长，同时主动向家长赔礼道歉，不可因轻视或隐瞒而延误诊治。而若真遇到不明事理的家长，则也需要拿起法律的武器来分清责任事故与非责任事故，保护好教师和幼儿园的正当权益。

六、家园互动反馈

在幼儿园班级管理中还有一项非常重要的工作，那就是与家长的联系和互动。关于家长工作，我们在下一节会有专门论述，这里只介绍一下班级教师如何与家长展开日常的互动。

一般而言，新入园及小年龄的幼儿家长对孩子在园生活会高度关注，恨不得时时刻刻都能看到、听到孩子的在园情况，有的甚至自己也出现入园焦虑心理。班级教师一定要充分认识、理解家长的这种心理，尽可能及早地与家长建立信任感，并尽可能及时、详细地向家长传递孩子的在园信息，让家长尽快地安下心来。

　　对此，全能宝宝体系提倡的做法：一是在开学前尽可能做好普访工作（需做好家访记录），让孩子和家长在开学前就与教师建立联系。最好还能够在开学前安排一系列亲子活动，让孩子们熟悉在园环境，初步适应集体活动。二是利用幼儿成长档案，让家长及时了解孩子在园表现。年龄较小的班还需要建立在园一周情况的反馈表，并建立家园互动联络关系（范例如下，以后可电子化）。三是尽可能利用每天的早晚接送时间及时汇报情况，与家长加强联系。一方面引导家长树立科学育儿观念，放松心态，一方面也通过与家长的积极互动而加强相互之间的了解信任，促进家园同步协力教育。四是可定期开展班级家长沙龙，邀请家长一起探讨大家关心的问题。五是可利用互联网等现代化方式及时向家长传送在园活动资料，并建立网上咨询、交流、互动平台。只要在入园初期建立良好的家园互动模式，到后面自然会越来越顺利。至于家长工作的其他策略与技巧，我们在后面一节中再述。

全能宝宝成长档案

班级_____

姓名_____

咨询电话：_____

全能宝宝主页

宝宝照片

宝宝姓名_____ 昵　　称_____ 生　　日_____

身　　高_____ 体　　重_____ 身体状况_____

兴趣爱好_____ 主要特长_____ 主要缺点_____

最喜欢的人_____ 最喜欢的东西_____

爸爸姓名_____ 单　　位_____ 联系电话_____

妈妈姓名_____ 单　　位_____ 联系电话_____

家庭住址_____ 电　　话_____

接　送　人_____ 联系方式_____

需要老师特别关照的特殊情况_____

全能宝宝成长记录表（　）

宝宝姓名：＿＿＿＿＿＿＿＿　　　　　记录时间：＿＿＿＿＿＿＿＿

行为表现记录	
分析建议	

记录人签名＿＿＿＿＿＿＿＿

宝宝在园一周情况反馈表（小小班、小班）

班级＿＿＿＿＿＿　　　姓名＿＿＿＿＿＿　　　时间＿＿＿＿＿＿

入园情绪	会跟家长道别	会向老师问好	积极愉快	有哭闹现象
上课状态	积极参与表现	安静地听讲	被动接受	容易转移视线
进餐习惯	能自己吃完	吃一半喂一半	喂着吃	不太肯吃
午睡情况	主动入睡	哄哄拍拍入睡	睡时要玩	不肯睡
如厕情况	会自己脱穿裤子	会脱裤子不会穿	主动跟老师说	需要提醒
社会交往	主动和同伴玩	会帮助同伴	不愿和同伴玩	攻击同伴
行为规则	会排队等候去玩	能安静地坐下来玩	东西放到指定位置	不太会听指令
集体游戏	主动参与游戏	愿意参与集体游戏	看着大家玩	管自己玩
智慧表现	很会动脑筋	能跟着老师做	反应比较慢	不愿动脑筋
总体表现老师奖励				
注：老师奖励——宝宝的表现非常好（5颗星）、表现不错（3颗星）、表现一般（2颗星）				
家长反馈意见				

家长签名：＿＿＿＿＿＿＿　　　日期：＿＿＿＿＿＿＿

第三节 全能宝宝家长工作

　　家长工作是个宽泛的概念，似乎办学机构里所有与家长有关的工作，都可以被称之为家长工作。但全能宝宝教育体系的家长工作，外延还要宽泛，内涵也更深化。它从一般幼儿园的家园联系工作扩展到了整个机构管理意义上的民主决策参与以及整个课程意义上的家园同步教育，还从幼儿园内部教育延伸到了入园前的亲子教育以及从生命起点开始的优生优育优教"三优"指导工作。可以说，家长工作从一个家庭的婚姻缔结，一个新生命的孕育生产开始，涵盖了0—7岁整个生命开端阶段的奠基性、全面性、持续性父母指导与家校共育工作，其涵义还可以在此基础上再往上延伸发展。

　　将家长工作置以如此重要的地位，是因为全能宝宝体系对于人的发展的深刻理念与广域认知。每一种教育观念对于教育环境都有特定的要求，比如若是只强调孩子的智力开发或技能学习，就只要把孩子置身于一个专门的教学环境来予以强化训练即可，这也是当前一些商业早教机构通常宣传的观点——定期把孩子送到一个课堂里去训练。但如果是想要全面发展孩子的素质能力，就必须让孩子回归到生活本身，在丰富自然的生活情境中感知、体验、学习。

　　全能宝宝着眼于全人格发展、全息化影响和全景式环境的理念特色，决定了必然要将教育植入整个生活世界之中，就像某一本书所说的，"整个世界都是教室"——这个"世界"，不仅是指自然世界、社会世界、科技世界，更包括孩子身边的家庭内外的世界。这样的教育，意味着时时刻刻影响着孩子的父母才是第一导师。父母的这种影响力，不是只有在父母想起来对

154

孩子进行教育的时候，才会存在，而是从两个人恋爱结婚组成家庭那一刻起，就开始了。一对夫妻的交往模式，一个家庭的文化氛围，在孩子诞生之前就已经存在，并继而影响到孕育、生养、培养的每一个环节、每一个细节。因此，真正有效的家长工作，是需要从家庭起点开始，对想要为人父母的新婚夫妇、孕期的准父母和0岁起步的父母及带养人开展优生优育优教的生命开端系列培育指导工作的。而孩子入园以后，则更要将幼儿园教育与家庭教育视为促进孩子平衡充分发展的一对翅膀，来开展目标统一、双剑合璧的家园同步合力教育。全能宝宝管理体系的家庭工作，便围绕着这样的全面、立体、深入、持续的理念而展开。

一、摆正家长主体地位，引导家长深度参与

如何开展家长工作其实与幼儿园如何看待家长有关，就像教师持什么样的儿童观便会决定其如何开展教育活动一样。管理者的家长观影响着其对于家长工作的目标定位，影响着家长在幼儿园中的地位。

很长时间以来，家长都是以配合者、从属者的身份进入幼儿园系统的，似乎把孩子交给老师带，便是交出了教育职责，自己可万事大吉；而幼儿园也常常持着这样的观念，仅仅把家长视为配合者，只在当孩子有问题、出状况时，或者在园方需要家长帮助解决问题时，才会主动找家长沟通交流。至于到底在做什么、教什么，是如何安排孩子一日生活及教学进度的，这些都会被幼儿园视为自身的事，有意无意地对家长封闭信息，而似乎也没有家长能够意识到自己对幼儿园的教育决策具有知情权和参与权。

随着社会与行业发展，一方面，市场竞争把家长推到了消费者的位置，开始具有了维护消费权益的意识，另一方面，对于早期教育的认知提升使得家长越来越关注幼儿园的教育。同时，随着对孩子成长的不断重视，家长也越来越愿意主动地参与到对于幼儿园教育的选择、判断与交互行动中。这样

的发展走向，势必会引发家园之间的冲突。幼儿园一方面不得不公开信息大力宣传自身的教育理念与教学特色，以吸引社会认可与市场投资，另一方面又苦于不知如何来应对家长们日益增长的教育判断力与维权要求。记得曾有一位园长向我诉苦，说现在的家长真不好对付，一帮海归家长派代表来园方考察，要通过与园长和教师的对话来了解幼儿园的教育理念与特色，满意了才会把孩子送进来。即使园方搬出什么蒙台梭利、奥尔夫、感统之类的外来理论来"糊弄"也根本无法使家长们买账，因为家长们看的是原版书，比园长老师还要懂。这种家长的自身成长趋势大大增加了家长工作的难度，也加速了深化家长工作的急迫性。

那么，如何摆正家长在幼儿园教育中的位置呢？这首先需要明确家长工作的目标定位。所有的家长工作，终其究竟，都是为了更好地配合园方做好孩子的教育工作，那么，怎样才能达到这个理想目标呢？前提是，必须形成家园合力。而这就意味着，首先，需要让家长树立家园共育的责任意识与观念，而不是简单地把孩子交给幼儿园卸下教育职责。其次，还要让家长全面了解幼儿园教育目标及理念特色，目标一致，认知共鸣，才有可能同心协力去行动。第三，要让家长理解幼儿园并积极支持。除了信息发布公开宣传，更重要的是要吸引家长积极参与幼儿园的教育教学与管理工作，让家长亲自投入进来，才能真正形成有效合力。第四，在这一过程中，幼儿园作为专业教育机构，要随时帮助、带动、指导家长学习掌握科学的教子育儿知识与方法。这一系列工作最后都是为了促进家与园、家与家之间的交流与沟通，形成共识合力，逐步实现家园同步教育。

根据这样的目标定位，我们便可认识到，其实家长是幼儿园教育的同盟军，是教师的天然合作伙伴。幼儿园必须越超家长是消费者、配合者的认识，而将家长摆放在幼儿园教育共同主体的平等地位上予以尊重关注。只有园方与家长齐心协力，才能真正有助于家园关系的良性发展。在这样的认知前提下，吸引家长多层次参与则成为家长工作的首要任务，因为，唯有家长的亲身参与才能使家长从幼儿园旁观者角色真正转化为教育协同者角色，从而逐步确立自身在幼儿园教育中的主体地位；同时，也唯有家长亲身参与幼儿园的教育活动，才能对幼儿园的教育目标、内容和方法有更深入的了解和正确的把握，才能使幼儿园对于家长的外部要求真正内化为家长自己投入合作教育的需求与愿望，从而积极主动地使自己的教育行为与幼儿园要求趋向一致；另外，家长参与幼儿园教育活动的过程，事实上也是家长检验自身教育观念与能力，促进家长自我学习、自我提高的教育助长过程，而家长在幼儿园活动参与中得到的一些教育观念和方法上的启示便会自然迁移到自身的家庭教育实践中，从而提高整体育儿水平。也因此，家长参与是幼儿园及相关办学机构家长工作的核心与主线，是家园双方互动合作的起点和目标，也是顺利实施家园同步教育的成功保障。

那么，如何开展家长参与工作呢？全能宝宝体系经过长期研究探索，总结了三个层面的家长参与工作。

1. 基础层面：家长作为支持者和学习者参与幼儿园组织的一些活动。这是一般幼儿园都会采纳的方式，比如家长会、家长学校、家园联系册、家访、电话联系、日常咨询、亲子活动、家长开放日、家园小报、网页展示等。这一类活动基本上还处在幼儿园向家长告知、家长被动接受的单向交流层面，参与的内容也只与自己的孩子有关，主要是通过观察与交流了解孩子在园生活表现，学习有关教育知识，反馈孩子家教表现，以支持配合幼儿园教育，共同促进孩子进步。

2. 内涵层面：家长作为志愿者和协同者参与到幼儿园的教育教学实践服务工作中。比如作为辅助工作人员与教师一起带孩子外出或举办大型活动，结合自己的职业或兴趣来园为孩子讲课或为家长做报告，协助教师做好某方面的教育或教学工作，帮助创设幼儿园环境或制作提供教具玩具，组织家长沙龙及相关学习讨论活动，参加幼儿园的一些捐助活动，等等。这一类的参与已经涉及幼儿园日常教育活动及课堂教学，家长所要关注的也不仅仅是自己孩子的情况，而是把幼儿园整体教育事务也纳入了关注考虑的范围。这种双向参与方式，更有利于家园之间的互动，使家长更深入了解幼儿园的教育目标内容方法，也使教师更清楚地感受到来自家长的配合与支持，使家长与幼儿园双方能够在较为亲切的气氛中相互交流信息、意见和建议，是新时期办园管理中最需要大力提倡的家长工作方式。

3. 决策层面：家长作为合作者与决策者一起参与幼儿园的教育管理活动。比如家长以家长委员会、园务理事会、家园联合协会、家长代表大会等各种形式参与幼儿园教育制度的制定与执行、教育改革举措的出台与实施、幼儿园重大教育活动的设计与组织、幼儿园各方面工作的监督与评价等等。这是一种内容最广、介入层次最深的管理式的家长参与，是家长作为与幼儿园完全平等的教育合作伙伴的前提下的一种理想参与模式。

以上这几种参与层次是逐步递进的。每个层次的参与形式对教师和家长的素质水平也提出了不同的要求，尤其是最后一种家园协同管理的决策参与模式。作为办学方要在态度上充分尊重、信任家长，相信家长的深入参与有助于孩子及幼儿园的发展，还要在专业理念、管理思路、教育组织上有较强的自信心和组织才能；而参与决策的家长则要能从幼儿园的整体发展而非个人的主观意愿出发来客观地提出自己的意见和看法，还要有相应的文化水平和专业认识来帮助幼儿园切实提高管理水平。但这种决策层面的家长参与模式恰恰是全能宝宝体系所要提倡的家长参与发展的目标和理想所在。此理论基于以下思考：

第一，人们通常对执行自己没有参与制定的决策缺乏责任感。要提高家长的合作教育意识，就应该让家长参与教育决策过程。

第二，整理信息、决策和推行的过程本身就具有教育意义。在家长参与决策过程中，家园双方相互学习，有利于提高管理技能与质量。

第三，因为家长最了解孩子所处的家庭环境和个人情况，家长有权利参与教育过程的规划并提出自己的意见和看法，以促进家园共育。

第四，随着社会发展，家长越来越有民主权益及参与意识，而家园双方为了孩子的共同发展诉求而走在一起共识决策，这本身就是民主协商开放合作的公民意识表现，还能给孩子以积极的熏陶影响。

事实上，这样的理想参与模式已在中国的幼教实践中初露端倪，有的是家长和教育工作者共同发起、举办家长联合会所，有的则借鉴华德福教育理念模式举办协约式的公益幼教机构。接下来，全能宝宝体系将从社区和国际园基地着手开展这一决策层面的家长参与民主管理实验，以探索推动这一家园同步教育管理机制在社区亲子组织和主流幼儿园机构的双向实践化发展。

二、把握家长沟通艺术，建立家园和谐关系

对于家长工作而言，家长对幼儿园活动的参与是基础，但园方与家长之间的交流沟通是关键。许多园长及教师觉得现在的家长工作难做，主要是指与家长沟通不畅而引发许多误解。尤其在班级工作层面，教师几乎每天都要与几十个孩子的家长沟通，如果沟通不当、交流失效，那么再好的活动也难以激起家长的参与热情，再有用的信息也无法顺利地传递给家长，再多的努力也不能保证家长工作的成效。因此，家园之间的有效沟通，是做好一切家长工作的根本，也是建立家园和谐共育关系的核心，而多层次的家长参与活动，则是促进家园交流沟通的基础与保障。

那么，幼儿园如何把握与家长之间的沟通艺术呢？全能宝宝教育提倡以下方法策略。

1. 创设对话的心理氛围，以开放姿态接纳家长

幼儿园与家长之间能够畅通有效沟通，在很大限度上决定于两者之间的心理关系：是平等、开放、信任的，还是对立、封闭、质疑的？想要让家长建立对幼儿园的心理信任，愿意与园方敞开心扉沟通，首先就要在家园之间

建立一种平等开放、自由民主、和谐快乐的对话氛围，用一种真诚去呼唤真诚，用思想去碰撞思想，用心灵去贴近心灵，而不是强制灌输单方意志，或被动接受对方意见。

这种对话心理氛围的建立，首先需要园领导和教师增强亲和力，以开放的姿态去接纳每一位家长。不管这位家长是否"好说话"或愿意配合，都要面带微笑，以尊重信任、开放包容的亲和与热情去真诚以待，给家长平和、放松、信赖的心理感觉。在这一基础上，还要确切把握沟通对应信息，即根据家长的不同阶段、不同特点、不同要求来有的放矢地加以区别对待。比如孩子新入园时，家长往往对教师满怀信任、敬畏和遵从之心，抓住这个时机做好家长工作，让家长重视幼儿园的活动，形成良好基础，后面的工作就比较容易展开；再就家长个体特点来说，对待一些知识层次高、见多识广的家长，教师可以用更专业的语言和他讨论教育或社会问题，而对于文化层次相对较低的家长，则用一些拉家常式的交流更能引起家长的对话兴趣。教师对家长了解越多、越细致，就越能找到沟通的切入口，赢得家长欢迎与信任。

另外，对话氛围的形成，并不是一朝一夕之事，往往需要经过一定的交往积累才能逐步形成彼此的情感融合与心理信任。这就需要教师深谙"功夫在诗外"的道理。不是只有在遇到孩子教育问题时才和家长建立沟通关系，相反，平时有空时去做个家访，与家长聊聊家常，多关心孩子在家的情况，假日里邀请一些家庭共同参与亲子活动等等，这些活动都有助于与家长建立感情基础，从而创造沟通契机。

2. 运用巧妙的表达方式，以语言艺术感染家长

前面讲的是沟通的态度问题，即通过亲和包容的接纳和真诚热情的关心来与家长之间创设良好的心理氛围，为敞开对话创造环境条件。但若要真正达到有效沟通的效果还需要依赖于一定的语言艺术，即学会运用巧妙的语言表达方式。这里有口头语言与书面语言两种表达方式，其中口头语言由于直

接、简单、便捷而在日常生活中使用的频率更高。但因为口头语言带有情境性、随意性的特点，往往也更容易使沟通陷入误区，因此特别要引起教师重视，多多注意自己的语言表达。

关于家长工作的沟通技巧，全能宝宝教育特别强调语言表达的积极性、尊重性、真诚性与客观性。具体而言，要做好以下几点：

一是要先肯定优点再描述事件，以积极语言引导家长。尤其在向家长反映孩子一些不良行为时，一定不能劈头盖脸直接"告状"，也不要用带有情绪倾向的语言来向家长表明事件的严重程度，这会一下子使家长陷入抵触对抗心理或沮丧不安情绪，反而不利于沟通对话。而是要先肯定孩子的优点，再就事论事地描述事情的经过，这样的语言方式更容易让家长感受到教师的诚意，而愿意积极对话以达成有效沟通。

二是要先征询意见再宣布决定，以真诚尊重对待家长。在幼儿园教育管理过程中，经常要采取一些牵涉家长和孩子切身利益的改革举措，比如改变接送时间、调整班级、捐赠钱物、组织活动等。其中有些事情对家长来说或许是不乐意主动去做的，但对于幼儿园教育来说又是必要的。在这种情况下，就非常需要先以征询的口吻或书面的方式向家长说明这样做的目的意义，并就活动的内容方式及可能遇到的问题先征询家长的意见，再发布尽可能贴近家长需求的决定。这既是对于家长权益的基本尊重，也更有助于得到家长认可，使家长感受到自己得到了尊重，从而更容易从被动接受转变为积极配合。

三是先表示歉意再提出要求，以谦卑态度感化家长。无论教师付出多大努力，幼儿园有多好的设施条件，幼儿园的工作都不可能做得尽善尽美，更不可能满足每一位家长的需求。向家长求助，或向家长提出这样那样的要求，是幼儿园教育中不可避免之事。虽说要求家长参与幼儿园活动是出于教育需要，但多多少少会给家长带来一定的麻烦。在这样的情况下，如果园方能从家长的角度考虑，先向家长致以真诚的歉意，再以理服人，提出合理的要求，就更容易得到家长的体谅支持。而对于家长的配合协作，也一定要真

诚地予以感谢，以感恩谦卑之心去赢得家长的同心协作。

四是先调查研究再发表看法，以客观理性说服家长。在与家长的沟通过程中，不可避免地会出现与家长观念的冲突从而被家长误解，此类情况有时是因为家长不了解自己孩子与别的孩子的差别而误认为教师对自己的孩子有偏见或过分苛刻。这时就特别需要教师更具体细致深入地对事件进行调查了解，确切把握事情发生的缘由及其有关信息，用真实客观的事实来晓之以理、动之以情，注重论据的研究分析，用理性去争取家长的理解认可，使家长心服口服并支持合作。

3. 把握恰当的沟通界限，以专业意识影响家长

我们提倡与家长平等交流、开放对话，并不意味着教师与家长之间可以毫无顾忌地有什么说什么，正如再亲密的朋友之间都会有一些不愿让对方轻易踏入的禁区。教师和家长作为各自属于不同群体的工作伙伴，更要注意交往的有礼有节，保持一定的沟通界限。这是教师作为教育工作者必须建立的专业意识，也是对家长积极正向的影响力。

首先是不要轻易打听家长的隐私。为了孩子的教育问题，我们有时确实需要对孩子的家庭背景、家长的情况作一些深入细致的了解。但一些涉及家长的隐私问题，如果家长自己愿意交流，那么就抱着一颗平常心来耐心倾听并真诚提出自己的建议，否则就不要轻易向家长询问，更不应该向孩子打听，这有可能会对沟通造成障碍，无助于问题解决。

其次是不要在家长面前盲目比较评论。孩子永远都是自己的好，这是做家长的自尊，也是父母的爱心体现。因此，要使家长客观地了解孩子在群体中的表现，可以通过邀请家长来园观察，或让家长填写观察记录表的方式来进行引导。而在与家长交流时一定要注意维护家长的这种情感自尊，不要在别的家长和孩子面前议论孩子的不是，更不要与家长谈论别的孩子家里的三长两短，以免带来不必要的麻烦，同时也有损于自己的专业形象。

三是不要在家长面前随意地抱怨工作。在幼儿园工作中，免不了会产生对领导和同事的一些抱怨情绪。如果针对幼儿园教育实践中存在的问题和家长进行客观的、积极的讨论，这是非常有助于工作的改善和发展的。但如果不顾及大局影响，在家长面前随意地表达对领导和同事的不满，或者从中制造事端，则不仅会影响到幼儿园的整体形象，也影响到教师的个人形象，并给幼儿园的家长工作带来负面的作用。

当然，家长工作中的沟通艺术远远不止这些内容，比如如何抓住最佳的时机，如何学会听话听音，如何运用恰当的体态语言，如何以更好的书面方式来解决难以启齿的难题，等等，这些都是值得在实践中进行不断研究的课题，教师和家长完全可以根据自身的实际情况和具体情境灵活地创造最为适宜的沟通艺术，使家长工作有礼有节、适度有效地进行。

4. 提高自身的全面素养，以良好形象吸引家长

以上对话心理氛围的创设和语言沟通技巧都还只是做好家长工作的必要条件，而教师自身的专业修养和人格魅力才是真正能使家长工作中的对话关系得以更好地建立并且持续发展的内在机制。因为在家长工作中，家长与教师之间的沟通主要围绕着孩子的教育问题而进行，家长对教师的专业信任和教育依赖是家长真正的内在需求。因此，一个具有良好专业素质和丰富实践经验的教师更容易在家长心目中建立有魅力有权威的形象，也更能让教师树立起与家长平等交谈、深入对话的信心。而教师的专业化程度越高，也越能准确地把握孩子的心理和家长的需求，从而有效地与家长对话，获得积极的沟通效果。

因此，教师一方面要通过各种形式的学习进修不断提高自身的专业修养，另一方面还要在家长工作实践中真诚地与家长交流，虚心地向家长学习。教师不仅要掌握幼儿园教学本身所需要的专业知识和技能，还要尽可能地了解家庭、社会、哲学、经济等各方面的知识和信息，以高素质的专业形

象赢得不同层次家长的信任和尊重。

这些要求，对于经验丰富的成熟教师而言或许并不是难事，但年轻教师初出校门、阅历不深、经验不足，该怎样做好家长沟通工作呢？这就需要建立良好的形象来吸引家长，赢得家长的信任尊重。我曾经用手指比拟三种形态来表达教师与家长之间的关系：

第一种是低头弯腰姿态，这是指对家长的服务意识。不管出现了什么问题，不管对错在谁，当事件发生对孩子或家长造成一定的影响时，教师一定要以服务者的谦卑姿态来面对家长，真诚地对家长致以歉意或感谢，坦诚自己的照料不周，请求家长的理解体谅，感谢家长的配合支持。

第二种是平和挺立姿态，这是指与家长的平等意识。面对任何事情都应平和以待、平等对话，不要盲目指责或委曲求全，而是要有理有据摆事实讲道理，用客观理性去解决问题。

第三种则是昂首挺胸姿态，这是指对家长的专业意识。不管是多么年轻的教师，在家长面前都是专业工作者，都应带着这样的专业意识与自信心去积极面对家长的各种问题，并按自己的理解和学习来努力应对处理，积累经验、不断坚持，就会逐步赢得家长尊重与认可。

以上这三种姿态相辅相成、彼此促进。一个越自信的人，就越懂得谦卑待人、平和应事，而一个越有服务意识和责任心的人，就越能够积极进取、虚心学习，以不断提高自己的业务素质与自信心，以良好的人格魅力和专业形象与家长建立积极对话关系，促进沟通的顺利有效进行。因此，不断提高教师自身的全面素养，是切实做好家长工作的根本保障与创造动力，为此，需要每一位教师做出积极努力。

三、实施家长同步课程，促进家园合力共育

全能宝宝体系对于家长工作的探索研究经历了长达十几年的实践发展历

程。最初是在宣传沟通层面，即如何采用多元有效的方式去向家长传播幼儿园教育的理念与特色，以引起家长对幼儿园工作的关注与重视。这包括创办园报、建立家委会、开展家长沙龙讲座等等信息传播手段。在此基础上，全能宝宝体系又进一步深入探索家长参与的系统化结构，包括园级、年级与班级的不同管理层面参与，日常、定期与阶段性的不同频率层面参与，针对某个孩子、某个家长或某个问题、某项工作展开的个别化、专题化参与和针对整个孩子或家长群体而展开的全面性、广泛性指导参与等点面结合的层面，再加上书面静态的、现场动态的、短期快餐式的与长期规划性的等等其他层面家长参与方式，最终形成了家长参与工作的全方位实践体系。这样的多元立体式家长参与实践活动增进了家长对幼儿园教育的理解与支持，有效缩小了家庭与幼儿园的教育目标差距，促进了家长与教师之间的人际交流和彼此的宽容理解，从而变消极对抗为积极互动，能帮助家长更快地转变教育观念，更好地掌握科学教育方法，从而促进孩子的在园适应和家庭教育。同时，家长在参与中的真诚表现与积极反馈，也大大鼓励了教师的工作热情，让教师深切感受到自身的工作价值，激发出教师更强大的工作动力、更自律的工作精神，激励他们向更高的工作目标不断超越进取。

但家长工作的探索与价值还不止于此。在研究历程中，我们深深体会到，只是在教育课程之外来探索家长参与工作，还远远不能切入幼儿园教育的内涵而真正起到家园同步的共育之效。要实现真正意义上的家园同步教育，必须将家长工作纳入教研轨道，甚至纳入与师生每天朝夕相处的课程体系。就这样，我们又开展了家园同步课程研究之旅。经过数年的编写整理，我们终于完成了2—7岁每学期、每月、每周的家园同步课程教育方案，将幼儿园教育与家长指导完全同步合一，从目标到内容真正体现"目标一致、方案有别、相互促进、殊途同归"的家园同步教育理念。

下面，我们就针对家长该如何实施全能宝宝家园同步课程作一些方法策略与实践步骤上的阐述指导，供参考应用。

1. 从传播入手，帮助家长正确把握全能宝宝教育理念

一切行动结果都来自于观念驱动。也因此，对于教育者来说，一个正确的教育观念，胜过一千种教育方法。这一点对家长尤为重要，因为家长面对的是性格独一无二的自己的孩子，不可能像学校那样用统一的教学方法和流程来组织群体严格执行，而是极其灵活多变，这就更需要建立科学、坚定的教育观念，否则就容易陷入偏颇或误入歧途。当前中国许多社会问题的存在，不仅仅只是因为学校教育本身的失职，更多是由家庭开端教育的失范造成，需要从父母源头着手改善。

全能宝宝同步课程的实施，首先要从理念传播角度，让家长理解全能宝宝教育是什么，有着怎样的教育理念与内涵特色。总体而言，全能宝宝教育的理念特色可概括为以下几方面：

一是全面完整性。全能宝宝来自于"完整儿童"的概念，是指一个人生来就是完整的个体，需要全面整体发展。因此，全能宝宝理念是指要使孩子从出生开始，就要在身体、认知、情感、社会、道德、艺术等各方面都全面、充分、整合发展，而不是指在分项技能技巧比赛中获得"全能冠军"，也不是像一般教育体系一样，将智力开发与人格成长割裂开来予以强化训练。打个比方，如果一般的各科教学与智力开发是一棵树的各个枝丫的话，全能宝宝就是一颗完整的种子，从生活的土壤里长出健康鲜活的人格大树主干，再将这些学科智能的枝丫联结在一起，成为一个健康、聪明、活泼、能干的"全人"型阳光儿童，在健康全面的人格基础上成长为健全和谐的"完美成人"。

二是主题整合性。正是因为全能宝宝是"整个儿"的教育，所以它区别于一般以学科分类或智能分项的教育，而是先按主题线索来安排序列，再将各学科内容和手段有机地整合到相应的主题中，通过主题目标来进行串联。举个例子，家庭主题是围绕着一个人对于家庭认知、家庭情感、家庭责任、家务技能等方面的完整人格发展目标，在此目标下收集或创造各类有关的语言、科学、音乐、美工、游戏等各学科内容及手段，有机地融合编排成整个主题活动。在这里，主题目标是教育根本，各学科则是为了实现这一核心目标的内容与手段，是为人格整体发展而展开多元化学习，而不是为某方面学科知识而强化训练。这种主题整合性使得全能宝宝丰富多样的百科知识性形成了脉络清晰、结构完整的逻辑系统，内容丰富，孩子学起来也实用有效。

三是生活全息性。全能宝宝的课程主题完全来自于生活，体现出"以天地为课堂，以万物为教材"的全息性特点，是从影响全人格发展的个体生活、家庭生活、社会生活等各个视角去选取孩子感兴趣同时又富有全人发展教育价值的典型性生活资源来按季节编排成的各个年龄阶段的主题单元，再细化成每一周、每一天的主题内容。整个课程包含了一个人一生中所需要用到的全息化百科知识种子，并形成了螺旋上升、深化递进的内涵体系，是真正为孩子的生活进程而学，应人生的全面需求而学。

四是游戏体验性。当前的幼教发展已经越来越强调寓教于乐、学玩结合的快乐体验式学习，这是以儿童为本的自然本位理念与东方以发展为本的社会本位理念开始融于一体的必然走向。既要注重孩子的玩乐自由天性，又要注重社会的教育期望发展，这便是全能宝宝所提出的"快乐第一、发展第一"基本理念所在。因此，全能宝宝课程不仅一切内容来自于生活，注重在生活中学习、在实践中成长的活动体验性，还将游戏理论与教学理论完全统整合一，把整个教学过程设计成主题情境游戏情节，把整个课堂变成游戏乐园，让孩子置身于童话般的游戏情境中，轻松有趣地快乐学习，积极主动地实效发展。

五是主动创造性。全能宝宝课程的理念整体性、目标主题性、内容全息性、方法游戏性都是建立在以孩子为主体、以创造为导向的全新儿童观基础上，既不把孩子视为被动接受成人灌输的空容器，也不把孩子当作可以由成人任意涂抹的白板纸，而是充分吸收"孩子的一百种语言"瑞吉欧教育理念，将每一个孩子都视为具有独特生命价值和非凡创造潜能的学习主体，将每一个主题都视为在教师、孩子、家长之间共同展开的探究性学习过程。以孩子的视点为中心展开主题探索，以孩子的创造为导向进行自由表征，让课程成为主动学习和自由创造的幸福载体与快乐通道。

六是终身奠基性。全能宝宝课程之所以要做这样全方位的专业化设计，是因为充分认识到教育不是为了满足成人的意志需求，也不是为了短时的功利目的，而是要为孩子童年生活的快乐成长打下基础，更为未来幸福人生的终身发展做好准备。正是在这个意义上，我们必须在人生初期的人格启蒙阶段，做好每一步的科学播种与精心培育，不因地基不牢固，而让筑起的人格大厦倾斜倒塌，不因苗种不健康，而让生长起来的幸福大树患病枯萎。

2. 方案对应，引导家长全面了解全能宝宝课程特色

理解了全能宝宝教育理念与特色再来解读全能宝宝家园同步课程方案，就比较能够有的放矢了。在实践中屡屡遇到教师们不懂得如何实施全能宝宝课程的情况，并不是因为全能宝宝课程有多少难懂，而是教师带着固有的教育理念与课程意识，而不愿意好好去细读研究全能宝宝课程方案的缘故。我曾经对着一位从未有过幼教经验的小伙子读了十分钟的课程方案教材文本，边读边让他想象这个课程的现实教学情景。他一下子就明白了，说只要走对门，全能宝宝课程很容易实施，几乎每个人都能上好；但若门不对，就怎么也走不进去。这个"门"，便是对全能宝宝课程理念与特色的把握。教师只要对应现有的教材文本，认真仔细地研读课程方案，便能帮助自己并引导家长全面了解全能宝宝课程特色。可以从以下几方面入手：

一是教材结构整体把握。教材结构就像是一幅地图，会告诉使用者如何把握方向、找对路径。要选好自己要走的路，懂得哪儿出发、哪儿到达，就意味着一定要整体把握教材结构，而不是断章取义拿起一天的教案就开始上。全能宝宝家园同步课程整套方案共分为2—7岁（小小班—学前班）五个年龄阶段上下共10册，每一册除了前言、目录等，还包括课程理念解读和教

材使用说明。这一部分是理解整个方案的前提，应用者一定要认真解读，才能有助于后面的实施把握。接下来是整个学期主题的目标概览，方便应用者从一个学期的视野来整体把握。这之后才是各个月主题方案的详细展开，每个月都包括主题网络、设计思路、主题目标、每周分主题、环境创设、在园活动安排、家园同步温馨提示、作品与资料附录等相关内容，整个结构就像是地图上从整体到主干再到支线再到场景层层展开，步步引导应用者到达目的地。

二是分层对应细化理解。把握了教材整体结构和路径以后，接下来就要根据自身的需求来进行细化理解对应了。这个过程就像先看整体的地图，分清东西南北及大致方位，接下来就要细细对照该从何处出发去自己的目的地了。这首先需要对应的是年龄阶段。在整体结构把握中，我们需要教师基本了解各个年龄阶段的课程结构序列概貌，而这里，就需要重点去理解自己所教的这一本教材。对家长的引导也是如此。比如，如果是新入园小小班，就需要引导家长对照教材来理解，第一个月为何要安排"做个笑娃娃"，如何将分离焦虑的入园现实问题，转化为引导孩子逐步适应入园的课程实践。再比如，如果是大班第二学期，则要让家长理解如何通过"小书包大世界"的主题，来引导孩子认识文具，与书交朋友，了解各种文字以及认识小学生活来展开入学准备教育。这样，才能逐步让家长明确孩子各个年龄阶段的重点目标与主体方向，各个阶段解决各自的侧重问题的方法，而不是盲目地急切地拔苗助长，或忽视当前的重点问题。

三是因地制宜实况分析。理解了本阶段的对应重点问题，接下来就是如何根据现有条件付诸实践了。这就相当于我们在地图上找好了方向与路径，接下来考虑如何出发、如何行动了。这必须以现有实际条件为基础，这包括师生主体条件与环境设施客体条件两方面的实况考量。比如，就自然季节来说，这套课程是按中国江南地域的一般气候特征来编排的，但对于北方地域来说，有关季节的课程主题就与实际生活不相匹配了，需要做较大的调整。

而哪怕是在同样的江南地域，比如中班下册春季主题中有"奇妙的春雨"一周分主题内容，但在上到这个内容的时候并不一定正好是雨季，这就需要根据天气预报灵活调整主题序列，以使课程实践真正符合生活场景。记得曾经指导教师设计实施过"雨中乐"的教学活动，在春雨季节，让孩子们穿着雨衣雨鞋、撑着伞在雨中玩接雨听雨、踩水花、洒水车等游戏，孩子们边学边玩、不亦乐乎。这种乐趣与效果只有在雨天的情境下才能让孩子体验到。另外，城镇、农村的孩子，面对同样的课程内容所展开的课程实践也完全不一样，都需要应用者进行因地制宜的调整创造。正是在这个意义上，我们把全能宝宝课程方案比喻为给孩子提供生命基本营养的"优质之米"与"纯净之水"，可以任由各地教师和家长按自己的条件需求制作成各种点心和饮料，这样，便将一个具有全面营养的标准课程，真正有效地转化为每一个地域、每一个幼儿园甚至每一个家庭的"园本课程"与"家本课程"。

四是家园协作殊途同归。家园同步幸福课程，以幼儿园为主体，是在幼儿园教育主导之下带动家庭教育发展的双向课程。这意味着家庭和幼儿园是双向路径整合发展的，而非只是一味跟从幼儿园或只是满足家庭教育的单向所需。在研发这一家园同步课程时，我们提出"目标一致、方案有别、相互促进、殊途同归"的原则方向，便是充分考虑到了幼儿园的集体性、统一性与家庭的个体性、灵活性这两者的根本区别，因而整个课程的展开是以幼儿园为主体、家庭为协助策略的。但在家庭教育的角度，则必须以家长为课程实施主体。教师不仅要指导家长全面理解幼儿园课程教学的目标，更要帮助家长树立在家教学的责任意识，一方面指导家长认真阅读家园同步策略并因地制宜地付诸行动，另一方面还要指导家长利用亲子游戏时间或睡前阅读时间去带孩子学习每周主题后的作品与资料附录。在课程研究中我们花费了许多心思去收集、编排这一部分内容，就是为了让这个教材能够发挥亲子睡前阅读功能，不仅从数量上能够满足亲子共读需要，而且从内涵上成为各个年龄阶段的逻辑序列和目标导引，这是普通的亲子阅读材料所无法做到的。而只有这样通过目标一致和分层指导来将家庭教育与幼儿园教育完全地统整起来，才能真正达到事半功倍的教育成效。

3. 实践互动，指导家长有效应用全能宝宝同步策略

以上部分只是从家园同步课程方案的教材本身来进行对应理解与应用思考，接下来则是如何付诸实践行动的问题了。这是一个更为具体细化的问题，涉及教师每月、每周、每天与家长如何互动的问题。可以从以下几方面展开全能宝宝课程的家园同步指导策略：

一是环境共创亲子参与。在具体的课程方案中，每一个主题的展开都是把根据核心目标来创设环境作为起始环节，也因此，对于家长的同步教育指导也可以从亲子参与环境共创起步。教师需要提前一周来思考部署实施这个策略，即在上一周中指导家长阅读下一周的课程方案，明了自己在下一周的主题中需要和孩子一起来参与怎样的环境创设准备。这些环境创设准备，是在班级教师主导之下，由家长带领孩子作为主体来参与的。家长的参与是一种亲子陪伴与家园共建，而不是简单地把幼儿园的责任转嫁到家长身上。明确了这样的责任与价值定位，教师就能根据现实条件和需要清晰地整理出在接下来的环境创设工作中，哪些是必须幼儿园自身解决的，哪些是可以让孩子来参与的，哪些又是需要家长一起来参与共建的，然后目标明确、责任清晰地布置下去，并认真耐心地指导家长与孩子一起实施。这不是一个简单的环境创设过程，而恰恰是整个主题课程环境的师生亲子协作共创的过程展开，是家园同步教育实践不可分割的组成部分。

二是教学实录及时反馈。环境创设尽管是整个主题的序曲，但真正的主旋律还是每天的课程教学，家长也迫切需要了解孩子每天在园到底在学些什么，有哪些表现。全能宝宝家园同步课程作为给家长的同步教育方案，正是为了让家长全面了解孩子在园的整个课程目标与内容、方法与策略，从而做到心中有数。但这只是前一半的理论部分，后一半实践展示，则需要通过向

家长的实录反馈来完成。在实验的初期，还缺乏网络、视频等高效的记录反馈方式，我们只好通过图文结合的家园联系册或成长档案来向家长反馈。现在，则可以通过网络及时上传每个班级每天的教学实录照片或视频，让家长能够及时了解孩子的在园状况及每日教学的实施进展，自然而然就更能得到其对于课程的理解关注和支持参与了。

三是主题沙龙定期研讨。每天的教学实录只是局部反馈与片段展示，还需要引导家长对整体的主题进行深化理解，才能更好地把握家园同步实践策略。建议各个班级每周或至少每月一次召集家长开展主题沙龙研讨会，内容可根据各个主题目标及家园同步策略而展开。比如，小小班孩子刚入园前两周，可讨论孩子的分离焦虑情绪反应与安定情况，到后半个月，则可以根据主题目标转向对于在园一日生活流程的适应及自理能力的锻炼问题。大班九月新开学，则可以讨论规则制定及遵守问题，如何从幼儿园规则迁移到家庭的规则建立问题等等，这些沙龙研讨内容，既可以围绕每月每周的课程主题展开，也可以征集家长感兴趣的其他话题用来讨论分享，既可以在幼儿园老师的组织下进行，也可以由家长自行主持实施，不管是怎样的内容或形式，这种研讨交流活动本身，便是有效的家园同步教育实践。

四是家园互动多元交流。对于家园同步教育来说，参与促进理解，互动有利合作。除了环境创设、教学反馈、主题研讨等实践参与活动以外，还可以安排各种丰富多元的家园互动活动，来促进家园同步教育实践应用。比如，可实施家长导师制度，让家长轮流走进课堂给孩子执教课程。或者也可以让家长通过某些的体验来进一步了解感悟幼儿园教学生活，比如，节日庆典游园活动，可让家长担当组织者与服务者，来换位体验教师工作的辛劳。再比如，节假日可组织家长和孩子开展"假日伙伴"活动或亲子郊游活动。还可以通过家园报刊、网络等各种方式促进家园之间的实践互动与多元交流，指导家长更深刻把握并实际有效地应用全能宝宝家园同步教育策略。

4. 成果展示，促进家长主动建立全能宝宝共育意识

其实对家长的信任而言，更重要的是以事实说话、以效果服人，家长虽然欠缺对教育的专业认知，但容易因为对孩子的爱和事实的见闻产生感悟共鸣，因此，幼儿园要多利用孩子的在园学习成果展示，积极促进家长对于幼儿园教育的直观感知与效果认同，从而主动建立家园同步共育意识。可通过以下方式展示：

一是环境布置过程展现。 在全能宝宝教育实践中，环境布置不是预先的装饰摆设，而是孩子在园学习过程的展现。环境布置能逐步展现孩子的学习和进步。一般而言，在学期开学之初，各班级主题墙是留白的，随着每周主题的展开，孩子的绘画、手工等主题表征作品也一一展现在墙面上或角落中。家长每天或每周都可以看到孩子的成果作品，不仅能够直观地感受到孩子表达主题的心灵世界，还能真切地感受到孩子在园的学习进步，这会反过来促进家长对于幼儿园教育的认同与参与。比如，一位孩子做了给妈妈的"心意点心"，让家长感到"从梦里都要笑出来"；另一位孩子画了爸爸妈妈生气时的心情，让家长幡然醒悟。这些孩子的真心之作和及时展示，都能对家长产生有效触动，促进家园共育意识。

二是档案记录成长追踪。 全能宝宝体系作为瑞吉欧教育中国化的实践研究成果，很早就开始实施儿童成长档案的记录。这种成长档案的建立，并非是教师对儿童的主观评判，而是对孩子观察片段的如实记录。及时收集孩子的表征作品（绘画及手工、表演作品图像等），还包括孩子的体检表、手足印、学期报告单，以及教师与家长关于孩子的一些交流记录等，让家长一起参与其中，共同收集跟踪孩子的成长历程。将收集成果定期归入各个孩子的档案袋，等到一个学期或学年结束再拿出来展示交流，便会发现，孩子的成长足迹历历在目。这对于家长来说是一份很珍贵的礼物，也是直观的家园共育成果结晶。

三是主题交流成果汇报。除了平时的环境展现与档案记录，还需要开展阶段性的成果交流汇报。我们建议可根据全能宝宝课程安排每月一次的主题亲子会，比如，可在每月的最后一个周末组织家长来园与孩子共度半天的主题亲子会，通过孩子的表演、亲子游戏、作品展览等方式，来向家长汇报本月主题课程实施内容及成果，让家长对于本月主题内容有更具体直观和深化的理解，同时再向家长预告，与家长商讨下月的主题内容，做好承前启后的沟通准备工作。若能每月坚持形成习惯，相信能够更有效地激发家长的参与动力，逐步建立变被动配合为主动共育的责任意识。

四是社会实践生活应用。全能宝宝的教育真谛是为自己的人生而学，为现实的生活而用。真正的成果展示，是孩子对于幼儿园所学内容的实践应用，这一点同样体现在家园同步共育策略之中。可根据主题多安排一些社会实践活动，比如大班学习家庭主题后，可布置孩子开展"小鬼当家"活动，让孩子自己参与采购、洗刷、烹饪、清洁等家务劳动；学习职业主题后，可让孩子去充当记者采访各行业的工作人员，或者模拟体验相关职业角色；学习社区主题后，可让孩子参与社区环保、助人服务等活动。这些亲身经历的社会实践活动，既可以直接检验孩子的学习成果，同时又能让家长直观感知到孩子的成长状态，而进一步促进家园同步教育的积极认同与良性发展。

四、开展父母教育指导，提升家长全面素质

家园同步课程是家长工作的深化，父母教育指导却是家长工作的根本。我们要开展家长工作，是因为家长还不具备适应孩子成长需求的教育观念、知识与技能，还不能与幼儿园教育形成合力以共同促进孩子的良好发展。因此，家长工作的根本目标还在于促进父母自我成长，而不在于手把手地指导父母怎样教孩子。也就是说，如果每一位家长都已经具备了相应的父母知识与技能，都能将自身的父母意识和能力转化为对孩子的科学

教育行为，那么家长工作也就变得轻而易举甚至无需存在。因此，父母教育才是家长工作真正的发展之源与立足之本，需要从入园之前、进园之初就开始着手实施，并一直贯彻在整个幼儿园教育历程中，然后跟着孩子成长，贯穿一生发展历程。

父母教育的重要性从家庭而言，事关孩子的一生成长与整个家庭的幸福传承，从国家而言，则影响社会人才的培养与国家民族的富强。综观当前的社会乱象与教育问题，其实无一不与家庭教养的失范有关。用中国那一句古话来说，就是"子不教，父之过"。启蒙时期父母教育的缺失会为后续的每一阶段成长都留下隐患。而如此重要的父母天职却无需经过任何正规的培训就可自然上岗，这无论对于个体成长还是社会成才来说，都是莫大的失责隐患。因此，已有不少有识人士都已开始警醒并提出"父母需要持证上岗"的呼吁倡导，也有越来越多的个人与组织开始投入到父母教育的实践行动中，但在内容与方法上，却是五花八门鱼龙混杂：有的用心理学技术为支撑，有的用国学读经为手段，有的从自己的育儿个案中总结经验思想，有的用他人的研究成果做包装传播。一时间，整个家教市场风起云涌，教育专家辈出，育儿新经频传。这种现象虽然引发了大家对父母教育的逐渐重视，但也让更多的家长陷入迷惑混乱之中，不知该何去何从，从而引发一代人群体性的育儿焦虑。

那么，父母教育到底要教些什么内容，通过哪些途径去实施呢？

从发展趋势而言，父母教育也有一个从经验化、随意性到多元化、跟从性再到专业化、系统性的发展过程，目前正处在从第一个阶段到第二个阶段的过渡期。但作为专业研究者，更需要高瞻远瞩地将父母教育引导到专业化、系统性的发展视野。我个人认为，父母教育应被作为一门严肃的学科来进行专业化的体系建构，其学科基础应为哲学、人类学、社会学、心理学、生理学、教育学等共同构成的基本原理与认知观念，其次是各种育儿知识、方法、技术等构成的应用教学法体系，然后才是从各个角度与领域积累的经验与途径，比如有人用家法，有人用宗教，有人用心理学技术，有人用国学经典，等等。如此有序建构，才能真正处理好道术结合、本末相宜的基础与应用问题。因为父母教育不同于任何学科，它面对的是千姿百态的个体和一一对应的互动，一千个孩子便有一千种不同的教育方法，而同一种教育方法用在一千个孩子身上便有一千种不同的反应。因此，在方法的层面给每对父母一一指导是不可能的，只能在观念认知的层面引导家长充分了解孩子的发展特点，正确把握教育的规律，并从中学会迁移和创造，从而灵活、针对性地应用到自己的孩子身上。从这个意义上说，只有父母自己才能成为每个孩子的育儿专家，而父母教育的作用，就是帮助每一位父母成为这样道术结合、灵活应变的"育儿专家"。

我曾经在"全能宝宝父母大学丛书"的其中两本中详细介绍了父母教育从理论到实践的各个专题，比如在《换种思路做父母》一书中介绍了父母之道的影响力与素质构成，早教论坛中的观念、性格、习惯、智力、性格和经验，以及整个幸福人生引导中的各种意识、认知与能力的策略。而在《时时处处是教育》一书中，则介绍了生活大课堂的教育内容，生活情境中的五分钟随机教育，面对各种育儿问题的家教沙龙讨论，等等。这两本书中所写的内容，是我十几年来从事父母教育实践研究的经验集锦，几乎涵盖了父母教育的各个方面，但还是觉得无法包罗万象，需要从根本上去重新梳理父母教育的"基本知识法则"。因而，我又从中概括了十大主题作为父母教育的基础培训内容，在此分享。

1. 给我一双慧眼吧——父母成功的秘诀

这是指父母如何看待儿童、对待与儿童关系的问题，也即是儿童观问题。影响父母行为的根源不是方法、不是知识、不是技能，而恰恰是如何看待儿童的基本观念，这是决定父母能否成功育儿的根本。我们将此定为父母大学第一讲，基本内容总结为四句话：一、孩子是人；二、孩子是独特的人；三、孩子是发展中的人；四、孩子是需要全面发展的人。这四句话的意思是，首先在人格上平等看待儿童，尊重儿童与成人同等的一切权益；其次是在心理上理解孩子与成人的不同，欣赏孩子好奇爱玩的独特天性，关爱保护孩子的不成熟与不完善；同时，信任孩子，懂得每一个孩子都具有非凡的发展潜力与能动性，要放手让孩子去自我成长自主发展；最后，要理解孩子是需要全面、完整发展的，要引导孩子整体学习、多元发展，不可厚此薄彼偏颇对待。父母若能拥有这样发现孩子、欣赏孩子的慧眼并将这样的观念付诸行动，便拥有了让孩子快乐腾飞的灵性翅膀。

2. 让孩子以自己的速度成长——教育的自然法则

具有了科学认知孩子、开放看待孩子的儿童观，接下来就是如何了解孩子的身心发展特点与规律，因势利导地开展教育行动了。我们用中国古代"郭橐驼种树"的故事来开始这一讲的内容，指出养育孩子也像种树一样，必须遵从自然生长法则，不能违背孩子的天性，按父母自己的意志强加灌输。孩子的身心发育特点有一定的共性：一是所有的发展都是有顺序的，不可逆转，了解这些发展顺序就不会盲目开发或忽视某方面的生长；二是所有的发展都是有阶段性的，各个阶段都各有特性和速率，不可揠苗助长或本末倒置，而是要抓住关键期来因势利导，促进优势侧重发展，还要注意呵护好每一个阶段的敏感问题；三是孩子的发展是有差异性的，不同个体在各方面都会呈现各不相同的特点，父母不可盲目比较任意打击，而是要尊重、珍惜、欣赏每一个孩子的独特生命价值，支持孩子以自己的速度自然快乐成长。

3. 儿童有一百种语言——解读儿童个性奥秘

如果说，让孩子以自己的速度生长，指的是尊重孩子的自然共性的话，那么，儿童有一百种语言，则是指如何看待、欣赏孩子千姿百态的个性奥秘了。原来我们总以为，孩子的心灵是一张白纸，任由我们成人涂画，但意大

利瑞吉欧教育体系中的马拉古齐却用一首诗，颠覆了我们以往对儿童的统一刻板认知，而发现了每一位孩子丰富多彩的不同生命价值与创造潜力。这样的理念，更需要播种到父母的教育意识中，让父母在这样的理念指导下，去细致地观察孩子，了解孩子不同于别人的性格特质与细微表现；去耐心地与孩子交流，给予孩子丰富的信息养分；去真诚地欣赏孩子，细细感知孩子为什么把太阳画成了绿色，又为何把树叶涂黑，去理解体悟孩子不同于别人的独特心灵世界；去大胆地放手，让孩子自主探索、自在创造，激发孩子独活的创意和独特的价值；最后，还要善于鼓励孩子，细心呵护孩子的好奇心，用心浇灌孩子的自信心，让一百种语言的种子充分地发芽，茁壮地成长。如此，每一个孩子都会成长为非凡独特的天使。

4. 以天地为课堂，以万物为教材——生活中的随机教育

前面几讲解决了父母以什么态度去对待孩子的问题，接下来就要涉及用什么去教孩子的问题了。当前儿童教材读物千千万，但都抵不上中国古代一句"遇物而诲"的全面精辟。确实，对于浸染在生活场景中，还未发展出抽象理性思维的婴幼期孩子来说，还有什么比生活本身更令人陶醉的课堂与教材呢？在《时时处处是教育》一书中，我专门介绍了一个栏目的"五分钟教育法"，里面包含了餐桌上、厨房里、卫生间、乘公交、逛商场、去医院、看电视、玩玩具、阅读画画、过年过节、放假旅行等各个生活场景中的随机教育。尽管只是一个个不经意的生活环节，却个个都是蕴藏丰富教育契机的大乾坤。而父母只要树立这种"生活时时处处是教育"的教育大视野及随机教育意识，那么，每天只要用上一个个信手拈来的五分钟时间，便能够随时随地地展开教育工作，让沉重的父母职责变成轻松的育儿乐趣。

5. 多元智能，让每个孩子都自信闪光——儿童智能发展

以天地为课堂，以万物为教材，遇物而诲随机教育，到底要教些什么

呢？希望孩子变得聪明，这是每一位父母关注点的重中之重，也是早期智力开发倍受重视的原因所在。但如何认识孩子的智能发展，如何解决科学的智力开发，却会带来完全不同的教育走向。原来我们以为智力开发就是让孩子对着书本习题练习读写算，而美国哈佛大学加德纳教授提出的多元智能理论，则让人们用全新的智能观来看待孩子。我们认识到，一个人的智力发展不仅仅只是读写算这些抽象领域，而是包括语言、音乐、视觉艺术、人际关系、身体运动、数理逻辑、科学观察、自省智能等多种智能类型，每个人的强项都各有不同，各种智能强项适合的职业也不同。如果能够从小注重发展孩子的多元智能，同时善于发现孩子的独特天赋，并进行扬长避短的科学引导，就可让每一个孩子都找到自己的闪光点而获得学习的信心与动力，从而使每一个孩子在自己的强项上获得最大的成功并最终赢得幸福的人生。父母树立了这样多元开放的智能观，并应用在生活课堂中，就能懂得如何抓住生活的点滴契机来引导孩子进入多元丰富灵活的学习成长之旅了。

6. 塑造阳光般的生命感觉——儿童性格养成

对于孩子的一生发展来说，具有优秀的智能虽然极其重要，但更重要的还是要拥有良好的性格。俗语说，播种行为，收获习惯；播种习惯，收获性格；播种性格，收获命运。这句话确实很有道理，社会上许多犯罪悲剧，几乎都由性格因素引起，因一时的冲动或长久的积郁爆发而断送了学业或前程。因此，父母还需要懂得如何从孩子的行为干预开始去培养孩子良好的习惯，并进而培育孩子优势的性格特质，为孩子的幸福人生打下良好基础。这里的阳光般的生命感觉，就是指一个人具有积极乐观开放的主体状态，包括健康平和的情绪状态、独立自主的意识能力、规范合群的社会行为以及灵活开放的创新智慧等各个方面。这样的阳光性格，其主旨是"爱"，爱自己、爱他人、爱这个世界的一切美好事物，而内核则是我们通常所说的"真善美"，乐于探求真理、宽怀包容、感恩创造。要培养这种积极开放的性格，

需要给孩子做好交往引导、习惯养成、爱心培育、挫折磨砺等几方面的指导工作，让孩子在日积月累的成长历程中，逐步培育出乐观坚强的性格之花。

7. 游戏是最聪明有效的学习方式——寓教于乐的教育策略

父母懂得了用什么载体来教以及教些什么、发展什么的问题，接下来就是采用什么方法来教了。在教育学上有句话，叫教有法而无定法，这是指，教学具有一定的规律法则，但没有确定性的方法技术。这句话，也说出了道与术的关系。那么，对于这么小的孩子来说，最重要的教学之道在哪里呢？要从孩子的自然天性中去寻找，那就是，每一个孩子都是爱玩好动的，都具有泛灵论和游戏性的特点。也就是说，孩子把每一样物品都当作能说会道有思想的"活物"，把每一件事都当作可探索、可尝试、可玩耍的"游戏"。父母若掌握孩子的这两大特性，便能灵活创造出各种教养之术了。关于寓教于乐的父母教育之道，总体而言，一要注意尊重孩子的游戏天性，支持陪伴孩子的游戏兴趣，让孩子在游戏中自然而然地学习成长；二要学会创设游戏情境、运用游戏口吻来与孩子交流，或采用游戏化手段来引导解决孩子的行为问题，这样可以起到事半功倍的效果；三要善于与孩子一起编排各类亲子游戏，让孩子随时随地感受亲子同乐的玩学乐趣；另外，还可以参照全能宝宝主题情境游戏教学法，将各方面的智能开发学习与孩子的象征游戏心理巧妙地结合起来，在轻松有趣的游戏情境中引导孩子不知不觉地主动学习、快乐发展。

8. 春风潜入夜、润物细无声——父母的无形教育

前面所讲的生活课堂、智能开发、性格培养及游戏方法，都是指父母有意而为的有形教育。而其实，在家庭教育中更重要的，则是父母对孩子潜移默化的无形教育。用苏联教育家马卡连柯的一段话说："不要以为只有你们同儿童谈话，教育他、命令他的时候才是进行教育。你们是在生活的每时每

刻，甚至他们不在场的时候，也在教育着儿童。你们怎样穿戴，怎样同别人谈话，怎样谈论别人，怎样欢乐发愁，怎样对待朋友和敌人，怎样哭，怎样笑，怎样看报，这一切对儿童都有着教育意义。"这样的无形教育，包括3岁以前孩子对整个环境中一切因素的无意识吸收，包括整个婴幼阶段对于父母言行举止的自然模仿，还包括整个家庭环境精神氛围对于孩子所造成的无形的文化浸染影响，比如，父母之间是怎样的交互模式，父母如何对待孩子。日后，孩子就会不知不觉地学习到相类似的人际交往模式，并带到自己的成年生活中，影响自己的人际关系、婚姻关系、亲子关系等等，而这样的家庭文化影响，还会代际传递，在整个家庭中代代相传。可见身教重于言教这样的训言，对于父母育儿来说是多么重要，而父母的自我觉知，及时遏制自身模式对孩子成长的不良影响，更是改善无形教育的重中之重。

9. 解铃还须系铃人——儿童"问题"行为的预防与矫正

将"问题"两个字打上引号，一方面是突出这个问题的重要，因为父母育儿的种种烦恼，大多数都来自于孩子的"问题"；另一方面，诸如此类的这些"问题"，却大多数都不是孩子的真正问题，而是父母自身的认知偏差，所以才有"只有问题家长，没有问题孩子"的说法。那么，这些孩子的"问题"到底从何而来？有一句话可以揭示其中的奥秘："坏"孩子就诞生在父母的言行之中。这是指许多孩子的坏习惯都是从父母的言行中学来的，许多孩子的弱点，也是从父母的消极语言暗示中强化得来的。比如，父母爱打人，孩子就会学会攻击。父母常当面说孩子很笨，孩子就会被贴上标签真会变得越来越笨。这便是身教言传的自然结果。理解了孩子问题行为产生的根源，就要懂得如何正确看待并积极预防孩子的"问题"——哪怕孩子在成长历程中出现这样那样的问题，也只是一时存在的"问题行为"，而不是需要全盘否定的"问题孩子"，这一点意识尤其重要，千万不要因一棵有点小问题的树，而将孩子的整片森林都否定了。同时，要尽可能地注重孩子的第一次不良行为，做到防微杜渐，防患于未然。对待孩子已经出现的行为问题，则是欲速则不达，不要想一蹴而就快速解决，而是需要用爱心、耐心、细心去点点滴滴逐步引导纠正，持之以恒坚持引导，最终达到滴水成河、汇流成海的积极功效。

10. 给孩子一个高品质的家——家庭和谐环境文化打造

最后来谈谈家庭环境文化的创设问题。这是整个父母教育的根源系统，也是影响孩子健康成长的生态土壤。和谐的家庭环境是塑造孩子健康阳光个性的沃土，它包括家庭成员之间关系的和谐、亲子关系的和谐、物质因素与精神因素的和谐、环境变化与发展需求之间的和谐等诸方面因素，具体而言，和谐的家庭环境创设需要考虑以下原则：一是保障身心健康的安全性原则，二是符合年龄特点的科学性原则，三是便于孩子自由探索的开放性原则，四是有效利用空间的合理性原则，五是提供多样刺激的丰富性原则，六是利于亲子沟通的情感性原则，七是体现艺术美感的审美性原则，八是适应发展趋势的发展性原则，等等。在这样的原则指导之下，通过营造快乐融洽的家庭气氛，运用轻松有趣的教育方式，提供科学适宜的丰富刺激，创设自由开放的活动天地等策略来因地制宜地打造出各具特色的高品质家庭文化，以全方位的生态环境影响去积极促进孩子的全人格成长。

以上这十讲内容，大致涵盖了每一位父母都需要掌握的开端育儿基本观念、知识和技能。我们可以以"父母大学十日谈"或父母入门指导手册的方式介绍给广大父母，作为全能宝宝父母教育的基础内容。

那么，通过什么方式和途径落实开展这些父母教育内容呢？在未能开展正规的"父母大学"课堂学习以前，专题讲座、小组训练、沙龙研讨、个案辅导、亲子活动被作为通常采用的学习方式。这几种形式各有各的侧重作用：大规模的专家讲座适合预防式的营养学习，主要解决基础共性的普及传播问题；小组式的团体互动训练和专题沙龙讨论则更适于生长式的实用练习，便于家长掌握具体的方法策略技巧；针对个体家长而展开的个案咨询辅导则适于诊治式的问题改善，主要对症下药地解决家长育儿的具体问题；父母与孩子一起参与的亲子活动，则可作为一种综合式的实践学习，成为父母教育的补充形式。尤其是孩子入园前阶段，亲子活动这种形式很好地符合了这个阶段的孩子年龄特点和需要，一方面满足孩子和父母在一起的依恋心理并促进亲子关系发展，另一方面又让父母在集体活动中感受到孩子个体与群体的区别，并从中学习到科学引导孩子的实践方法，可谓一举多得。而随着网络的发展，还会出现各种线上教育模式，包括手机、互联网，但作为体验式的学习，现场活动依然在父母教育中不可或缺。

为了让更多的父母能够得到丰富、全面的系统教育培训，我们正在思考如何将"全能宝宝父母大学"的基础十讲专题细化为可以操作普及的练习手册，即根据每月一课的专家视频光盘，来设计各个主题的小组研习方案与操作流程，再配合针对性的个别辅导与亲子活动内容，便可形成将专家讲座、小组研讨、个别辅导、亲子活动统整合一的父母教育实践模式，并培养大批父母指导师来进行普及推广。

我曾经在《中国教育问道》一书中专题论述过父母教育对于中国之急迫。无论从中国的家国文化背景、中国的人口国情现状还是中国父母望子成龙的育儿意识传统而言，都需要并值得将父母开端教育放在全民素质教育之首，甚至可纳入国民"义务教育"之列。不仅要提倡每位父母参加基础培训并持证上岗，而且叮在大学开设家庭文化、发展心理学之类的公共课程，提高青年一代正确对待家庭婚恋及为人父母的预期认识，把下一代教育问题控制在源头质量把握上。若这一问题真能引起政府普遍关注与行动干预，则可有望大大节约日后孩子的健康成长、犯罪预防、社会福利、人才培养等诸方面的成本支出并能创造更高价值效率的教育投资收益。

当然，在这些远期理想尚未实现之前，我们依然可以通过幼儿园办学机构和社区组织来植入这样的父母教育普及项目。当前中国计卫和妇联等部门已经开始关注实施社区儿童早期发展干预工作。从婚孕产的源头入手开展优生优育优教指导工作。这是关乎国计民生的公共服务源头事业，也是影响全民素质开端启蒙的公平教育种子工程。若能以此为起点，着手普及全能宝宝父母亲子教育，再加上入园之后的全能宝宝家园同步幸福启蒙课程，则可有望从家庭、机构、社会各方面打好全人教育生态基础，从源头改善中国社会治理，从根部培育中国和合文化，并经由这一代代人的健康全面成长，去影响国际社会的人类和平发展。

第四节　全能宝宝教师成长

　　以上所述的全能宝宝环境创设、班级管理、家长工作的顺利实现，都依赖于师资队伍的建设与教师素质的成长。那么，怎样的教师才能符合全能宝宝的教育理念要求，适应全能宝宝的课程实践需要呢？曾经有人专门问过我这个问题，我静心思琢一下，提出三大要点：一、一个健康阳光的善良人，具有良好的主体生活状态；二、一个知礼有爱的理性人，能够真心诚意地对待工作；三、一个灵活开放的专业人，拥有某方面的优势特长。

　　这三方面的要求既低又高。低，是因为这些条件都只是作为一位教师的基本要求，似乎每一位教师都能够达到；而高，是因为这些基本要求若要全面完整地体现在一个人身上，却并不容易，因为这些要求不是单纯依赖技能学习、培训考证或工作经验便能获得，而是必须经由一种主动、积极、自主、开放的生命状态来融为一体，从而自然而然地展现出来。这正如同苏霍姆林斯基所言："没有教师生命质量的提升，就很难有高的教育质量；没有教师精神的解放，就很难有学生精神的解放；没有教师的主动发展，就很难有学生的主动发展；没有教师的教育创造，就很难有学生的创造精神。"也因此，一些并非出自幼教专业的年轻教师能够胜任全能宝宝的教学工作，而一些经验丰富的资深教师，却未必能够顺利摸清全能宝宝的理念门道。这在很大程度上取决于教师的主体生活状态、儿童观与教育观以及开放创新的职业精神，而不仅仅是那些弹唱跳画的技能证书或一纸文凭。

　　那么，如何通过培训来建立全能宝宝师资队伍，促进教师的全面成长呢？我们分别从以下几大方面来加以详细介绍。

一、教育观念与专业视野——跳出井底之蛙的窠臼

在所有的教师素养品质中，我们最关注的是教师的教育观念与专业视野，因为观念决定一切行为并造就一切结果，而视野决定我们能够站得多高、看得多远，从而形成怎样的观念。因此，全能宝宝教师的成长培育也以此作为起点展开。

如何帮助教师树立科学先进的教育理念，扩展全局宏观的专业视野？首先需要从教师自身的生活着手，再结合国际先进的教育体系，引导教师去思考、理解人是如何发展的，教育又起什么价值作用。就如同人的身体成长需要基本的营养食物一样，人的精神成长也需要健康充足的粮食，而教育便能提供这样的生命粮食，支持孩子去汲取营养自主生长。这便是蒙台梭利教育理念的起点，也是全人教育的立足根本——提供生命基本营养，促进孩子自主发展。

那么，全能宝宝教育要提供哪些基本营养呢？这就要回到全人教育的理想目标：全人教育的终极目标是为了促进人的全面完善发展，而全人发展是为了让个体获得人生幸福，让社会获得和谐发展。因而，全能宝宝作为全人教育的初始启蒙阶段，必须同时拥有个体身心健康、自主独立发展、社会群体规范、百科知识学习、个性创造激发等多方面的生命营养元素，并将其融合统整在教育环境与行为之中，这是全能宝宝教育的基本理念要求。这样的理念，未必要通过高深的理论而获得，只要密切结合教师自身的生活，便能够真切感悟到。

在这个基础上，如何让教师理解全能宝宝教育在一生中所起的特殊作用呢？这可以通过蒙台梭利的自然程序表来引导教师理解一个人在整个童年期的持续成长意义及其各个阶段的地位作用。比如0—3岁的吸收性心智，可以帮助教师理解这一时期所需要的丰富全面刺激及家庭整体环境尤其是父母言行影响的重要作用，而3—6岁的建构期特征则可帮助教师理解在幼儿园阶段引导孩子建立全面基础认知体系以及师生协同、教学互促的重要意义，以及在0—7岁阶段的人格完整培育对于一生发展的全面奠基作用。

通过蒙台梭利教育理论理解儿童群体的秘密及其成长的自然程序表，接下来可以通过瑞吉欧教育"孩子的一百种语言"来帮助教师进一步树立对于儿童个体的生命独立尊重和创造性激发理念，即理解每一个孩子都是独立自主的个体，都有丰富非凡的创造潜力。我们所需要做到的，不是自己学好了一套本领去灌输给孩子，而是懂得欣赏、研究、发现每一个孩子的特性潜质，去充分激发每一个孩子独特的创造能力，帮助孩子自己画出最美的图画，做出最生动的作品。在这个意义上，孩子的出色不是被教出来的，而是被激发、引导、创造出来的。

有了以上从整体到阶段、从群体到个体的理念认知，再来理解其他教育理念，比如奥尔夫的音乐教育、铃木镇一的兴趣教学法、加德纳的多元智能理论、华德福的身心灵和谐教育等等，就会更加容易。因为万变不离其宗，这些理念都是通过尊重孩子的生命法则，激发孩子的天性潜质，协助孩子的生命成长，并结合社会的培养需求、学科的领域特点或理论的支持依据来进行激发引导、多元创造的结果。而教师一旦能够形成这样的理念认知，便也具有了综观全局、广阔深远的专业视野，不再只是局限于一些道听途说的表浅理解或断章取义的片面认知了。这样的理念，只要善于学习、开放吸收，一般的教师都能初步建立，并随着职业阅历不断深化发展。

二、职业理想与生涯规划——从幼教工作中走出美丽人生

教师的观念和视野与其职业认知和人生规划息息相关。一个具有清晰职业认知与理想规划的人，往往也容易具有更为匹配的开放观念与广阔视野，而一个只是把工作视为生存手段的人，则容易陷入眼前视野之围，而不容易

有动力去学习更开阔的观念。这就像旅行，多清晰的方向、多远大的目标，便决定了会有怎样的内在动力与外在视野。当然，反过来，观念与视野也影响着职业认知与理想规划。因此，通过职业理想教育与人生规划指导，可以大大促进教师教育观念的提升与专业视野的扩展。

在对教师进行职业理想培训指导时，我曾经讲过三个故事：

第一个是"养鸡场里的鹰"，讲的是一只鹰从小被困在鸡群里，它觉得自己与其他鸡不一样，想要飞出去，可总是被鸡们嘲笑。几番挣扎以后，老鹰还是选择了飞翔，结果发现，自己原来就是一只鹰，本来就应该飞翔，只是差点被环境困住。

第二个故事是"父子对话"，一对大山里的父子在对话。儿子问父亲山那边是什么，父亲说，还是山。从此以后，这个孩子就不再幻想，一辈子待在深山中。而另一对父子的对话却相反，当儿子问山那边是什么时，父亲说，山那边一定有很好玩的地方，你长大了可以自己想办法走出去看看。结果，这位儿子就终于走出了大山。

第三个故事是"爬山"，讲一对母女一起爬山。来到山脚下，女儿看到一大片美丽的杜鹃花，便再也不肯往上爬。妈妈说，上面还有更美的风景呢。就这样，来到了山坡上，没有了杜鹃花，却有着大片青翠柔软的草地。女儿又想赖着不肯走了，妈妈又说，上面还有更好的地方呢。就这样，终于爬到了山顶上，没有了花，没有了大片草地，却看到了"一览众山小"的风景，还有一路见闻与艰辛攀登的丰富记忆。

这三个故事，分别从不同的角度隐喻了影响理想实现的内在动力、外在驱力与得失取舍问题。很多人不是不愿意走理想之路，而是如故事中所讲的那样，或者被环境所困而消磨了意志，或者得不到外力支持，缺乏充分的成就动机，或者就是贪图一时的安逸，而失去了攀登进取的动力。

我们的职业规划教育，就从让教师把自己当作老鹰，学习追求人生梦想开始。先让教师思考自己最大的人生梦想是什么，最想从事的职业是什么，以及自己最大的优势是什么，最大的弱势是什么，最适合做的工作是什么，最不适合做的工作是什么。再以这样的目标和起点来制定自己的职业规划，分别在第一年、第二年、第三年、第五年、第十年要达到怎样的目标，以及根据这样的目标计划，自己所面临的最大困难是什么，所希望得到的帮助是什么。通过这样层层剖析步步递进，帮助教师初步做好职业理想的定位、定点、定心工作，既激发教师的成就动机，又帮助教师找到适合自己的定位。

中国的幼儿园教师普遍成就动机不高，一方面是因为中国的幼教行业才刚刚从福利状态向专业化转型过渡，无论从经济地位到社会地位都不高，很多人从事这个行业，只是因为"女孩子适合唱唱跳跳带孩子"。而选择了这一职业，除了感性兴趣和生存手段，便没有更多的想法。另一方面，幼教机构的通常晋升模式是"带班教师——教研组长——副园长——园长"，这种狭路竞争的固化模式常常让一般的教师看不到未来，因而很容易放弃理想，或安逸度日，或生存应付。

针对这样的现状，首先就要让教师从这一现实局限与狭隘思维中跳脱出来，回到自我中心价值和整个人生视点来看待职业规划问题。从自己的愿望和人生梦想着眼，从现实的条件和自身优势入手，来寻求这两者的关系与连接点，我称之为，"在理想的月亮和现实的臭水沟之间搭建一条天梯"。这并非不可能，而在于如何认知、看待幼教这个行业。如果只是把幼教职业视为带孩子，那么，除了带孩子或管理带孩子的人这一条发展之路外，便没有别的希望，自然也就不可能去实现其他的价值理想。但如果换个思路看幼教，通过孩子的视点看到当前许多产业领域都与孩子有这样那样的关联，比如儿童文学创作，需要了解孩子心灵世界；动漫文创产业，需要了解孩子兴趣视点；玩具图书行业，需要嫁接幼教资源；甚至衣食家居生活，也需要开发亲子创意设计……这样的思路，就将原来只在世俗层面上的带孩子工作，转到专业化的资源体与连接点上了，一下子会觉得豁然开朗：原来当幼儿园老师可以有这么多的发展方向啊。是的，通过带孩子这个载体，爱写作的教师可以将童话创作为目标，喜欢动脑设计的教师可以去琢磨玩具物品设计，爱画画的可以往绘本动漫方向发展，喜欢厨艺的也可以开发亲子美食。随着市场的专业化细分发展，人们会发现，谁占有了主体客户资源，谁便拥有了广阔的发展前景。而幼儿教师，在婴童产业的连接点上，有得天独厚的专业条件，只要按着自己的兴趣和特长钻研下去，便可以连接相关资源，走出自己的理想之路。

我曾经用这样一句话来表达这个职业内涵：儿童事业是一条川流不息的长河，财富深深地蕴含其中。这里的"财富"，不是简单的经济价值，而是通过了解儿童、服务儿童的专业价值而衍生出多元丰富的产业发展价值。若让教师们能够理解不起眼的"带孩子"职业与这个多元的产业价值之间的内在联系，便能真正跳出原来的世俗狭隘思路，建立"条条大路通罗马"、"人间处处有风景"的积极信念和理想动力。而一旦教师能够树立为理想而工作、为兴趣而工作、为自我价值而工作的成就动机与信念，不再只是盯着工资和福利，或计较加班与得失，就能转为主动工作、积极进取的良性职业状态了。

三、健康心理与文化素养——破解幼儿教师的心理荒漠现象

教师的观念视野与职业理想以心理健康与文化素养为基础，二者相辅相成互为因果。一个心理健康阳光，具有文化素养的人，容易形成正确的教育观念，树立积极的职业理想；而一个有理想、有追求的人，也更容易具有健康的心理品质与优秀的文化素养。综观近几年来中国幼教行业出现的一些虐童事件，大多数都与教师的心理缺失有关。我称之为"职业沙化"，即对职业本身失去心理认同与情感兴趣，只是把工作视为工具。教师与孩子、与这个职业之间，再也没有深层的人性与心理联结，自然也不会去用心关注孩子的感受，关注专业内涵本身的价值，就像当今的钢筋水泥世界或戈壁沙漠

荒地一样，再也呼吸不到青草花香的自然芬芳，再也品味不到来自心灵世界的真情感动了。一个个鲜活生动的稚嫩生命，在他们眼里，便也如同一个玩具、一个物品那样可以漠然视之了。在这样的心理状态下，若自己再有什么不顺心的现实之困，比如失恋、贪欲、积愤之类，或者有从小性格上养成的一些缺陷，就很容易爆发一些匪夷所思或触目惊心的违背职业道德之举了，正所谓"如果土地不长庄稼，就很容易杂草丛生"。随着当今幼教行业的蓬勃发展和压力增强，教师的这种心理荒漠现象也似乎有日益增长趋势，需要引起足够的重视。

那么，这种"杂草丛生"的心理荒漠现象是如何产生的呢？我个人分析，这种现象与这个职业的性质、群体的特征和发展的阶段有很大关联。

首先，幼儿园带班工作是一个既繁琐又辛苦的高强度职业。不说别的，每天早上八点到下午五点，每天数小时一刻不停地看管那么多孩子就已经让人精神高度集中，稍一闪失便容易出现安全意外。再加上要完成吃喝拉撒、上课游戏、清洁卫生等一天到晚十几个环节的组织实施，要应付开课评比、检查考核、论文写作等方方面面的专业任务，还要和全班几十位不同个性脾气需求的家长沟通，这样的工作强度不是一般的职业可比。一个认真尽职的幼儿教师，有时一天下来连上个厕所、喝口水的空隙都腾不出来。我曾经专门转发过一位幼儿教师的博文《为幼儿教师鼓与呼》——希望人们能够全面地了解幼教职业的辛劳酸苦，呼吁社会能够更宽容地对待幼儿教师，给予更多的理解与支持。

面对这样繁琐辛劳的工作性质，如果没有一颗爱孩子的心，一股发自内心的工作兴趣和热情，是很难长久心情平和愉悦地投入工作的，稍有生活的不顺，便容易心理失衡。而这种心理失衡的产生，又与这个职业群体息息相关。中国的幼儿教师绝大多数都是女性，相比于男性，女性群体更容易受到家庭婚姻情感问题的影响，或者更不容易理性处理工作和生活情感的界限问题。从群体心理普遍现象而言，女性更不容易从工作本身的社会价值来找到自己心理的支撑，而容易被一些鸡毛蒜皮的世俗杂事所扰，易产生强烈的情绪波动，并且不容易划分个人生活与社会角色的心理界限，因而很容易把个人生活中的受挫情绪带到工作场景中。

这种现象的产生，与时代的发展阶段有关。与过去的幼儿教师群体相比，同样是女性，现在的幼教职业不再是以前的佼佼者的选择，也不再像以前那样有一锤定音的职业稳定性。除了公办编制教师，许多民办幼儿教师缺乏最起码的生存保障性，但职业竞争压力和专业实践要求却比以往增强数倍，再加上整个社会的婚恋动荡乱象，自然就更容易影响到这个群体的心理状态。在这样的内外夹攻之下，幼儿教师群体容易出现心理失衡现象，便也成了不可避免的现实结果。

那么，如何预防解决这样的现象呢？中国古话说，心病尚需心药救。只是一味地大谈职业道德教育，或加强专业考证管理等等这些外围举措，似乎并不能根源性地解决幼儿教师的心理健康问题，而是需要超越职业本位的功利局限，回归到以人为本的教师本身来着手文化引领与心理建设工作。我们以幸福幼教为目标导向，设计了十大师资培训板块，其中放在首位的两个板块内容就是幸福文化培育与幸福心理建设。文化培训着眼于幼儿园组织机构的目标导引、师德激励、规范认知、心灵感染、策略学习等方面的内容，而心理建设则从女性心理入手，通过自我认知、情绪调控、婚恋辅导、压力释放、生命管理等各方面对教师群体进行积极心理建设，提升幸福指数。

以我们的经验感悟，教师的心理建设与组织的文化培育是一体两面的孪生课题。教师心理就像种子，而组织文化就如同土壤，有优质的土壤养分，才会有健康的种子发育成长。因此，教师个体的心理问题，必须要放在组织群体的文化价值背景下才能得到行之有效的建设引导，否则，哪怕是解决好了个体心理问题，也依然容易被组织文化的荒漠所吞噬、掩埋。这种状况，能够解释为何同样一位教师，在不同的组织机构中便会有不同的状态表现。反过来，教师的心理健康，对整个组织机构的文化也起着推动作用，一个个教师的心理健康指数提高了，整个群体的文化素养便会相应提升，师资队伍的文化凝聚力和执行力便也能够大大增强。因此，从教师心理和群体文化的根源入手，来开展职业培训，将会对整个师资队伍素质提升起到事半功倍的作用。

四、课程设计与教学技巧——怎样上出优质高效的课

作为幼教工作者，最关心的专业问题，或许就是如何上出优质高效的课。这个问题从表面上看只是关乎课程设计与教学实施本身的技能技巧问题，但实际上却是教师观念、职业精神与心理素质的综合反应。因此，在解决好前面几个问题的基础上，我们可以来专门谈谈如何上出优质课的教学问题了。

关于课程与教学，前面的章节中已有充分的阐述，这里不必再展开细述。需要重申强调的是那一句话：心中有目标，眼中有孩子，处处有教育。这句话被我引用过多次，堪称可用之四海而皆准的"教育经典"。下面，我们围绕这句话的内涵，再来介绍一下如何指导教师设计实施优质课程教学的问题。

首先讲"心中有目标"。其实，决定一节课是否能够上好，首要的问题就是教学目标是否清晰、合适。如果目标清晰并适合教育对象，让孩子正好跳一跳够得着，哪怕是再平淡无奇的课程题材，都能够上出精彩出色的效果。以往幼儿园教师选课有个误区，常常从表象入手，先有内容，再有目标，即看中哪个活动内容好玩，就搬来给孩子用，也不管这个活动是否适合孩子，又能满足孩子的哪些需求，达到怎样的目标。这往往容易陷入形式翻新、选择盲目、行动随意的误区，哪怕误打误撞碰到一些孩子喜欢的课，也难以时刻保持优质优效的教学状态。领会全能宝宝课程理念的教师之所以再也不怕开课参观，教学观摩也无须花长时间试教准备，就是因为心中有了明确的目标，知道可以在什么季节、什么条件、面对什么对象需求来确定怎样

的课程目标，再来设计相应的课程内容与教学流程。打个比方，就像明确了需要给孩子补哪些营养，就可以到菜场任意选购富含各类相关营养的新鲜蔬菜与鸡肉鱼虾，并能自主地进行搭配烹饪，而不再受形式局限。

再次是"眼中有孩子"。明确目标只是课程设计的起点，真正要上出优质高效的教学活动，必须随时随地地眼里装着孩子，根据孩子的反应和需求来做出及时的调节。如果说，"心中有目标"是依赖于教师对于课程的判断力和教学创意能力的话，那么，"眼中有孩子"，则是考验教师对于孩子的观察力与教学组织能力。在课程实施过程中，教师和孩子就像是在跳一场个体对集体的双人舞，也像是教师在与一班孩子在联手弹一首合奏曲，教师要随时根据孩子的舞步和指法来调整自己的节奏与旋律。这里孩子的表现既是群体的又是个体的，教师既不能眼里只有一个个孩子的单个表现，而忽略了群体的节律，也不能只关注整个群体的统一行动，而忽略了一个个各具特色的个体。这样的协调配合不仅取决于教师对课程本身的精到把握，更取决于教师对孩子们的细致了解与及时反应。只有两者结合，才能真正让师生互动的课堂演绎出教学相长的美妙和弦。

最后是"处处是教育"。如何理解"处处是教育"？这是一个更为复杂的问题。在教学现场之外，可以理解为，一日生活的各个环节时空都是课堂和教材，都要注意随时随地地开展随机教育。但在教学情境之内，则需要理解为充分发掘、利用整个课堂环境中的每一个资源因素，随时关注、处理好教学过程中的每一个细节，这样才能让整个课堂活起来，让整个教学细腻起来。举一个例子，有一位教师在给孩子们上"鲨鱼与螃蟹"的音乐游戏，一不小心，把粘在彩圈上当鲨鱼牙齿的彩带弄掉了。她急中生智，用神秘的游戏口吻说："你看螃蟹们多厉害，把鲨鱼的牙齿都追得掉下来了，还没有抓到螃蟹。等等，让我把大鲨鱼的假牙先粘好，再来抓小螃蟹，看能不能抓住。"这样一来，孩子们就安安静静地屏住气等着教师粘好彩带，再接着投入游戏，一点儿都没有影响到孩子们的游戏心情。另有一次，这位教师组织大灰狼与小白兔的音乐游戏，她把《对面的女孩看过来》流行歌曲的歌词改成了"对面的兔子看过来"，并让所有的听课老师来与孩子们互换角色对唱，让整个教学现场乐翻了天，不仅孩子们上得兴致勃勃，连听课老师们也一起玩得不亦乐乎。这样巧妙的教学策略，完全建立在对孩子的心理把握与对课程本身的目标掌控上。教师越是明确目标、了解孩子、熟悉教学，就越能灵活自如地掌控课堂节奏，不留痕迹地处理好各类教学现场问题，让课堂实践成为生动丰富的教学艺术。

五、语言艺术与写作能力——提高语言表达的专业水平

对于幼儿园教师而言，专业化的成长水平直接通过语言艺术表现出来，包括口头语言和书面语言。其中口头语言广泛应用在幼儿园一日生活的各个环节之中，几乎每时每刻，教师都要去启发、引导孩子应该干什么、不应该干什么以及怎么干的问题。这不仅关乎单纯的语言技巧问题，而且反映了教师的观念、修养、能力、水平并极大程度地影响教师带班教学的实际效果。而书面语言更多地应用在论文写作之中，这是现代幼儿教师专业化发展的必备素质，也是教师从实践行动到研究反思再到理性表达的专业提升历程。因此，如何提高日常语言艺术与论文写作能力，成为一个能言善道的专业表现者，是教师成长历程中的重要课题。

下面，我们分别就日常语言艺术与论文写作能力展开具体论述，给广大教师提供参考。

在幼儿园一日生活中教师用于组织教育活动的语言表达方式，从功能来看，大致有以下几类：一是描述性语言，即客观如实说明"是什么、怎么样"的问题，不带任何主观倾向。二是指令性语言，即要求孩子"去干什么"，有明确的行动指向性。三是限制性语言，即要求孩子"不去干什么"，带有预防或终止性目的。四是评价性语言，即判断孩子"干得好不

好、做得对不对"，具有对行为的监测和反馈功能。五是请求性语言，即求助某人做某事，带有亲和、征询之意。这些语言方式在幼儿园师生互动中交替使用、反复出现，但如何恰当使用，却受教师观念意识、专业素质和个性特点的影响，需注意的要点如下：

一是明确表达目的，避免语言错位。比如，让孩子收拾玩具、整理桌椅等事务是对孩子的要求，就不要用征询式的请求性语言来表达。而让孩子帮着做事的非义务性请求，如"请让我坐一下"、"帮我把本子拿过来"等等，则要避免用简单生硬的指令性语言。

二是指令分层交代，语言简明易懂。很多教师在交代指令要求时，常常讲一大堆，结果孩子什么也没有记住。对待年龄越小的孩子，越需要简明扼要地把一件事请清楚再讲第二件事，一个一个指令分层交代逐一落实。而且语言要直接简明易懂，不要用一大串限制性语言去表达不允许干什么，这反而容易让孩子无所适从，而是要直接告诉孩子"应该干什么"。

三是善用积极暗示，加强语言激励。除了描述、指令和交代，教师语言最大的作用之一，便是对孩子的积极心理暗示与行为激励。平时要善于运用鼓动性语言来增强孩子自信心，激发孩子积极行动的愿望，如"试试看，你也能学会"等等。要注意多用肯定性评价，少用否定性评价，还可以适当使用一些具有竞赛意义的语言，以增强孩子行动的紧迫感。

四是适应不同特点，提高语言趣味。口头语言最大的灵活性，就是可以根据不同的对象、不同的场景、不同的目的随时调整语言方式，以达到最好的效果。幼儿园教师语言更应注意这样的适应性，并提高语言的生动趣味性，以符合不同年龄孩子的心理特点。尤其是对待越小的孩子，越需要用游戏口吻，而对待越大的孩子，则越需要有节奏感。在很多情况下，还需要运用手势、表情、眼神等体态语言，以增强对孩子的吸引力与感染力。

再来谈论文的写作。书面表达的写作能力，建立在研究与反思的基础上。一个善于思考、静心钻研的人，容易迸发灵感、理清思路，也更能够把它表达出来。也就是说，书面文章的写作过程，其实就是如何寻找灵感，如何留住灵感，又如何发挥灵感进行记录表达的过程。要注意做好以下几点。

1. 勤于学习、敢于实践、精于思考，做好充足积累

写作不是凭空捏造，而是有感而发。感悟越丰富，积累越深厚，就越容易获得写作灵感。这些灵感从哪儿来？一是多看多学多听，从别人的言行文章中去寻找灵感；二是敢想敢说敢做，从自己的实践探索中去捕捉灵感；三是常思考善总结，从成功的经验体悟中去发现灵感。当一个人学得多了，经历多了，积累多了，自然会变得思想丰盈、思绪流畅，写起东西来也容易有感而发了。

2. 随时记录、勤立提纲、善于学习，及时留住灵感

灵感只是一时的火花闪现，如果不及时记录下来，随时都会随风而去，消逝无痕。因此，要写好文章，还要养成随手记录整理的习惯。可以随身带个小本子或小卡片，或者用智能手机，有一丁点灵感闪过，哪怕只是一个小标题，一两个关键词，都要及时记录下来，等到用时便能帮助找到感觉。在及时记录的基础上，还要学会以点及面，继续思考下去，把不成形的一点感觉，变成一个简要的提纲。这样，就把灵感进一步放大了，离成文又近一步。而若能善于学习，顺着这样的思路再去查阅相关信息来完善提纲构思，就会更加胸有成竹，离下笔写作只有一步之遥了。

3. 切题要小、分层要明、立意要新，学会清晰表达

有了成熟的写作提纲，接下来就是如何添砖加瓦，把文章完完整整地表达出来的问题了。论文写作一定要注意从小处入手，由点及面，以小见大，抓住感触最深、体会最多、最为得意的东西作为文题切口，实实在在把它写通、写满、写透，这样的文章才会好看。切忌用很大的标题，内文却言之无

物，这就像是一个大大的帽子之下挂一个空空荡荡的身体，看上去很不协调。有了实际内容，还需要结构清晰、分层明确、详略得当、逻辑有序，就像搭房子一样，什么东西放在上一层，什么东西放在下一层，一定要条理清晰、逻辑明确，不要东倒西歪、含混不清。另外，写文章更重要的一点，是观点鲜明、立意要新，想人所未想，说人之未说，而千万不要人云亦云重复别人的观点，或左右摇摆立场不定。这样的文章新意不是来自于写作本身，而是"功夫在诗外"，多看书多查资料、多实践多思考，便能写出令人耳目一新的好文章了。

最后补充一点，当前各幼儿园都越来越重视教师的科研写作。从工作的专业性质而言，其实每一位教师都应该是一位天然的研究者，因教师在带班教学的过程中便在研究孩子、研究生活、研究教育。从实践、研究到感悟、写作，是一个自然而然有感而发的过程，若能将日常带班、课程教学与科研写作完全结合，就能有助于教师的专业能力的提升。而若只是为科研而科研，为写作而写作，则容易陷入被动应付状态，不仅写不出好文章，还会影响到日常工作的自然进展。这是幼儿园在对教师专业成长培养道路上特别要注意把握的。

六、师幼互动与细节呵护——以人为本创造卓越品质

最后来谈谈师幼互动与细节管理的问题。其实，师幼关系问题，是整个幼教工作实践中的核心因素，也是最能反映教师教育观念和专业素养的基本问题。一位新教师，能不能带好班上好课，首先取决于和孩子之间能够建立怎样的关系，是否能够顺利快速地把孩子组织起来，是否能够灵活自如地控场。而看一位老教师的业务素养，就看对孩子能否张弛有度、爱严相宜，创设一个活而不乱的班级气氛。

曾经有人说过对教师的师生关系培训要做到三个层面：一是让孩子安全

安心，二是让孩子喜欢喜悦，三是让孩子信任信服。确实很有道理。师幼关系主要关乎孩子的心理感受，而非知识传授，但这种关系却是能否有效"传道解惑"的基础。用中国的语言，就是"道"和"术"的关系。与孩子建立了良好的师幼关系，怎么教都容易成功。当然，教学本身也是对师幼关系的造就，两者相辅相成、互相影响。

但很多教师并未能领悟这个道理，总是用外在教学任务来替代内在关系，而表现出对孩子的高控制、高约束。一方面造成孩子的高服从、高依赖心理，使孩子失去主体积极性与主动性，另一方面则使师生关系处于表面依从的低质状态，走入不了孩子的内心世界，无法与孩子形成深度的情感信赖关系。这虽然也能够强化灌输知识与技能训练，却无法培育孩子具有丰富体验和思想的心灵。而这种是否走入孩子心灵世界、是否培育孩子丰富体验与自主思想的师幼关系，则是全能宝宝教育体系区别于其他教育体系的关键因素所在。

那么，如何培养高品质、高效率的师幼关系呢?

在瑞吉欧教育体系中提到，"教师与儿童之间相互之内涵是必须用心经营的主题"，对此全能宝宝教育体系深为认同。这个经营的过程，教师与孩子之间的互动，不是任务性的应付，而是情感性的投入；不是控制性的支配，而是相倚性的依恋；不是世俗性地看待相处，而是专业性的激发引导。教师与孩子之间围绕着共同的主题目标投入展开探索性学习，在这一过程中，教师的角色不单只是一位知识的传播者或课堂纪律的控制者，而是作为倾听者、合作者、陪伴者、支持者、引导者、激励者以及共同研究者、学习者的多重角色参与到与孩子的互动活动中，形成平等对话、相互激励式的师生合作关系，并从中获得丰富喜悦的情感体验。一旦有了这样的师幼关系体验，教师必然能够感受到内在幸福，而不再只是工作应付。

但面对这么多性格各异的孩子，每天的工作绝不是轻松悠闲的，而是常常会出现冰霜雨雪般的打击——孩子常常会调皮捣蛋惹是生非。这个时候该怎么办呢？到底是严管教还是宽放任？能够宽严适度采取民主管理方式自然无可厚非，若遇到孩子真的出了差错，要不要采取专制管理、严加惩罚？这是不可避免会困扰教师们的实践问题。笔者曾经专门做过观察研究，发现专制型管理方式对孩子身心发展所起的负面作用要大大超过放任型管理方式。在专制下管教出来的孩子，往往行为有明显的两重性，即在权威面前与在非权威面前的表现很不一致，且孩子的思维反应求同性高、从众心理严重，生怕与众人表现不一致而受到批评，因而不敢创新求异。另外，同伴关系也更冷漠对立，容易有攻击性，而且对活动缺乏自主兴趣和求知动力，情绪比较消极被动。这样的对比观察令人深深感悟到，高压教育不是形成叛逆的心理就是造成被动服从的性格，实在不利于孩子健康自主和谐发展。

正是因为这样的观察感悟，让我们深深意识到，哪怕有孩子调皮捣蛋犯错误，也要慎对孩子的惩罚处置。一方面，要学会蹲下来看孩子，设身处地地站在孩子的角度立场去判断真相、换位思考，理解孩子的行为反应。另一方面，要学会退一步海阔天空，善于采用延缓处理的方式，在情绪冲动时不马上采取行动，而是等情绪平复后再冷静地对待，以期采取更为理智的教育行为。在现实中发生的许多违规体罚虐童事件，几乎都是在气孩子不听话的冲动对抗情绪中爆发的。其实当场在气头上时要学着忍一忍、放一放，有了这样的缓冲过程，往往就会发现孩子所犯的错误并非如原来所想的那么严重，更非一定要经过惩罚才奏效。如此一来，就避免了因当时的矛盾激化而影响到师生关系的和谐与整体的教育氛围。

师幼互动的经营是每时每刻、点点滴滴的细节体现，而教育品质就体现在这些不经意的细节管理之中。有人说，赢在格局，败在细节，这一句话同样可以适用于师幼关系。一个具有开放观念和大教育格局的教师，更易于与孩子建立亲和平等的关系，但若不注意一些言行细节，则也难以保证精致卓越的教育品质。这里的细节，包括随时关注孩子的每一步表现，从衣食到言行到情绪，都要精心照顾，也包括对环境中出现的一切事物的灵敏反应，从安全到卫生到科学适宜到艺术美感，都要体现出专业关注与恰当应用；还包括对自身言行举止的检点自律，从服饰到表情到姿态到动作，都要时时处处为孩子着想、随时随地为教育所用，点点滴滴传递出以人为本的专业品质。

那么，教师如何才能做到以人为本、关注细节？

首先，要学会走进孩子的内心世界，与孩子交朋友。要和孩子平等相处，耐心交谈，认真倾听，把握孩子的秘密，以孩子所喜欢、所熟悉的方式去对待他们，尽量拉近与孩子的心理距离。还要回归童心，与孩子们融为一体，善于向孩子们学习，赢得孩子的爱戴与信任。

其次，要学会眼观六路耳听八方，随时随地关注孩子的反应与周围环境中的变化，比如孩子鞋带散了、扣子松了、流鼻涕了、身上出汗了等等，任何一个细节，都要随时关注并及时处理。尤其是孩子的安全健康、情绪反应，更是需要观察细致、照顾入微。还要根据环境的资源，顺应孩子的思维因势利导，与孩子形成灵活丰富的交流互动。

第三，还要学会严于律己身先士卒，随时注意自身的言行细节。为人师表，时时处处都是对孩子的榜样教育，有些教师对自己的穿衣打扮不严谨，容易给人以不良影响，有些教师喜欢抱臂背手旁观孩子游戏或叉腰指点孩子说话，有些教师则萎靡不振无精打采对付工作，或者胡言乱语粗暴专制对待孩子。这种种不良言行都会影响到师幼关系的健康和谐，影响教育服务品质，需随时警觉纠正、不断改善。

归根结底，高品质的师幼关系就是教师平等真诚地对待孩子，灵活细致地照顾环境，严格认真地管束自己，走进孩子心灵世界，做好孩子的榜样，时时处处做好教育启发、激励与引导，在点点滴滴的细节呵护中打造出专业、优质、高效的教育品质。

第五节　全能宝宝管理文化

　　全能宝宝是一个生态教育体系，它可以以各种方式应用于实践中，包括开园办学的日托培训方式，亲子游乐的活动体验方式，或者以出版物和教玩具为代表的产品服务方式等等。但若作为一种教育服务形式，一定是以某种组织机构的形态而存在，比如幼儿园、亲子馆、三优早教中心等等，这就会不可避免地涉及组织管理问题。为此，全能宝宝专门开展了品牌加盟办园的整体合作实验，以探索检验这一教育体系在异地移植推广以及与其他机构整合提升时的管理融合问题，积累了一些共性研究经验，在此分享给大家。

　　什么是管理？一提到管理，人们便自然而然地会想到如何管好人事物。这只是管理的表浅内容，例如一个组织机构的血肉器官；再往深里一点说，管理便是制度，是用一些条例化的执行规章把这些人事物组织起来，让机构稳定自动地运转。从这个意义上说，制度就像是一个支撑机构运行的骨架。但事实上，管理还有一个更为深层的内涵，那便是文化。一个机构提倡什么，反对什么，追求什么，摒弃什么，这种深入骨髓渗透血肉的组织文化才是管理的灵魂所在，也是使机构得以持续成功的根源所在。一般的机构是以人管人，管理者不同，其思想观念方法不同，自然管理的成效也不一样。好一点的机构是以制度管人，不管谁来管，都按制度条款执行，制度越完善具体，执行的标准也越统一，管理的成效也更能保证基本一致。而真正成功的品牌机构，则都不同程度地重视组织文化的建设。组织文化就像一根无形的指挥棒，引领着所有的人和事按一致的内在方向与准则行事，创出不同一般的服务品质。文化是品牌之灵魂，管理之根本，是真正能够使一个组织机构

实现特色稳固发展的精髓所在。

这种管理文化，是建立在一定的管理效益观与人性观基础上的。管理的本质是追求效益，关乎如何恰当组织人、事、物、时空、信息等诸多要素，以最少的投入获得最大产出。这里的效益，既有经济效益也有社会效益，既有外部效益也有内部效益（如面子工程与幸福指数），既有短期效益也有长远效益。不同的时代、不同的机构有不同的效益观，其背后便是不同的人性观管理思想。比如专制管理把人当作工具使用，忽视人的主观能动需求；经济管理注重利益分配，强调立竿见影的短时激励效果；情感管理注重人的社会文化因素，强调将心比心以情感相互影响；而人本管理则注重人的自我价值实现，强调通过激发各人的特长潜力来达到组织的管理效益。

全能宝宝作为以人为本、播种幸福的根源性教育体系，具有高瞻远瞩的效益价值观，又深谙人的复杂性、工作的繁琐性、群体的特殊性在整个管理组织中所起的多元重要作用，因而探索出一种以专业发展为先导、以人格影响为基础、以文化渗透为主旨、以制度管理为保障、以经济刺激为后盾的主体性整合管理模式。具体而言，包括以下几方面内容要素。

一、系统运转的管理构架

所有幼教机构，只要是与孩子日常教育和托管服务打交道的，无论是怎样的经营形态，几乎都是麻雀虽小，五脏俱全。对于管理者而言，既需要具有专业化的观念内涵和综合化的管理意识，又需要有企业化的经营思路（尤其是对民营机构而言），还需要有社会化的公共视野，因而常常会忙得应接不暇、疲于奔命，少见有园长或幼教管理者是休闲从容的。何以如此？在很大程度上是由幼教这种吃喝拉撒学玩起居样样都需照顾的工作性质所决定的。曾经有人把园长比喻为身兼财政部、教育部、建设部、卫生部、科技部、后勤部、文化部、宣传部等数部大职的"全能部长"，确实颇为形象。

面对这样的行业现状，怎样才能最大化地减少成本、提高效率、增强管理收益呢？首先需要从组织构架上打好基础，做更全面适宜的管理设计。既要满足功能运转的基本需要，又要考虑机构规模及实际条件，因地制宜开源节流，尽量以小成本创大效益；既要满足机构初创时的现时需要，又要考虑机构发展的长远性目标规划，尽量以终为始，作好可持续性发展的管理预设。

在这样的思路指导下，我们根据幼教机构的一般管理实务需要，将整个组织构架分成了三个管理系统：一是行政管理系统，这是支撑整个机构得以正常运行的动力系统，掌控着整个机构的人财物之运行流程、内外关系及发展方向，具体包括外联接待、办公内务、人事档案、综合考勤等相关工作内容。二是业务管理系统，这是保证整个机构创出业绩的主体系统及核心系统，决定着办学服务的质量和品位，包括班级管理、课程教学、科研宣传、家长指导等相关工作内容。三是后勤管理系统，这是支持整个机构正常运行创出业绩的服务保障系统，影响着机构运行的稳定和有序发展，包括卫生保健、餐饮食宿、保安司机、采购总务等相关工作内容。三个管理系统三位一体支持着整个机构管理大机器的有序运转。

以上组织构架按服务两三百人的中型幼教机构设计。同时，可在园长或主任主持领导下安排几位管理副职或助理，分别对应负责行政、业务、后勤各系统的分管工作。小型机构可将行政、后勤系统合并，大型机构则可在条块区分、明晰分管的前提下设立行政部、业务部、后勤部、外联部等相应部门，由专人负责管理。其中后勤管理系统也可依办学规模及校舍环境的不同而细化为食堂、宿舍、医务、卫生、园艺、维修、保管、驾驶等专门的部门岗位进行设计。各机构管理者可按自身的实际需求和客观条件进行灵活调整。

在下面的篇幅里，我们按这样的功能构架具体地阐述各条块管理系统的设计与实施问题。

1. 精简高效的行政动力

行政系统就像一辆汽车的发动机和方向盘一样，影响着整个机构的运转速度与运行方向。许多办学机构特色不明、效率不高，与行政管理系统的指挥不明晰、不畅通、不科学有关。中国幼教机构大部分还处于经验管理状态，即园长一个人眉毛胡子一把抓，很容易陷入事无巨细的繁忙琐事中，如何有心思从大局上考虑方向性？自然也没有更多精力去思考改善效率问题了。要改善这样的问题，首先就要把园长从日常事务中解脱出来，主次分明、条块清晰地来理清这个行政系统，创造出精简高效的管理动力。

首先是外联接待的信息处理问题。幼儿园工作的复杂性决定了其每天要处理大量的外部信息问题，比如来自家长的一些联系诉求，来自如玩具商等一些相关机构的合作资讯，或来自上级部门的检查参观等事宜。一般而言，这样的电话都打到幼儿园传达室或直接到园长办公室，前者因传达室门卫不了解业务而难以满足信息处理需求，后者则容易造成对园长的过度干扰。如何解决这个问题？在加盟实验中，我们引进了酒店业的管理模式，即在幼儿园入口处设置接待厅和前台，每天安排接待人员处理各种来电来访信息，根据信息类别分别传达到行政、业务、后勤各个系统，或直接通知到班级及园长。同时，园方信息也可以通过前台的枢纽而下达到各个系统及外部。这样，既能保证在第一时间进行信息过滤分类并及时处理的简明高效，又有助于提高上情下达、下情上达的信息畅通度，并增强机构内外的积极互动，特别适合于对外开放的大型教育机构。小型机构则可以考虑设置专门的办公人员来解决这个问题。

其次是随记随理的档案建设问题。中国幼儿园一大特点，就是活动繁多、档案纷杂、各条块检查考核频繁。稍不注意，等到检查评级考核时便会出现忙于应付弥补的景象，实在是无奈又无益。要改变这种现象，必须将档案建设视为管理工作重点而加以日常化、规范化积累，比如预先设置人事档案、教研档案、活动档案、班级档案、日常管理档案、机构历史档案等各个分类，各自形成表格，边实践边记录边整理，到一定时期归档成册，就不用到时再来临时抱佛脚去回忆弥补了。特别有两类档案需要引起重视。一类是机构的发展历史。比如开办装修前后的初始历程记录，开创新的特色举措的原始资料积累，每一次发展转折点的相关信息记录，等等，这些档案都会形成一条清晰完善的脉络，让这个办学机构具有历史文化底蕴。另一类则是活动的典型记录。哪怕是一次研讨、一次家访、一次课程观摩、一次作品展览，其中都蕴含着一些丰富生动的瞬间信息，这些信息只有坚持每次及时记录才有可能被捕捉到，若不及时收集就很容易被错过。在档案的收集方式上，不仅要善于运用表格进行事先预设、规范记录，还要注意随时运用摄影摄像技术及时留存存片及视频资料。除了大型活动或重要资料需要专人拍摄收集以外，最好是能够指导全体员工树立档案意识，学会拍摄技术，养成人人随时收集资料并及时汇总整理的习惯。

第三是办公考勤的内务流程问题。以上两点与整个行政系统的运转流程有关：一个是信息如何接收、处理，形成有始有终的回馈流程；一个是资料如何收集、整理，形成清晰完善的档案积累。这些都与行政办公内务的管理运行与监督反馈流程有关，也就是形成从计划、实施到检查、评价的管理戴明环。这样的有序性和有效性，既依赖于办公管理流程的合理化设计，也依赖于检查考核工作的有效性监督。比如，幼儿园工作最为重要的安全管理问题，如何设置才能既高效又有序？这里就牵涉到入园离园的门禁管理问题，与班级的点名登记及家长工作问题，环境玩具设备的及时检修问题，外出活动的安全防范教育问题，校车接送的全程责任管理问题等等诸多因素，没有一个细致合理的管理流程设计和严格执行的检查考核制度就难以保证不出疏漏。记得数年前在中国一个很有名的幼教集团曾发生过有一个孩子被遗忘在校车里闷死的安全事故。当时身为全国先进模范的园长曾说园里有三十六条安全制度，被人叹"三十六条安全制度管不住一个鲜活的生命"。确实，若缺乏规范有序的流程设计与严格执行的监督机制，再好的设备，再多的制度也无法保障工作的实效性。这一点，是需要引起幼教机构管理者引起足够重视的。

2. 丰富完整的业务体系

再来谈谈业务体系的管理构架。这就像一辆汽车的车体车身，外在是否亮丽迷人，内在是否安全舒适，就取决于这个主体核心系统的性能与质量。幼儿园业务管理体系的诸方面因素，包括班级管理、课程教学、家长工作等在前面的章节中都有详细介绍，这里不再展开赘述，只是需要再强调几方面的观念，进行方向性思路把关。

一是坚持以专业发展为主导。一个教育机构以什么为主导价值，便直接影响着它的发展方向与品质。以经济创利为导向的，自然在利益与质量冲突面前容易舍本求末、离道发展；而若过度强调权威控制，只求对上负责的机构，也难以做出真正符合孩子发展需要的高品质内涵教育。作为办学机构，管理者必须树立以专业发展为先导的强烈意识，从教育理念、课程研发、教学实施到日常服务，都要体现出"以人为本、专业品质"的管理意识。无论是市场竞争的压力、投资回报的创收以及自我的权威控制，都要服从于专业品质本身，而不是什么课程好卖就引进什么课程，什么概念赚钱就包装什么概念，更不是只满足于把孩子管好不出事，便可以万事大吉。这些都是对孩子发展不负责任的表现。中国曾经讨论过教育该不该产业化的问题，而我个人认为，教育产业化本身并不是问题，关键在于怎样理解教育产业化。教育产业与其他所有产业的不同在于教育必须首先遵循人的发展规律、满足人的发展需求，将育人功能摆在首位。在这个基础上，才是如何开源节流，用商业化的手段来赢得市场盈利的问题。办学者若能坚持这种以专业为主导的理念方向，便能妥善处理好教育质量与经济效益的本末关系了。

二是注重以师生需求为本位。要做到真正的"以人为本、专业品质"，一个非常重要的因素，便是以何种群体利益为价值立场与诉求本位。有些管理者以自身的利益或标准为立场，有的则以上级部门的领导意志或数据任务为准则，有的则以讨好家长的诉求为本位。这一些做法，都容易使整个业务体系偏离专业发展轨道。就服务对象而言，幼儿园毫无疑问要以孩子为中心，一切以孩子的需求和发展为准则，而教师是孩子的直接服务者，教师的观念和素质直接影响着对于孩子的教育质量。因此，幼儿园的业务管理必须回到以孩子和教师需求为本位的起点。只有管理者以教师为本，倾听教师心声，体察教师需求，关注教师成长，教师才能真正做到以孩子为本，建立时时处处以孩子为重的习惯与意识。而不是倒过来，让孩子以教师为本，让教师以管理者为本，而办园管理者则对上级领导唯命是从。这样的本末倒置，无法真正创出科学人文、积极阳光的专业内涵品位。

三是围绕以课程教学为核心。幼儿园业务工作头绪繁多，但万变不离其宗，最后都是要落实到每天的课程教学这一核心上。这需要从业务管理全局意识上凝聚焦点、理清思路、提高效率。比如，上级部门布置了教科研或论文任务，这些课题或文章与平时的课程教学之间有怎样的关联？每年一度的"六一"儿童节庆活动，是否可以与平时的课程教学联系起来策划准备？还有，针对家长的沙龙讲座或亲子活动，是否可以结合幼儿园的课程教学内容组织？若没有这种统整的思考，幼儿园的业务工作就很容易被瓜分得支离破碎或被累加得负担重重。记得有一次去一个幼儿园讲座，发现他们在做四五个分别来自于不同的部门渠道的大课题。而其实，这些课题整合一下，完全可以变成一个大课题下的几个子课题，这样就可以大大减轻教师们的负担，也提高工作效率。正是因为感受到幼儿园普遍将课程教学与教科研、节庆活动、环境布置及家长工作等完全分离带给教师的负担及工作的低效，我们才将这些因素充分整合到课程教学体系中，以实现课程教材对工作实践的指引。但在实施时，仍需要时时树立以课程教学为核心的管理意识。

四是重视以家长同盟为合力。在开展业务管理体系时，还要特别重视将家长纳入整个业务管理构架中，视家长为专业发展和质量保障的同盟军。这意味着，并不是要等到与家长交流孩子表现或发表通知资讯时才想到与家长联系，而是要将家长工作完全纳入日常业务工作流程。比如，开学时怎样让家长了解整个学期的园务工作与班级工作计划？如何指导家长阅读理解本学期各个主题的活动安排？每一周如何带动家长参与到主题环境创设和课程教学实践中？每个月又如何围绕课程主题与现实需求开展相应的家长沙龙研讨与亲子活动？平时如何促进家园之间的同步教育实效？这一切工作，都旨在将家长视为幼儿园教育的平等主体，共同实施统一目标的家园合力教育，这就像给孩子的发展插上了双翅。而同时，家长的参与交流又会积极促进家园之间的信息沟通传播，从而通过家长的口口相传，打响幼儿园的知名度与美誉度，这就相当于给幼儿园安上了对外宣传的广播，能够大大提升幼儿园的社会形象，促进幼儿园的多元效益发展。

3. 细致周到的后勤保障

后勤管理是整个幼教运营中最容易忽视却最不应该马虎的保障系统。就相当于汽车的加油、清洁、检修、保养，稍加懈怠，可能就会出故障而影响到整个车身的正常运营与安全保障。

幼儿园的后勤工作极其繁琐多样，涉及孩子一天到晚在园的各个环节内容。从开学入园健康体检入档到定期的预防接种、健康检查再到日常疾病预防与体弱特殊儿照顾，从每天早上的入园晨间检查到每天三餐两点的营养食谱再到平时的清洁卫生与消毒工作，这都是卫生保健的内容。饮食管理就更琐碎，不仅在食堂硬件设施建设上有严格的管理规范，要求有主副食加工间、主副食库、冷藏室、配餐间、消毒间、更衣室等不同功能区并有一定的方位顺序规定外，在日常管理操作上更是包含了从采购验收、库房管理、清洗切配、烹饪加工到食具卫生、饭菜分发、食物留样、环境整理等一系列规范要求，任何一个环节都不得因马虎疏漏而导致病从口入的危险；另外还

有保安、司机、采购、清洁等相关总务管理工作，以保障整个幼儿园的人、财、物能够安全、健康、有序运转。若有寄宿制全托班，则还要包括夜间住宿值班及二十四小时安全应急防御机制。可谓后勤工作无小事，只有样样琐事都得到重视，才能保障整个办学运营体系的良性发展。

那么，如何做好这样的后勤保障工作呢？需要重点抓好这几关：

一是入园接送安全关。幼儿园每天早晚的接送，都是后勤管理的大事。不仅需要有门卫保安严格把关，避免闲杂人员混入或孩子自行离园，也要掌握每天孩子出勤考核的数据以供食堂配餐之用，更重要的是要做好"一摸二看三问四查五记录"的晨检工作，当然还有校车司机及跟车教师的安全责任工作。这一项工作分别涉及门卫保安、保健医师、食堂人员、司机及教师各方面的工作职责，需要做好人员安排和流程制度上的妥善管理工作。

二是健康检查预防关。在孩子入园前就要求进行健康检查，以全面了解孩子的疾病史、传染病史、过敏史、家族史和生活习惯等，并为每个孩子建立健康档案；入园每半年要测身高体重一次，每年体检一次，并及时进行记录分析评价；定期做好预防接种工作；在各传染病高发季节还要做好清洁消毒预防工作。除了对孩子进行健康检查外，幼儿园工作人员也要进行岗前体检，合格方可上岗工作，并也需要每年全面体检一次，发现患上有碍于孩子身体健康的疾病，则应离职治疗或调离相关工作岗位。

三是饮食卫生营养关。饮食管理工作重在清洁卫生与营养搭配。清洁卫生工作主要责任在于食堂工作人员，从定点采购新鲜食材到生熟食分开放置，从细致清洗切配到规范烹饪加工，从饭菜安全分发到食具清洁消毒，从食物留样处理到环境卫生工作，须抓好每一个环节。而营养搭配工作主要在于每周菜谱的定制，可以由保健人员负责，也可以成立专门的餐饮管理小组进行集体讨论定制，并考虑孩子的年龄特点，食物的季节性色香味、营养等诸方面因素，尽量做到健康平衡又新鲜美味，让孩子吃得开心又有营养。

四是环境检修维护关。环境管理不仅意味着美观舒适，更影响着孩子的活动安全与健康。除了幼儿园每一位员工都应具有共同维护环境的责任意识，随时随地保护环境的整洁卫生和安全有序之外，还建议设置环境专管员（可兼职、轮班）来对园舍环境做定期检查报修工作，看到哪儿有尖角、断裂、脱落、障碍等安全隐患，一定要及时检修处理，还要督促班级做好紫外灯、饮水机、电器插座等方面的环境管理工作，尽量杜绝意外事故的发生。

以上全面而又简略地介绍了一个规范幼儿园所需要建立的行政、业务、后勤各个系统管理构架及工作概要，其他幼教机构可根据自己的办学规模大小加以灵活参考应用。但不管规模大小，只要是照顾管理孩子一日活动，都会涉及这诸方面的管理因素，都需要通过这三大系统的全面协调有序运转才能建立一个孩子开心、家长放心、教师舒心、园长宽心的教育环境，最大限度地保障孩子的健康安全生活，促进孩子的优质高效发展。

二、全面细致的规章制度

对幼教机构管理有了全面清晰的组织构架了解以后，便需要制定严明具体的规范制度来支持这三大管理系统的和谐有序运转了。

什么是制度？制度一般是指要求大家共同遵守的办事规程或行动准则，是用一定的价值观去规范个体行动的一种规则或运作模式。中国古语说，无规矩不成方圆。制度对组织中的成员具有指导性和约束性、鞭策性和激励性、规范性和程序性的多向度作用，从而指引一个社会组织或团体中的诸多成员做出统一行动，以实现共同目标。

一切制度都来自于在一定历史条件下产生的管理思想与组织构架。不同的思想观念和管理构架，在对待同样一件事情上，会产生极具差异的规章制度。比如，习惯以控制作为主导思想的，就会多用惩罚手段；提倡以激励为管理文化的，就会多用奖励策略；一人独裁的专制意识与民主决策的管理思想也会导向完全不同的制度方向和内容。正是在这个意义上，我们认为，在管理问题上，文化思想应优先于规章制度受到重视，制度应配合组织构架和文化导向做出执行和保障。这样，就通过制度撑起组织构架之躯，传导管理文化之灵，体现日常工作之实，而让整个机构稳定有效地运营起来。

　　全能宝宝教育体系在制度的建设和实施上也下了很多功夫去探索践行，虽然未能得到反复的对比验证，但在制度设计上仍具有一些全局的研究经验可供各位分享批评。

　　下面我们准备从职业规范、岗位职责、规章制度、考核激励等相关方面来介绍一下全能宝宝体系的制度建设。

1. 职业规范

　　规范是指非精准定量的行为标准，它不涉及具体的工作岗位与职责事务，更无关具体的奖罚措施，而是对整个职业群体的统一言行规范。它由基本职责与行为规范两部分组成。比如，全能宝宝机构员工的基本职责，包括对全能宝宝内涵理念的价值认同与目标意识，对于全能宝宝品质形象的宣传意识与维护责任，对于社会责任感与公共服务的爱心意识，对于自我修养管理和自我进取发展的目标意识，同事之间开放合作、坦诚相待的团队精神以及认真对待本职工作、维护大局利益的价值创造职责。而言行规范，则包括衣着整洁、淡妆修饰、言行有礼、举止有节，认真自律、恪守职责，热情接待、主动宣传，真诚合作、互帮互学，大局为重、质量为本等相关方面，是对于基本职责的具体化言行规定。

　　除了对于教职员工的职业规范，还有对于家长和孩子的行为规范，这就更加具体细致。家长公约主要是对家长进入全能宝宝机构场所内部之后的规定约束，主要包括衣着、言行，对于孩子的礼貌引导与安全照顾，参与教学活动的协调配合工作，对孩子的正面语言指导与激励，与教师的交流礼节原则，对自身的无形身教影响，对环境的整洁卫生安全维护，等等。对于孩子的在园一日生活规范在前面章节已介绍，这里不重复。

总之，我们希望提倡怎样的职业精神，建立怎样的组织氛围，就制定怎样的职场规范。各个办学机构可在符合全能宝宝教育理念的前提下根据自身的理解和需求灵活制定。

2. 岗位职责

要有行之有效的制度，首先就要给各个组织成员定岗定位，明确各自的岗位职责。根据前面章节中所述的行政、业务、后勤三大管理系统，一个规范幼儿园岗位配置，除了每班两位以上教师与保育员作为主体岗位以外，还有园长、副园长（主任、副主任），行政、后勤、教务、宣传、外联接待等方面的主管、助理或秘书以及会计出纳、保健医师（保健员）、保管员、炊事员、采购员、保安、司机、清洁工等各个岗位。在制定岗位职责时，要充分考虑到各个岗位的具体特点与实际需要，职责条款要具体、清晰、全面、可操作，并需要处理好各岗位之间的分工协调互补关系以及上下之间的分层执行归属关系，还有一人一岗与一人多岗的专职与兼管关系，做好各岗位之间、各系统之间的完善建构、无缝对接，为进一步的规章制度提供脉络清晰的逻辑思路与发挥空间。

3. 规章制度

规章制度应从一个机构的组织文化、职业规范和各个岗位的工作职责发展而来，更具体地表明在各个工作领域应该怎样做、不应该怎样做，以及如果做到或做不到怎么办的问题。全能宝宝体系首先确定了以园务委员会和教职工代表大会、家园联合会与家长代表大会为决策形式的民主管理机制，用于激发广大教职工及家长参与民主决策的热情，增强管理凝聚力，促进管理的科学化和人性化发展。

在这样的思路指导下，制定了人事聘用制度、考勤休假制度、薪酬福利制度、绩效考核制度、前台接待管理制度、意外事故安全防范制度、综合保安管理制度、卫生保健管理制度、食堂工作管理制度、员工住宿管理制度、财产管理制度、经费报销制度、档案管理制度、员工学习培训制度、家长工作制度、班务管理制度、全托班管理制度及夜间安全应急预案等相应规章制度。针对班级工作重点，则制定了教师一日工作规范，对一日在园的各个环节都做了具体细致的规范要求与禁忌行为及杜绝现象规定（见前面章节）。针对安全工作重点，则与后勤主管、班级教师、门卫保安、医务人员、食堂人员、校车司机等相关岗位人员都签订了安全责任书，以确保各岗人员树立强烈的责任意识，将安全工作放在首位。

规章制度是以执行力为保障的。没有有效的执行力，制度的约束和激励作用也无从实现，对组织成员的行为也起不到任何的规范作用。为了增强对于规章制度的执行力，我们又制定了执事管理制度，确定首接负责制、定位跟查制、限时办结制、及时反馈制、广联专攻制等相应的规则策略，以预防改变人浮于事或本位主义的不良现象，有始有终、精益求精地将本职工作负责到底，并提倡善于发挥团队力量多方联动协力合作，创出更好的工作品质与管理成效。

4. 考核激励

规范定得再全，制度立得再细，也只是提供了行为准则，并不等同于管理行为目标的真正实现。从制度到实效，中间还需要一道重要的桥梁，那就是对制度执行的检查考核反馈激励。尤其是在制度实行之初，大家都未能建立自觉自律意识习惯，就更加需要加强检查考核来加以监督控制，并运用奖惩反馈来予以强化激励。

幼儿园工作细碎内容繁多，教职工又大部分都是女性群体，且人员配置紧张、少有富余人员。如何设计实施检查考核激励方案，确实是一件挺伤脑筋的事。在全能宝宝办园管理实验中，我们曾经根据各个岗位的职责和绩效考核制度，分别制定了值班督导日常巡查、班级保教工作、班级环境创设、班级家长工作、班级清洁卫生工作、接待咨询工作、安全保卫工作、医务保健工作、食堂工作、公共清洁卫生工作等各岗位领域专项检查记录表，按日常值班巡查、定期组织抽查等方式来进行检查考核，并结合员工月考核、学期考核自评、年度综合互评等方式加以综合评价，并与薪酬福利挂勾，进行上下浮动的绩效考核激励。同时，设立在开拓创新、勇挑重担、技术过硬、勤勉肯干、热心公益等某方面具有突出贡献的特别奖项，以及在品行不端、玩忽职守、恶意体罚、消极怠工、造谣生非等某方面造成严重后果或恶劣影响的则加以严厉惩处，以做到赏罚分明，促进正向激励作用。

以上考核激励设计建立在规范办园、配备完善、员工相对成熟的理想状态下，不同阶段、不同条件的办学机构，还是需要根据自身的实际情况进行灵活调整应用，以做到适宜、可行、简便、有效。比如，有一个实验园通过教职工代表大会来修改通过各项规章制度，并通过网络将家长意见作为对于班级教师工作的评价主体参照，是比较值得借鉴的行之有效的考核激励方法。

总之，制度不是一个静态的设计与确定，而是一个动态的执行发展过程。只有通过一次次的实践改进与督促强化，逐步把写在文本上的规章制度条款变成教职员工的自觉自律行动，这些制度才真正发挥它应有的实效管理作用。

三、整体渗透的组织文化

再来讲讲文化的问题。如前所述，管理的根本，既不是具体可见的人事财物，也不是可诉之行文的制度条款，而是似乎看不见摸不着却时时刻刻如空气一样渗透到每个时空角落的组织文化。在全能宝宝办园管理实验中，我们曾经将管理制度、教师培训、家长宣传、课程教学及文化传播等多种方式作为入口向原有幼儿园机构植入这一教育体系，发现最快捷有效的方法，就是课程植入与文化渗透双管齐下。何以如此？打个比方，全能宝宝幸福课

程就像是一颗种子，教师每天都要与它接触、磨合，给它浇灌，与它朝夕相处，共同成长。而文化就像是与这颗课程种子理念相通、内涵相关的空气与养分，天天呼吸、时时感染，就不知不觉地渗透在自己的生命中了。文化与课程感悟形成一股合力，快速促进教师的理念转变与专业成长。

那么，全能宝宝教育体系提供的是一种怎样的组织文化呢？

首先是爱的文化。

我曾经用"让爱在生命中自然流淌"的讲座来向大家传播这样的师德之魂与师爱文化内涵。这里的爱，不是表演出来、不是管教出来的，而是真正发自于内心、充盈于生命，并在各个情境中随时随地自然流淌出来的。这样的爱，是什么呢？第一，爱是尊重，是把每一个孩子都当作与我们一样平等、独立、有价值的"人"来看待；第二，爱是理解，是不仅要承认儿童与我们成人一样有平等独立的人格，还要更深刻地认识到儿童是与成人不一样的独特生命奥秘；在这样的基础上，再是爱的第三境界，即爱是欣赏，带着好奇之心去发现感悟每一个孩子的独特价值与非凡品质，懂得去欣赏孩子的一百种语言；第四，爱是信任，正是因为能够欣赏到每一个孩子生命的独特与非凡，才能使我们真正放下教师的权威感与控制欲，建立对孩子自我学习、自主发展的信任与支持，积极鼓励孩子按自己的意愿、能力和速度成长；第五，爱是支持，正如蒙台梭利所言，教师要像仆人一样给孩子以爱的支持与援助，通过方向的引导、环境的创设、思维的激发、方法的启示等各种途径向孩子表达爱的支持，给予孩子最适宜有效的成长帮助；最后，爱是共享，正是因为我们与孩子之间生而平等、敬而欣赏、教而信任、爱而支持，师生关系变成了共创共建、共乐共享的情感相倚关系。无论教师是怎样的学历、经验与水平，只要他能用这样的视点去看待孩子，为孩子的进步变化而欣喜，就会自然而然地萌生出对孩子的深深爱意，而越来越感受到教育的价值和幸福，越来越有意识地变被动工作为主动的创造与追求。而这种共创共享的幸福感又会反过来成为一种强烈的内在动力，让教师以满腔热情投入到与孩子的积极互动中，促进师生之爱的正向循环。这才形成了真正的师德之魂，它扎根于教师的生命灵魂之中，由每时每刻的言行自然而然地流淌出来。

其次是智慧的文化。

有了生命流淌的爱，便具备了一位好教师、好员工的人格基础，但在这基础之上，还需要有专业的智慧，才能当一名合格的专业工作者。这里的智慧，不是文凭学历、不是考级证书（当然这些也是规范必要条件之一），而是指真正的专业性。什么是专业性呢？通俗地说，就是指一个人在工作中所表现出来的专业特性与品质。比如，同样是扫地，一个清洁工扫得又快又干净，一个博士生却老半天扫不清，在扫地这件事上，谁更有专业性？显然是前者。各行各业、各岗各位都有自己的专业性。那么，幼儿教师的专业性体现在哪儿呢？比如一个钢琴十级的大学生面对孩子，却弹不出一首即兴伴奏，而一位喜欢孩子的非科班出身教师却能够边弹边唱边与孩子打成一片，哪个更有专业性？显然是后者。所以，真正的专业智慧不是你读了哪些书，考了哪些证，拥有哪一级文凭，而是你如何读懂自己的服务对象，如何体贴入微地走进对方的心灵世界，如何生动灵活地把工作目标和成效展现出来，能够精益求精地把工作品质做到最好，让人感受到你就是最专业的工作者。

这样的专业智慧，来自于一颗真心爱孩子、热心爱工作的责任之心，来自于积极面对生活、勤勉认真工作的阳光生命热情，来自于喜欢探索思考、主动学习进取的自我挑战精神。一位教师若有了这样的责任之心、生命热情与学习精神，不管是什么起点、什么背景、什么文凭，相信都能成为一位不断提升专业智慧的优秀教师。

第三是创造的文化。

全能宝宝体系在实践中屡屡体现出迷人的魅力的原因，除了爱与智慧的内涵氛围以外，更重要的是充满创意的文化。孩子是天生的探险者与创造家，他们每个人都是哥伦布，每天都在把我们带向新大陆。要让孩子这种自由自在的创造天性得到保护受到激发，必须在整个管理体系中建立这样一种鼓励创新、欣赏创意、激发创造的灵动的文化。

这样的创造文化，来自于平等尊重的土壤与自由呼吸的空气。管理者只有像解读孩子的一百种语言那样去欣赏每位员工的不同特质，去信任每位教师的个性潜能，鼓励他们按自己的兴趣与特长去发挥工作热情，支持他们按自己的速度与方式去独立地思考解决问题，才能真正激发出每个人的创造潜力，让创新成为一种习惯思维，让创意成为一种工作乐趣，引领、带动着整个管理氛围的发展。

这种爱、智慧、创造的文化，构成了不可分割的完整体系：因为有爱，才会有内在动力去向生活、向孩子学习专业智慧，并不断成长；而因为有了爱与智慧的积极开放与合作支持，才能进一步将其转化为创造的热情与实力，支持着创新文化的不断发展。曾经有国外专家去处于郊县的全能宝宝实验园观摩教学，惊叹于那儿的教师团队研讨气氛活跃、教学丰富灵活，超过中国许多主流幼儿园，便以为是我们这个课程的游戏丰富使然。但这其实是源于这种爱、智慧、创造相结合的文化渗透与日常熏陶。教师一旦被培养出这样的创造性，便能在各个场合畅所欲言大胆表达，并且能够在很短的时间内完成一个个富有挑战性的任务，所做出的成绩也会大大超过他们的个人基础条件与地域背景水平，使很普通的教师也能创造出富有特色的教育实践奇迹。

那么，如何打造这种爱、智慧与创造的文化呢？全能宝宝体系将"塑造组织文化，打造成功自我，创造幸福生活，建构和谐社会"作为每一位团队成员的要求与责任，将个人的人生修炼与幸福成长和整个事业理想的发展目标完全地统整在一起，从全方位建构全能宝宝组织文化。举例如下：

1. 全能宝宝人生哲学：胸怀坦荡、感性做人；心存原则、理性做事。

2. 全能宝宝工作精神：亲和、专业、高效、创新。

3. 全能宝宝员工形象：一颗爱心——以人为本的欣赏，一张笑脸——发自内心的亲和，一双慧眼——灵活开放的关注，一双巧手——积极务实的行动，一套本领——不同于人的专长。

4．全能宝宝团队作风：放飞梦想、踏实行动，宽容以待、积极沟通，同心协力、共促进步。

5．全能宝宝教育理想：让孩子开心，让家长放心，让员工舒心，让领导宽心，让社会同心。

6．全能宝宝服务信条：关注每一个细节，追求每一步卓越；以超过100%的努力，去冲刺99%的完美。

7．全能宝宝六字箴言：亲（亲切、亲近、亲和）、智（明智、睿智、机智）、诚（诚实、诚心、诚信）、勤（勤奋、勤劳、勤快）、专（专心、专业、专长）、创（创造、创新、创业）。

8．全能宝宝五到技巧：心到——全心全意、贴心关怀；眼到——眼观四面、时刻关注；耳到——耳听八方、认真判断；口到——明确指令、清晰表达；手到——勤于动手、注重实践。

9．全能宝宝育人原则：尊重人，创造宾至如归的家庭氛围，培养员工的主人意识；塑造人，创造制度严明的军队氛围，培养员工的竞争意识；超越人，创造胸怀大志的社会氛围，培养员工的责任意识。

10．全能宝宝用人原则：先入为主——以情感用人、给予机会；勤者为先——以行为用人、注重表现；能者为上——以能力用人、公平竞争。

11．全能宝宝留人原则：用慧眼去欣赏人的优点，用善心去打造人的亮点，用真诚去改善人的缺点，用价值去激励人的视点。

12．全能宝宝合作战略：求大同存小异——共同的事业领域，不同的工作内容；求内同存外异——共同的价值观念，不同的性格特长；求远同存近异——共同的目标方向，不同的方法思路……

参天大树从根起，文化的播种与形成也不是一朝一夕一蹴而就的短期行为，它需要一个潜移默化日积月累的熏陶积淀过程。除了不断地交流学习、互动启发以深入理解、细致感悟以外，还需要管理者身先士卒的观念引领和精于细节的行为指导，才能逐步深化渗透到每一位团队成员的生命中，汇聚成一股强有力的精神力量，来带动整个机构的运营发展。

四、人格修炼的领导魅力

有人说：企业文化是创始人的哲学。不管是不是创始人，管理者的个人思想与素质确实很大程度地影响着一个组织机构的发展。在全能宝宝办园管理实践中，我们深切地领悟到，同样的体系植入，不可避免地受园长个人因素的影响而体现出大相径庭的效果。也因此，在此我们再来交流探讨一下管理者的领导魅力如何影响一个机构的发展以及全能宝宝体系需要培养怎样的管理者领导素质。

曾经有人问我：怎样的人适合担任全能宝宝机构的园长？我沉吟片刻，给出三句话答案：一是健康正向的好人，有一颗对人关爱的善心；二是认真勤勉的实在人，有一份真心做教育的诚意；三是开放合作的灵气人，有一股乐于创造的活力。

这三句话，恰恰与全能宝宝关于爱、智慧、创造的文化内涵相对应。也就是说，只有领导者的人格品质与一个体系的文化主旨相融而无矛盾冲突，才能更顺利地将体系文化植入机构，并有效地培育浇灌它正向健康发展。在我们的实验中，分别有五六家处于不同类型条件的幼儿园整体引进全能宝宝品牌办园管理体系，最后只有一家被我们保留了下来并获得了成功，其他都因各种各样的原因而中途停滞。除了一家是经济受困，其他所有的原因归结起来，只有一个：办园管理者的个人因素障碍。有的本末倒置不择手段牟利，有的无视现实无心勤勉做事，有的凭个人意志行事不懂合作规则。反而是保留下来的这一家，无论是经济实力、办园者个人经验与教育背景、师资队伍基础条件都不如其他，却凭借办园者自身的健康、善良、正向、开放的人格品质而让全能宝宝体系在自己的幼儿园生根发芽，获得了可喜的发展成效。

正是因为这样的研究体验，让我放下了关于课程、教学、师资、制度等一切关乎专业本身的管理因素，转而开始探索领导者人格品质与整个机构文化的相契关系，以及如何将个人塑造与组织文化纳入全能宝宝管理指导体系，成为个人成长、机构发展与体系实践之间融为一体的系统指导方案。这便是WPE幼教管理辅导系统的创意由来，它是通过全能宝宝体系理念与经验的植入培训，来帮助各个幼教机构获得员工个人心智成长和团队管理效益提升的三位一体辅导计划。

那么，如何提升领导者的人格魅力以顺利贯彻全能宝宝文化理念并创出高品质的办学成效呢？首先要从领导者的思想入手，建立以下三种基本观念：

一是积极的生活观。全能宝宝教育体系的宗旨和目标就在于使孩子从小形成追求健康幸福的积极的生活态度和良好的生活能力。因而，作为领导者自身首先就要以积极乐观独立进取的生活观来带动整个团队，激发整个团队的主体意识、合作精神和生活热情，并让这样的积极生活观作用于孩子的心灵成长。

二是开放的教育观。全能宝宝体系是孩子之间、师生之间、家园之间相互学习、共同创造、幸福共享的开放性、探究性、合作性教育系统。作为领导者自身首先要建立这样的全局动态教育观，把支持探究、鼓励创造放在第一位，对内注重团队成员不同的个性特点和潜能发挥，创设平等对话、民主共商的人文氛围，让彼此之间相互倾听、相互欣赏、相互支持，大家互帮互学共同进步；对外善于开放吸纳、坦诚分享，坚持践行资源共享、优势互补的合作精神，促进共赢发展。

三是发展的儿童观。一个不从内心深处去爱孩子的人，无法真正做好全能宝宝教育。经营管理的根本要义，是领导者坚信自己提供的服务能给客户带来价值。全能宝宝体系最终服务的是儿童，因而，我们持有怎样的儿童观，如何看待这个体系给儿童带来的发展价值，便直接影响着对这个体系的理解领悟与应用成效。如果只是想用全能宝宝体系去获取商业利益，而无视它真正给孩子带来了怎样的幸福人生发展价值，就无法真正体现全能宝宝的内涵品质，最终也无法创出它应有的社会效益与商业价值。

发展的儿童观，意味着领导者首先要善于去读懂儿童，认识到孩子之间发展的共性与差异，不盲目对待孩子；其次还要乐于去欣赏儿童，信任每一个孩子的发展潜力，对孩子的进步充满信心和希望；最后还要愿意去支持儿童，愿意创造一切条件去满足孩子的发展需求，积极鼓励、帮助促进孩子的全面成长。这样的儿童观，会成为领导者热爱这份儿童教育事业的深层驱动，去支持他带领团队不断向前发展。

从积极的生活观到开放的教育观到发展的儿童观，表明了一个领导者如何对待自己、如何对待职业、如何对待服务对象的基本观念态度。在这样的基础上，才是如何修炼自己的管理策略与领导魅力问题。接下来，我们借用三个定律来与大家分享这个问题。

1. 渔网理论——创建高效严密的专业化团队

如果把幼儿园的管理目标看作是一条条鱼，把管理过程看作是捕鱼过程，那么，幼儿园的管理者就是负责捕鱼的渔夫。渔夫不是靠自己下海用手捞鱼，而是借助于"渔网"——整个团队的组织体系来捕鱼，这便是管理者的职责，也是领导人的艺术所在。一个领导人的能力再强、才智再高，若不能最大限度地发挥大家的集体力量，使整个"渔网"步调一致地行动起来，便难以实现更大的管理目标——靠双手再用力，都无法捕到更多的鱼。但许多园长恰恰容易陷入自己直接"捕鱼"的管理误区，事无巨细样样缠身，不仅每天手忙脚乱，而且容易以小失大，管理收效甚微。

要改善这一点，管理者要首先树立用"渔网"去"捕鱼"的团队管理意识，一方面要做好各岗各位、分工协作的团队构架，让大家在工作中逐步形成团队合作的思维习惯；另一方面要妥善管好自己的时间，分清主次，按照轻重缓急的次序做好有效的决策，即什么时候需要自己亲自动手，什么事情需要交给下属或团队处理，自己都要有明确的意识与清晰的安排，不可眉毛胡子一把抓。或许一开始，初创团队力量很弱，"渔网"多有疏漏，免不了会顾此失彼付出代价，但只要时刻树立这样的团队管理意识，善于运用全能宝宝文化去增强团队凝聚力，不断地在自我带领与团队磨炼之间寻求最佳平衡点，再努力创造具有吸引力的薪酬绩效予以鞭策激励，便能逐步形成高效紧密的"渔网"型团队，不断创出更好的管理效益。

2. 木桶原理——关注扬长补短的差异化合作

如果说"渔网理论"告诉我们要重视团队管理的优势作用，"木桶原理"则是提醒我们要关注个体之间的局限防范，而这，恰恰也是建立团队组织的必要性与效用所在。众所周知，木桶原理告诉我们的是，一只木桶能够装多少水，不是取决于那块长板，而是决定于那块最短的板。就个体而言，每个人都是一只木桶，我们往往都会最先看到自己的那块长板，而想要去盛更多的水，但最终的结果，却总是因那块短板的障碍而无法实现预期目标。就组织而言，也常常会出现这样的状况，即明明领导者目标清晰、能力优秀、执行努力，但就是难以顺利如愿。这在很大程度上也是因为团队中的那些短板所致——就像键盘上的一个坏键足以影响整个键盘的工作效率。

那么，如何预防这种现象呢？还是需要运用木桶原理，用他人之长来补己之短，用此人所长来避彼人所短，用优势互补的团队力量来打造一只尽可能发挥各人"长板"的集体木桶，去实现个人无法实现的组织目标。用全人发展的理念来比喻，就是每个人都难以做到"完全、完整、完美"，但运用团队的力量，可以让每个人的长处得到最大的发挥，每个人的短处受到最大的弥补，大家联合起来，就是一个集体的"全人"，再由团队共创的力量，让每一个人的生命价值得到最大化的"全人"发展。

要实现这样的目标，管理者首先要懂得把握群体特征，同时又要关注个体差异。在这样的前提下，做到知人善用，为大家提供一个宽容欣赏、相互支持的积极环境，使团队成员着眼于更远的共同目标，而非计较于眼前小利。同时，根据每个人的才能和角色进行对应分工和相互协作，使得团队成员能够根据整体工作需要而迅速自发采取适当行动，而不是被动地等待别人来下命令。只有使团队中的每一个人都能知己知彼，明确自己的角色定位和才能优劣，又能充分理解整个组织的共同目标和努力方向，才能真正破除木桶原理的短板效应，善用渔网理论的组织力量，事半功倍地创出团队协作成效。

3. 蝴蝶效应——重视持之以恒的理想化信念

一只南美洲亚马逊河流域热带雨林中的蝴蝶，偶尔扇动几下翅膀，随后就可以引起美国得克萨斯州的一场龙卷风，人们把这种由一个不起眼的小动作而引发一连串变化反应的现象，称之为蝴蝶效应。

蝴蝶效应何以有牵一发而动全身的威力？这是一种混沌现象，是指初始条件的变化能够引起整个系统长期而巨大的连锁反应。用在管理上，用在社会现象中，我们可以用另一句话来加以诠释，即"不忘初心，方得始终"。即最开始的那个"初心"是什么，会极大程度地影响后续整个事件的发展。就像我们针对各幼儿园开展的全能宝宝品牌管理实验，最初大家都想用全能宝宝体系来提升自己的办园品质，但一到实践磨合中，便各自暴露出真正的目的，有的想快速牟利，有的想不劳而获，有的想装点门面，结果自然毫无建树，只有真心诚意想用这个体系来做好教育的，才能够真正体现出全能宝宝体系的内涵价值，促进幼儿园的提升跨越发展。

一个初创团队中有着千姿百态的个性诉求，领导者若没有一个坚定的初心信念去持续不断地强化影响，是很难带动大家凝聚合力，以微小的弱力去实现大家同心协力追求集体目标的蝴蝶效应的。这一过程中，基础条件、现实困难、经济效益、环境变化等等都有可能成为影响管理目标能否实现的重要原因，但最为关键的因素，还是领导者自身的理想信念。只要领导者自己理清方向、摆正观念、努力追求、坚持不懈，哪怕整个团队面临种种困难变故，也终有一天能够冲破现实黑暗迎来不断接近理想的光明与希望。而这样的思想信念，也正是全能宝宝体系所要给予个人和组织的文化营养与支持力量。

以上三个定律所表达的管理观念与领导谋略，其实还取决于管理者个人的人格修炼。有人说，人的生命长度是不可改变的，但可以修炼自己的生命高度、宽度和厚度，让自己站得更高、看得更远、容纳更多、走得更好。确实颇有道理。接下来，我们再来谈谈一个合格的全能宝宝机构管理者应该如何修炼自己的心智魅力。

1. 登高视野——高瞻远瞩才能突破局限

乘坐飞机或爬山时会有一个感觉，就是随着自己的视野越来越高，你会发现再也看不见那些地面上的崎岖坎坷或荆棘障碍。从上往下看，那些高高低低的树草建筑，都变成了如同一马平川的风景，心情也自然会愉悦开阔起来。这便是"天高任鸟飞"、"一览众山小"的登高时的感觉。这是一个领导者特别需要接受的第一修炼。

很多人都心怀理想信念，但总是难以坚持，就是因为追求理想之路上现实困难重重，常常打击人的信心希望，令人想要放弃。其实这就像在平地上走路的感觉，一块石头、一丛荆棘、一条沟壑、一堵矮墙，都容易挡住人的去路，而影响前进。但若这时腾空登高一下，便会发现越过这些障碍，路依然在前头指引。这也就是为什么，一些成功实现理想或做出社会贡献的人，总是不局限于眼前小利或一时得失，而把目光放得更高更远。这样在困难挫折面前，才有更大的视野、更强的信念去帮助自己突破现实局限，走出更宽广的希望之路。

幼教群体多为女性与孩子，若领导者没有一个高瞻远瞩的社会视野，就很容易陷入世俗局限之中，被琐事所困。这就更需要管理者走出幼儿园小天地，多看多听多接触更为广阔的社会时局，多了解多思考更为宏大的社会责任，让自己站在更高更远的立场视野来领悟自己的职业价值，建立更强大的

理想信念去带领团队，让整个机构都走得更高、更远。

2. 海纳胸怀——心怀宽广才能化解冲突

在管理历程中，不可避免地会遇到各种各样的人际矛盾冲突。尤其是幼教女性群体，情感细腻、心理敏感，很容易造成各种误解，处理起来不像男性群体那样简单。但女性群体又有一个很大的特点，就是容易将心比心，被情绪感染带动。所以在幼儿园的管理中，若能发挥好情感因素的积极效应，可起到事半功倍的管理成效。而怎样以真心去赢得真情，领导者的胸怀格局就起到了至关重要的作用。

海纳百川，有容乃大。这是指一个人只有把自己修炼成像大海一样宽广的胸怀，才能包容各种异见、吸纳各种沉积，从而化解各种矛盾冲突。在一个组织里，之所以会产生各种矛盾冲突，都是因为各有脾性、各有诉求，而难以认同一个目标或方法。这时候，最需要做出让步的恰恰是管理者自身——这里的让步，不是指要放弃自己的理想信念，或者改变自己的目标方向，而恰恰是为了更好地实现这样的目标理想，退一步换位思考，充分理解每一个人的不同，宽容看待彼此之间的差异，用更真诚的位置、更理性的方法去争取对方的理解支持。

这需要领导者舍得放下自己的一时之利，克服自己的情绪反应，更大度、更平和、更理性地与人交往。这种修炼对于任何一位普通的管理者来说都非易事，但既然身为领导人，要承担带领团队去实现目标的管理重任，就必须毫无怨言地接受这样的挑战。

3. 移山信念——脚踏实地才能实现目标

有了高度的视野，有了宽广的胸怀，并不意味着就能得到团队的肯定，能一帆风顺地实现目标。要做好管理之事，最重要的品质之一，便是脚踏实地地坚持实务精神。尤其是理想越高，起点越低，两者之间的现实之路就像愚公移山一样难以快速企及。但唯有本着愚公移山的精神，才能在现实与理想之间搭起务实可行的天梯，一步一步拾级而上，去不断接近，并最终到达。

在经营管理的历程中，人们常常会犯一种非此即彼的错误，即要么空有理想目标，而不知如何去实现；要么就放弃理想追求，退回到疲于应付的现实困境。其实这两者都无益于收获管理良效。用一句研究中的话，叫"大胆假设、小心求证"。其实在管理中领导者也要有这样的信念，就是建立信念目标时，不要被现实局限所困，敢于提出梦想，敢于激发创意。但在带领团队去实现目标时，一定要立足现实条件，理性决策计划，脚踏实地，分级逐步去搭建一个个阶梯，在各个阶段内达到螺旋上升的理想目标。

其实，任何困难，只要静下心、沉住气，去理性面对、积极努力，就能化整为零、化大为小，一点一点攻克解决。而任何长远的路，只要从脚下开始，以终为始，坚持正确的方向，去一步一步踏实行进，不轻易放弃，不盲目变道，也终有一天，会无限接近理想目标。这取决于愚公移山般的坚强信念，更取决于高瞻远瞩的前瞻视野与海纳百川的宽广胸怀。三位一体，便能成就一位出色的管理者，修炼出让人叹服的领导魅力。

第六节　全能宝宝公共关系

　　没有一个时代，像如今这个信息开放的时代这样需要引起对社会公共关系的关注重视。幼儿教育事关千家万户幸福根基，涉及衣食住行各个领域，涉及政府、市场、专业、公众等各项资源，做好公共关系工作就显得更为重要。

　　何为公共关系？公共关系是指某一组织为改善与社会公众的关系，促进公众对组织的认识、理解和支持，达到树立良好组织形象、促进理念特色宣传及服务产品销售目的的一系列公共活动。公共关系是一种传播活动，也是一种管理职能，更是一种经营艺术。

　　幼儿园具有哪些公共关系呢？从内部而言，孩子、家长、教师便是直接的公共关系，从外部而言，则包括社区公众、政府公众、学术公众、相关行业公众、传播媒介公众等，这些都是幼儿园的目标公众，对幼儿园的发展起着至关重要的公共关系影响作用。

　　全能宝宝体系作为一种开放性、多元化的社会生态教育系统，在开创之初就十分重视对于公共关系管理的探索。这些探索经验无论对于公办幼儿园或民营办学机构，都能起到联结资源、增进沟通、优化环境、获得支持、树立良好社会形象、提高竞争力、促进办学质量提升和管理效益发展的功效。在此我们根据幼儿园公共关系的轻重缓急次序来做进一步的分享。

一、社会宣传——好酒也要勤吆喝

　　中国幼儿园尚未纳入义务教育范围，因而，无论是公办或民营，在开办之初，都会涉及招生宣传的问题，需要通过各种方式广而告知来招到第一批学生，以实现幼儿园的运营发展。许多幼儿园管理者本着传统的经营思路，将幼儿园的社会宣传简单理解为招生营销，只局限于在社区张贴招生海报，或者发放招生宣传单。这虽然是最为直接的宣传方式，但从社会传播学的角度，这种目光短浅的营销方式对于幼儿园的社会公共关系建立是远远不够的。因为公众对信息的接收特点是全息性的——无意识接收、选择性的——只选择自己感兴趣的、联想性的——由此及彼产生联想、信赖性的——对熟悉的信息有首选依赖。基于这些特点，机构主体需要从多方面、多角度、持续不断地对社会公众开展理念、特色、服务、产品等各方面的宣传推广活动，才能有助于形成品牌认知和形象认同，在自然实现招生目标的同时促进持续提升发展。

根据传播学理论，社会宣传的传播媒介既有广播、电视、网络、报纸、杂志等大众媒介，有大型活动、新闻发布会、座谈研讨会等群体媒介，还有通过个人传播的人际媒介，还可以通过购物袋、象征物、公共关系礼品等实体媒介进行宣传。现在还出现了微信、微博等各种媒体。采用何种方式，与机构本身的资源条件与各阶段实际需求有关，但总体而言，以下几种方式途径适用于各类幼教机构的宣传推广，并能充分体现全能宝宝体系的丰富多元创新内涵特色。

1. 大型亲子活动

因为在婴幼儿时期的亲子依恋陪伴需要，幼儿教育的行业特征非常适合于大型动态宣传活动的传播。比如可利用六一儿童节、新年元旦、圣诞节、国际妇女节、母亲节、重阳节等相关节日开展各类大型亲子活动。主题可结合节日风俗特征及自身需要而设立，也可以与相关企业、商场、媒体需要相结合，地点可放在大型广场、商场、公园等热闹地带，活动受众既面向自己幼儿园的孩子及家长，也可面向某个特定的亲子群体（比如某个企业的客户

家庭），并以此向公众群体传播。或者说，更重要的定位，是利用自身既定的亲子群体活动，来向更广泛的公众群体传播，以达到扩大宣传的作用。

大型亲子活动因现场感强、受众面广、影响力大因而也带来成本高、组织难、工作复杂的特点，需要周密策划精细安排才能起到事半功倍的效果，这里面涉及活动主题制定、受众选择、场地部署、内容安排、经费开支、礼品发放、资源合作、媒体报道、现场安保、营销联动等诸方面的因素，哪一环节都不能马虎松懈，否则就容易带来麻烦隐患或收获不到应有的宣传效果。

以"全能宝宝六一狂欢节"的广场活动为例，首先要解决宣传目的问题，即为什么要开展这一活动，这决定着活动主题的制定。当时我们正在开展多元智能区域实验，并向全市婴幼儿开放会员体验服务，所以便利用"六一"儿童节时间在附近广场举办了这一大型亲子活动，设置了八大分区和中央舞台活动，并面向全市幼儿园及社区0—3岁婴幼家庭发放了一万张亲子活动券，力求覆盖到整个0—7岁婴幼家庭亲子群体。在这一过程中，还要同步确定经费开支和现场礼品的来源问题，当时正好有一家饮品企业推出新的营养产品，于是便以这一产品名称"成长快乐"作为冠名主题，而获得了企业的资金赞助与礼品支持。同时，再联合了其他企业为他们设立专区来提供现场饮品赠送，既为企业宣传又解决了现场服务需求问题。当时我们的实践机构只有不到十人的团队，如何满足现场万人参与的活动呢？除了请兼职教师负责各区活动以外，还招募了大专院校的本专业学生来参与志愿者活动，分派到各个区协助接待。安保工作也利用了专业保安力量与社会志愿者共同解决。现场工作人员、志愿者及安保人员穿戴了统一的衣帽服饰及标志等，以便于区分识别。领导、媒体、礼品、咨询都需安排专人及专区接待。因为各区活动较为分散，如何设计活动流程，如何形成各区与舞台的互动，以及如何将现场活动与新闻报道及实践基地展示进行呼应，则是整个亲子活动策划实施的重点所在。实践证明，只要主题设计新颖、受众传播面广、活动组织有序、新闻报道到位，这样的大型亲子活动是可以收到很好的传播效

果的。

值得注意的是，这样的大型亲子活动，因为组织成本高、传播力度也大，要尽可能地扩大受众面，让影响力充分散播。记得我们曾经帮助一个幼教集团策划开展过类似的大型活动，各方面准备都挺充分，最大的遗憾就是幼儿园只通知了自己集团内部的上千名孩子和家长参加，而没有向园外的孩子家庭宣传，而即便是有现场孩子家长临时看到要求来参与活动，也被拒绝。这就是举办者没有社会公共宣传意识的思维局限了，将如此大的活动放到公共场所来开展，就是为了通过自我展示和公众参与而达到扩大宣传推广的目的，却被狭化成只是面向内部客户的活动，那又何必花冤枉钱来多此一举呢？多年的实践探索历程，让我充分感受到中国幼教专业群体对于公众开放互动传播的封闭意识与忽视现象。这极容易造成被商业机构抢占传播阵地而误导社会公众的局面，需要引起足够的重视并做出改善。

2. 社区巡回活动

虽然大型亲子活动因受众面广、影响力大而非常适于社会广度宣传，但幼教机构毕竟主要服务于特定社区范围，所以更适于社区精准推广。在这一方面，社区巡回活动是值得选择的传播途径。办学机构需要对自身的服务受众群体做区域性的范围调研预测，以确定哪些区域受众更有可能成为自己的服务群体。当然，这只是针对招生宣传而言，若只是理念、特色与形象宣传，则不受这样的区域限制。

社区巡回活动可采用多种方式，比如小型化的社区广场活动，主题式的社区亲子参与活动，定点式的社区家长咨询活动，入户式的社区针对上门活动，等等，可根据需要而设计实施。最适宜可行的是根据节目结合社区工作需要进行安排。比如在三八节时安排有关妇女主题活动，在元宵节、端午节时安排有关亲子过节体验活动，在重阳节时安排慰问老人等活动。还有各个街道社区每年都会安排相应的社区便民服务或家居庆典等活动，可结合他们的需要开展阅读、比赛、展览、交流等各类家庭亲子活动，利用便利平台宣传自己的教育理念与特色。

全能宝宝体系探索历程中，曾经多次尝试过这样的社区巡回活动，形式包括假日送教入户、社区趣味寻宝、理念宣传展览、专家上门咨询等，还曾经与当地杂志和报纸媒体合作开展过每月一期的"全能宝宝社区行"巡回亲子活动，即通过母婴类杂志预告全年社区亲子活动计划，再逐月开展不同主题、不同社区地点以及不同受众群体的亲子活动，比如这个月的主题是"父子运动会"，就由父亲带孩子参加，下个月的主题是"爱心母子情"，则由妈妈带孩子参加，而另一个月的"祖孙同乐会"，则由祖辈与孩子一起参加。活动主题也可以与季节特征结合，比如在夏天时安排"趣味沙水节"、"身体涂鸦乐"，在春秋时安排"公园花儿会"、"金秋游戏节"，在冬天安排"动感美服节"、"创意新年秀"等相应主题活动，以体现季节生动性。而不同的主题在不同的社区地点展开，也便于各个社区资源的交流共享，让各区域的受众群体互动起来。随着社区生活越来越深入人心，这种社区性的宣传活动也将成为"家门口的时尚生活"而越来越受到大家的关注重视。

3. 讲座沙龙研讨

如果说，前面两类活动，都是"走出去"做宣传，那么，接下来介绍的，是如何"引进来"做推广。其中，专家讲座、专题研讨和沙龙座谈活动是比较简便易行的方式之一。其实，幼儿园并不缺乏各类讲座研讨沙龙活动，但传统幼儿园在举办这些活动时，往往会陷入狭隘化的思路。一方面是在内容上的局限，总觉得只有到任务需要时才进行安排。比如在开学初安排入园适应讲座，在大班毕业时安排入学准备讲座，在需要家长配合时才安排家园同步教育讲座。另一方面是在受众上的局限。明明一个内容可以适用于所有家长，却只通知部分家长，明明会场里可以容纳更多的人，却想不到可以让园外社区家长一起分享。这些都是缺乏社会公共宣传传播意识的表现。

园方的讲座沙龙研讨等活动，可以利用各种资源安排各种主题，来尽可能让更多的家长共享。比如在实践探索历程中，我们曾经举办过每月一题的父母沙龙，开展过"家有顽童"、"该不该让孩子学琴"、"同伴交往大讨论"、"孩子性格内向怎么办"等各类主题，也举办过每学期定期的专家讲座。每次都固定邀请某些受众群体参加，再发出其他家长可以自由参加的通知邀约，这样既保证了主体受众面，又可以扩大影响面，若能再通过园刊园报、宣传资料、杂志专栏、新闻报道等方式结合起来宣传，便可以以点带面地扩展宣传效果。

4. 家园开放活动

一般的幼儿园每个学期都会安排家长开放活动。在这一天，幼儿园准备好了相关教学活动向家长开放展示，但大多数都存在一定的盲目性与局限性。一是不明确为何要开放，二是未充分认识到开放的潜在意义。其实，让家长到幼儿园里来观摩活动，不仅仅是看孩子、了解教学那么简单，而是要对家长起到宣传、引导、启发的多重作用。这就需要做好充分的开放准备，比如事先设置开放记录表格，将一些引导性的问题设置在表格中，以便于让家长填写了解，事后还要及时召集家长开展座谈会，在第一时间留下家长的真知灼见。而通过对于表格记录的分析研究，就更能有效地把握家长的愿望动态，为后续的工作改进提供依据。

家长开放活动也不仅仅只是针对课程教学，而是可以开展多种主题和类型的家园开放活动。举个例子，在庆祝"六一"儿童节与新年的时候，就可以改变传统的节目表演模式，而变为家园开放亲子活动，比如让家委会来组织节日游园活动，让家长来充当工作人员，为孩子们服务。这样的开放思路会比单纯让家长作为陪同观摩者更有体验性宣传效应。记得在我们实践的历程中，就曾经开放过六一主题体验活动，根据小中大班的不同年龄、特点、兴趣，分别将不同楼层布置成海洋、森林、果园、天空等环境，再让孩子们扮演相应的动植物角色，在家长的带动和教师的辅助下参与各个教室的游戏活动。这样的家园角色互换，开放互动体验，给彼此都留下深刻难忘的印象。

其实这样的体验活动完全可以扩展到对园外家庭受众的开放。比如邀请社区家庭一起来参加园内活动，或者吸收社会导师团或社会义工来参与园内活动，再安排相应活动对社会公众开放等，都有助于公共关系的建立与社会形象的宣传推广。

5. 报纸杂志专栏

对于专业办学形象的公众宣传推广而言，传统的报纸杂志还是不可忽略的媒介。除了各个幼教机构自办的园刊园报等媒体以外，充分利用公开发行的现有报纸杂志媒体开设一些富有特色的专栏，更是一种值得借鉴和尝试的方式。随着行业的发展，现在的母婴幼童杂志日益增加，相关杂志社都在寻找相应的专家或专业人士来供稿。只要对接好资源，便有望获得便利对口的宣传效果。

记得在开展全能宝宝亲子课程研发探索时，我们曾经与一本母婴杂志合作，开创了亲子教室专栏，由我们每月提供亲子课程方案及实践图片，及时地把最新研究成果与家长分享，这同时也带来了读者群体对我们研究实践的认可支持，形成了互赢传播效应。而该杂志为回馈我们的专业贡献，也辟出专页为我们的体系做宣传推广，并在所举办的母婴行业展示会上为我们提供展台和舞台，将杂志与现场结合宣传这一体系的理念特色。前两年，我们也利用专业杂志的约稿需求，帮助全能宝宝实验园策划了一个创意天地的专栏，为幼儿园的教师们提供了集体创作、轮流写稿的机会，也为幼儿园争取到了宣传展示的平台。

其实，只要本着专业创意的视点和社会宣传的意识，每一个机构都可以根据自己的条件和需求去做这方面的努力。有专家资源的可以与报纸杂志合作开设"父母沙龙"、"家教诊所"之类的专题性栏目，有创意能力的可以与报纸杂志合作，借助其平台与家长分享教学实践方案、创意产品解读等等。只要幼儿园自身有好的创意与实力，并能够对接合适资源，找到适切的合作方式，便能起到这样的合作双赢宣传作用。

6. 广电网络节目

平面媒体尽管传播面广、影响潜力大，但就现场感、直观性和时效性而言，却远远不如广播电视与网络媒体。考虑到婴幼儿和儿童的镜头感很强，画面生动有趣，非常适合视频传播，而孩子的故事、家长的参与等，也很适合广播音频节目。因此，只要有机会，就要尽可能地利用当地的广播电视媒体来做节目宣传。而当前飞速发展的网络媒体，更是不可忽视的宣传推广平台。

广播电视媒体的节目平台更需要知己知彼的专业创意来连接，否则就需要付出很大的成本代价才有可能被应用。比如，这些年私家车高速发展，就给广播媒体提供了新一轮的发展机会。而孩子的教育问题日益受到重视，于是很多广播都开设了私家车家长会、交通之声育儿论坛之类的节目。幼教机构可以利用这样的机会去对接，安排专家去做嘉宾，或者推荐专长教师去担任嘉宾主持开展亲子阅读、童话欣赏、学唱表演等方面的实践节目。再比如，近几年各地电视台都开了少儿频道，对婴幼儿、亲子类的节目需求大增，这也为幼儿教育与电视合作带来了更广阔的空间。我们就因此为省电视台少儿频道做过亲子栏目的策划，并参与过幼儿园专题节目的创意策划与设计，如父母会客厅、成长游学营等等主题都可以设计成生动有趣的电视节目。

网络的传播作用更是不可估量，各机构不仅要重视自身网站的建设与推广，更要懂得利用一些公众网站与行业网站来推广自己的办学理念、教学特色与活动讯息。尤其是当前新媒体传播已扩展到掌上移动媒体、数字互动媒体、车载移动媒体、户外动态媒体等多种多样跨平台形式，尤其是手机更是因便于携带与使用而受到普遍青睐，几乎实现了随时随地"所有人对所有人的传播"。对于这些新媒体，我们应加倍重视与积极应用，使幼教公共关系

的社会推广得以正向、充分、广泛传播。

二、上级沟通——为发展保驾护航

前面我们具体介绍了面向外部公共关系的社会宣传推广，接下来我们来分享一下针对上级主管部门的公共关系处理问题。有人说，幼儿园管理需要有"三只眼"：一只"眼"盯住内部职工，设立有效的激励机制，营造人才辈出的环境，创造幼儿园各项工作的最佳绩效；另一只"眼"则要紧盯市场，把握社会发展和家长的需要，抓住办园的生命线；还有一只"眼"就要盯着政府的政策制度，为幼儿园的发展"保驾护航"。

这里的"第三只眼"，对于不同性质的办学机构，则有不同的作用意义。就公办幼教机构而言，政府部门就是自己的顶头上司，一切人财物都要受到政府部门的直接管束调配。就民营机构而言，虽然自己的一切生存发展并不依赖于政府部门，但能否妥善处理好与各条块主管部门的关系，则会在相当程度上影响自身的生存发展。而对于部门机构办的幼儿园来说，虽然背靠大树，生存压力不用像民营机构那样完全自担，但也依然要处理好与主办单位和政府主管部门的双重关系。尤其是在中国幼教管理体制尚未理清的情况下，"婆婆多"是幼儿园管理实践中一个难以避免的问题，管理者需要同时与教育行政、教研师训、卫生保健、妇联、物价、消防等各个部门打交道，若不能及时沟通、恰当应对、有效协调，就会出现疲于应付的忙乱现象，还会影响到幼儿园的生存与发展。因此，幼儿园需要特别重视这"第三只眼"的价值作用，妥善处理好与上级主管部门的公共关系，以最大程度地争取到上级部门领导的理解与支持，实现上情下达、下情上达、观念共识、信息畅通的纵向关系。以下几方面的工作需要引起重视。

1. 坚持依法办园

依法办园，这是幼儿园管理的根本原则。特别是一些民办幼教机构，因为没有上一级的行政"保护伞"，这一点就必须依靠管理者自身多加注意。在实践中经常可以看到有些幼儿园为了多收几天的保育费、多增加一些额外的收入而引起家长的不满，最后被告到主管部门甚至媒体和政府的事。这不仅影响自身的社会形象，也给上级部门徒添很多的麻烦，实在有些得不偿失。当前的商业早教机构则更是钻政策监管的空子来无序办学，虽然可牟取一定的利益，却也误导了家长而造成整个行业市场的后续发展不顺，亟待引起重视，加以改善。

总之，脑中装着政策法律的弦，脚下走着依法办园的道，这是争取上级支持的首要条件。

2. 善于换位思考

在管理实践中我们经常会遇到上级部门领导不理解、不支持的现象，这往往会使幼儿园管理者抱怨或失去信心。其实，通常情况下，每个人都是从自己的地位和角度来思考问题的。幼儿园工作确实很辛苦、很繁杂，很需要各方的支持和理解，但从上级领导的地位来看，却要着眼全局，要考虑各方面的平衡，有许多的决策也是无奈之举，更何况个人观念的转变和社会的进步都不是一朝一夕的事，所以幼儿园管理者在与上级沟通时还要注意换位思考，做到相互理解、逐步协调，在可能的范围内尽量争取到最大的空间。

3. 学会主动请缨

幼儿园虽然接受着上级部门的管理和制约，但上级部门的工作同样也需要幼儿园的理解和支持，所以上级部门布置的一些工作既是给幼儿园的任务也是展示幼儿园形象的机会。一般来说，上级教育部门的一些活动展示、研讨、观摩等都会放在一些实力较强的、社会影响较大的幼儿园，而一些实力

相对较弱的幼儿园很少能有这样的展示机会。其实，对于任何一个幼儿园来说，越不向同行和社会开放，就越得不到大家的了解和肯定，也越难以得到各种展示和锻炼机会，因而越不利于自身的发展提高。

因此，对于一些平时工作踏实的幼儿园来说，在不影响正常运作的情况下，管理者要学会主动请缨，一方面可以真诚邀请上级领导多来园观摩指导，另一方面积极争取自我展示的机会，根据本园的条件和实力主动承担各种力所能及的接待、观摩任务。在这一过程中，还要特别注意摆正自己的心态，既要有足够的自信心，相信通过自己的努力能比以前做得更好，又要怀着谦虚、坦诚的态度准备接受领导和同行的批评指教。只要一直坚持着这样做，必定有助于幼儿园自身的提高和上下级之间的有效沟通。

4. 关注政策法规

"出门看天气，经营看政策"这句话很有道理。一个成功的管理者必然也是积极关注社会发展、及时把握政策脉搏的反应灵敏的信息接收者。不管幼儿园的管理工作有多么繁忙，领导者都应该多看新闻多读书、多与社会各界的人交谈，以掌握最新的社会动向。人们常说，隔行如隔山，但幼儿园管理的社会性和多元性却要求管理者具有各方面的知识、关注各方面的信息，尤其是有关政策、法规方面的发展变化。管理者了解的信息越多、掌握的政策越细，在与上级、家长和社会各界交流时就越能做到有理有据，因而也越能得到上级部门的肯定和支持。而越能紧跟政策脚步，契合时局脉搏，就越能给自己机构的办学经营插上保驾护航的翅膀，促进办学事业的更快更好发展。

三、行业交流——汇细流以成江河

在中国古代生意经上有一句话，叫"独木不成林，独店不成市"。开园办学作为一项经营活动，其实也遵循这样的道理。要想让自己管理的幼教机构得到更好的发展，不能独木成林、独店成市，而是要加强同行之间、行业相关机构之间的交流互动，建立良好的业内公共关系形象。

幼教领域的行业关系也呈现一种由近及远的生态布局：离自己最近的，是同性质的办学机构，如公办园与公办园，民办园与民办园；再往外就是不同性质的办学机构，如公办园与民办园之间的交流互动；更往外，就是相关机构的互动，比如玩具企业、幼教图书企业、婴幼用品公司等，都有可能形成行业之间的合作。当然还有与相关师范院校、专业研究机构的交流，都形成不同程度的业态公共关系图谱。

那么，如何做好行业交流互动，建立和谐友好的业内公共关系呢？我们从同行互促、专家指导、资源联合三方面展开讨论。

1. 与同行开放交流，互促发展

人说"同行是冤家"，是指同行之间不可避免地会存在相互竞争、相互排斥的关系。不仅民办幼儿园之间有关于市场的竞争，即便是公办幼儿园也有着成绩高低、声誉强弱的竞争。这一些现实的竞争态势，会使幼儿园管理者不由自主地产生封闭保守的心理，愿意与远距离的同行交流，而疏于与身边的同行亲近。这从市场竞争或名利比拼的角度可以理解，但从教育发展的角度而言，开园办学不应以单纯获利为目的。若只是从市场获利或既得名利出发来思考对待，则很可能会在盲目的竞争比拼中偏离教育本道，而失信于家长、失信于公众，并最终失去社会竞争力。而只有从整个幼教事业的正向发展出发，本着平等、开放、互助、合作的观念，积极主动地与同行真诚交流、共享资源，同时在智慧分享与经验交流中学会创新、学会迁移，努力打造"人无我有、人有我优"的办学特色，才能形成在开放交流中公平竞争、在有序竞争中相互促进的良性循环，从而有效地提高整个幼教行业的社会地位。

2. 请专家务实指导，不断提升

幼教办园说到底是一项专业化的经营活动。如何不断深化专业内涵、提升办学品质，是一条永无止境的践行学习之路。在这一过程中，请专家指导是不可或缺的重要举措。而请怎样的专家以及请专家来如何指导，是其中的关键决策。很多幼儿园唯名是图，只要听说哪个专家有名，便觉得只要挂上钩，带来品牌宣传效应就能解决实际问题，其实不然。因为每一个专家都只是对某方面有深刻的认识、深入的研究，而不可能做到样样了解、事事精通。如果幼儿园不着眼于自己的实际，不了解专家的研究特点，就很可能会事倍功半，花了大量精力物力却得不到更好的指导效果。

在请专家时，不仅要注意由专家名人带来的公众传播效应，更要重视专家指导对于机构发展的实务作用。要做到这一点，管理者首先要做好充分准备，比如想要在哪一方面得到专家指导，不仅要对专家的研究方向和特长有所了解把握，自己也要先对这一问题进行认真的研究与思考，并设定好大致的思路，准备好详细的方案材料，才能让专家有的放矢、对症下药，以最少的投入来获得最高的效率。

另外，还要注意充分利用身边的专家资源。虽然人们常有"外来的和尚好念经"的固有观念，但事实上，"三人之行必有我师"，在许多具体的实践问题上，身边的同行师长或许比外来的专家名人更有值得请教的真知灼见，与其花大量人力物力舍近求远邀请外来的专家，还不如充分发掘、利用并着力培养身边的专家更能体现相互指导、互促提升的价值。总而言之，无论是哪儿的专家资源，只要本着专业发展视角和实务合作精神进行真诚、平等、互助的合作，就都能起到共赢的效果。

3. 与业内资源整合，联动共创

全能宝宝体系区别于其他幼教理念、机构或品牌的一个很重要的特征，就是既突出专业创意性，又强调多元开放性，是专长性与广域性的充分融合。如此设计是充分考虑到幼教行业全息性的特点：孩子和家长作为中心点，将教育机构的媒介，幼教行业与社会各界紧密地联结在一起——玩具、服装、食品、装修、家居、保险、儿童摄影、休闲旅游、影视出版、新闻媒体，只要与孩子有关的产业，一定免不了要与幼教机构发生联系，只要是面对家庭的亲子产品或服务，也一定免不了要借助于幼教行业平台进行宣传推广。也正是在这样的意义上，全能宝宝提出幼教产业化联合的战略发展思路：儿童事业是一条奔流不息的长河，而财富深深地蕴含其中。只是这里的"财富"，不仅仅是指经济意义上的获利，更指儿童产业联合所构成的综合发展效益。

这种综合"财富"，取决于幼教相关产业机构的业内资源整合与共创发展。比如有的幼儿园与玩具厂家联合，厂家给幼儿园免费或优惠提供玩具样品供孩子活动，幼儿园则为厂家提供展示和宣传的机会和平台；有的幼儿园与一些文化部门合作（比如与博物馆、科技馆共同建立课程实验基地），既为社会文化发展提供方便又促进幼儿园自身的教育发展，这种合作就是双赢的过程；当然还可以与相关幼教科技或出版企业进行项目产品研发合作，既锻炼教师的业务能力又共创成果，更是可取的专业化合作之路。只要本着有益孩子发展、有利教育深化拓展的专业化思路，这样可开源节流的合作多多益善，但需要处理好外部开拓合作与内在办学发展的平衡关系，不可本末倒置，更不可考虑到利益或人情而向家长和孩子推销一些与幼儿园教育无关的东西，带来负面效应。

总之，管理者在与各界交流合作时，一定要本着既开放又坚持原则的态度，在保持幼教机构的教育本质和争取多方开拓发展之间寻求最佳的平衡点。

四、危机处理——巧化干戈为玉帛

在当前网络传播发达、信息蔓延迅速的时代，危机公关呈现出前所未有

的重要性。幼教机构因为服务于年幼孩子，难免会出现一些意外伤害事故，造成危机。若再涉及管理过程中的一些疏漏失职，就更容易引发危机的扩大蔓延，极有可能遭到曝光，损害幼儿园的公众形象。为避免危机处理失误造成负面影响，对危机公关工作需要引起充分的重视，以防患于未然。

当幼儿园危机事件发生时，首先一定要迅速做出反应，在第一时间及时发布信息，不可因延时误报而造成更大的误解；要保持冷静真诚的态度，勇敢承担责任，做到诚意、诚实、诚恳，尊重受众的知情权；还要随时注意受众的想法与反应，及时进行有效沟通，不要让负面信息传播蔓延；另外还要恰当运用好媒体力量，言简意赅地回答问题、发布正向信息；同时还要争取权威部门的肯定与支持，分清责任事故与非责任事故。最后，对于危机处理还要有系统运行意识，分清轻重缓急，不可因小失大、顾此失彼，要学会透过表面现象看本质，创造性地解决问题，化害为利，将危机事件转化为公关机遇。

综上所述，无论是哪一方面的公共关系，都需要本着积极及时、公开透明、信誉至上、互惠互利的原则，并且要树立全员公关的意识，同心协力共创良好的社会形象。

第五章

全能宝宝价值体系

播 种 幸 福

幼儿教育的顶层设计，人类发展的根基工程

任何一种教育思想体系或者实践体系，其背后都有着这样那样的价值观或价值体系。价值体系就像一棵大树的根系一样，虽然看不到其对于树木开花结果的直接作用，却始终全面地影响着整棵大树的成长，决定着大树最终的开花结果。当前许多教育培训看上去似乎很有"价值"，可以掌握这门学科知识或者那个技能，但因为价值观的扭曲或是缺乏整体的价值体系支撑保障，哪怕投入许多力气并获得一时的效果，也不能保证能够持续促进孩子的健康发展，让孩子的整体发展大树顺利开花结果。

教育的价值体系是如此重要，因而在探索全能宝宝体系的整个历程中，我们不断地思考：教育，到底是为了什么？教育中的诸多因素，如环境、课程、教学、师资、制度等等，是如何相互制约地影响着孩子的发展？社会发展中的诸多问题现象，又如何能够通过教育的系统作用而得到有效的改善？也就是说，全能宝宝体系的实践探索，已经不仅仅只是给孩子教什么以及如何让孩子学得快乐有效的表层或局部问题，而是在纵向上关乎个体整个人生幸福，在横向上关乎社会文化发展的根源系统问题。它逐步形成了"牵一发而动全身"的价值体系，进而形成了将教育诸多因素融合统整在一起的全能宝宝生态教育体系。这两者是内外合一、相辅相成的。

下面，我们分别从全人教育的个人本位与社会本位双重视角来分享一下全能宝宝的价值体系具体体现在哪里，以及如何去评估、实现这样的价值体系。

第一节 个体发展价值——幸福人生从全能宝宝起步

要讨论教育对于个人的发展价值问题，必须首先明确教育的本质是什么。教育意在教化育人，那么，到底要怎样育人，育怎样的人呢？我个人认为，教育对人的发展应该有三方面的价值作用：一是自由与独立——让人成为独立行走的人；二是激发与培育——让人成为充分美好的人；三是创造与共享——让人成为社会乐用的人。也就是说，教育首先要让每个人学会独立成长，然后再学会充分发展，在这个基础上，才是为社会做出更大的贡献。这三者之间是相互递进的关系。而全人教育的理念，就是指只有一个人的生命获得自由、充分、完全的发展，才有可能更好地发挥积极的社会功能，具有更大的社会创造力。本着这样的理念，全能宝宝体系分别从内在心灵与外在生活来打造教育对于个体发展的价值体系。

一、真善美合一成长的内在心灵价值

关于如何构建真善美的心灵家园，我已在另一本拙作《中国教育问道》中作过专门的细述，这里不再重复展开。需要再一次强调的是，教育的根本育人功能不是在于身体运动、知识灌输、技能训练等这些外在的价值，而是在于人的生命内核与人文精神。这就相当于人每天吃东西，重要的不是吃那些食物本身，而是通过吞咽、咀嚼、消化而吸收到食物中的各种养分，排泄出食物残渣，来让身体正常运行健康成长。教育也是如此。正如同爱因斯坦所言：当在学校里受过的教育都已经忘记了以后，留下来的就是教育。这种

留下来的教育营养，于个体内在而言，便是文化修养，也即一个人的人格内核。它可高度概括为耳熟能详的三个字：真、善、美。它指心灵品质，也指人文精神。

何为真？真是一种求知明理的科学精神。任何人立足于这个社会，想要让自己的生命发挥应有的价值作用，只有首先具有这样一种积极好学、直面真实、创新探索的求真精神，才能真正地了解把握自己及这个世界的诸多规则奥秘，才能知己度人，不为迷幻所困，不为愚昧所障，不人云亦云、盲目跟从，不谄媚逢迎、欺上瞒下，才能直面社会风云变幻，安然于人生跌宕起伏，让自己的内心保持一份明澈与淡定的喜悦去面对整个生活。

何为善？善的起点是爱之包容，就是全然地接纳、热爱这个世界，理解、允许、尊重任何生命和事物以其自身的独特方式存在，不盲目评判，不肆意排斥，不妄加控制，真诚、平和地接纳任何人、事与自己共享这个世界，而非唯我独尊。在这一包容基础上，才逐步发展出同理、慈悲、感恩、奉献等各种善心善举。中国人讲究"将心比心"、"换位思考"、"己所不欲，勿施于人"，都是指人与人之间的这种平等包容，宽怀慈悲的善心品质，这是人类积极共创、和平共享这个社会的核心动力与内在支持。

何为美？有了真，有了善，就会自然而然发展出美的感召力。也就是说，当一个人越来越了解这个世界的诸多奥秘，越来越理解这个世界上的每一个生命与事物的存在价值和发展需求，就会自然而然地对这个世界的一人一物、一花一木生发出悦纳、欣赏、珍惜之心，并想要通过自己的行为让这个世界变得更加美好。这便是一个人的科学精神、人文情怀与艺术追求的完美统一。

中国古语说，心为本，物为用。西方谚语说，这个世界不是缺少美，而是缺乏发现美的眼睛。这都从不同角度说明了人的主观世界对于客观生活的积极影响。从小培养这样真善美合一的人格品质，就是帮助一个人建构一个健康、喜悦、勇敢的心灵家园来面对生活中的各种处境，去追求自己的幸福人生。

二、健智创完满发展的外在生活价值

前面讲了全能宝宝体系对于人的真善美之心的培育价值。而其实，这是一个对人生幸福进行内外双修的启蒙历程：一方面，通过真善美的人格培育来打造健康幸福的生活；另一方面，又通过积极生活的认知、感悟与创造来促进真善美品质的充分合一发展。具体而言，全能宝宝体系致力于打造以下几方面的外在生活价值：

一是科学健康的生活。幸福的基础是健康的生活方式，而健康的生活方式来自于科学的认知观念。全能宝宝体系首先引导孩子正确了解感悟"人与自我"、"人与社会"、"人与自然"各个领域中的基本常识，让孩子对整个世界有科学、真实、全面的认知与领悟，并从小建立健康积极的生活观念，为一生幸福打下基础。

二是善良智慧的生活。学习知识是生命汲取粮食的过程，而沉淀智慧是生命吸收营养的结果。要将知识学习转化为营养吸收，需要经过两个因素的过滤与消化，一是情感，二是行动。想到一句话：真正的智慧诞生于善意之中。即一切知识若用于恶行，肯定是只能变为污秽之害而不能转化为智慧光芒的。这就是向善的情感对知识学习和常识应用的重要过滤和消化作用。全能宝宝体系将爱的文化价值具体转化为每一天、每一节课的知识学习、爱心情感与积极行动，因而在孩子的心中从小种下以善良智慧去对待生活每一天、每一事的种子，长大萌发出德才兼备的生活品性。

三是主动创造的生活。如开头章节所述，生活的最高意义，便是不断地创造。而这种勇于创造的精神和善于创造的能力，是需要在婴幼儿时期，在人格雏形之时，就要培养这样的生活习惯与思维品质。全能宝宝体系与蒙台梭利教育的最大不同是它能释放每一个孩子内在的创造性，真正体现对于孩子"一百种语言"的欣赏与鼓励，而它优于瑞吉欧教育之处在于它为孩子的探索性活动确定了更有利于个人发展与社会功能的启发与边界。如同人类社会的发展是要经过从无序的自由到有序的不自由再到有序的自由这样的历程，全能宝宝体系致力于创造一种"有序的自由"价值体系，既给孩子的人生发展制定一种具有人类普适性与世界广域性的逻辑规则序列，同时又给孩子提供充分的空间和明晰的方向以引导孩子去不断创造属于自己的幸福生活，并形成积极主动的心智模式去迎接自己长长的未来。

每个人的生活向来都是由内而外地合一展现，同时也是承前启后地持续发展。若内在没有一个真善美的和谐心灵，也就难以奢望外在能够获得喜悦安宁的幸福生活；而若没有积极主动、健康智慧的童年快乐生活，也难以保障日后会有完满安康的幸福人生。尽管人的一生发展受制于诸多历史文化因素，但全能宝宝体系希望能在人生初期的生命内核中播种下这样的幸福根基之种，这是幼儿教育所能为个体发展解决的最紧迫的问题，也是所能做出的最大的价值贡献。

第二节　社会发展价值——人类和平由全能宝宝奠基

　　教育自诞生以来就被赋予了对于人的发展与社会发展的双重功能。只不过在整个发展演变的过程中，这两个功能一直处于被拉扯的状况，要么突出个人发展价值而忽视社会功能，要么过度强调社会功能而忽略个体生命价值。直到全人教育理念的出现，这两者才找到了一个平衡点。这是全人教育将对这个人类社会所做出的最大贡献，尽管它还有待相当艰苦的实践来完善理论并将理念理想付诸现实。

　　如前所述，关于幼儿教育对于人类和平发展的重要作用，在蒙台梭利的伟大思想观点中被明确提出。只是蒙台梭利的教具教学法，从实践环境上禁锢了这种和平教育思想的可行性发展。这是个人研究与时代背景的局限，就像一百多年前莱特兄弟梦想飞上天空却只能用木头和蒙皮来制作出第一架可以上天飞几百米的飞机一样。但正因为他们的这一伟大创举，才使得人类真正能够长出翅膀，翱翔蓝天，漂洋过海，自由生活。

　　蒙台梭利已经为幼儿教育对于人类和平发展的贡献指明了方向，这可以被视为是对于幼儿教育的顶层设计。但如此高屋建瓴的理想设计如何落地实现？显然不能用一个专门设计的"孤岛"式环境来训练孩子而无视社会现实的自我内在次序，这将无助于孩子今后走上不同社会环境后的适应与创造。因为，整个人类社会越来越呈现出多元、剧变、交互的发展态势，哪怕蒙台梭利的学校开遍天下，也无法阻止、减缓这些多元文化冲突的纷争。更理性而明智的方式，是敞开校门，让孩子完全地接触一个真实的社会与自然的生活，并从中生长出多元适应和自我创造的力量。瑞吉欧教育已经在这一方面为我们带来了宝

贵的探索经验，全能宝宝体系作为全人教育的启蒙奠基工程，理应在这一社会建构方面取长补短、继往开来，做出更大价值贡献。

一、和而不同的多元生活——社会和谐发展

当人的生命呱呱落地，便被赋予了社会性。不管人愿不愿意，社会都以千姿百态的方式鞭策着、控制着人的内在成长与外在生活，一会儿要求你昂首挺胸做自己，一会儿又希望你低眉顺眼屈从人。这就带来了人的个性与社会性两股绳子在矛盾冲突中相互拉扯的人生艰难课题。而这个课题带给社会的更大难题是，每个人的不同个性都被界定在这样一个相互组成的社会之框中，所以，所有的冲突不仅是个人内在意义上的，而且更是社会交互意义上的。也因此，才构成了如此复杂、动态的社会形态。尤其是现代社会，人的主体性不断觉醒，人的贪欲也不断被激发，人人都想要发出"我的"声音，争取"我的"利益，社会就越发进入纷乱、动荡的状态。这就像大家都扯着嗓子喊，想让别人停下来听到自己的声音，结果整个场子噪音越来越大，人人都累，怎一个乱字了得！

这是社会转型发展的必然历程。如何治理这种混乱冲突的现象？需要从头开始。这里的"从头"不是指倒退到某一个社会阶段——这显然不可能，也不是指社会制度的彻底改革——这尽管重要，但对于已经形成固化运营模式的成人社会来说却似乎不太容易做到。更容易且行之有效的方式，就是从人的社会性源头开始，从下一代入手，建立适应于这个社会与时代的新的认知方式、表达方式和行为方式——即新的心智模式与人性品性，再通过代际更替来改变社会。

中国古人言，"君子和而不同，小人同而不和"，指的是君子相交讲究内在和谐融洽，却能保持独立见解，各有独立个性；而小人之间虽是外在讲究随和一致，内在却难以和谐融合。中国古人就用君子、小人来区分人的

内在人格品性。要想使这个社会更加和谐有序，必须要从人格品性上去培养这种"和而不同"的"君子"，从真善美的是非与仁义信的善恶上去坚持原则、把握立场，从而使得社会人与人之间更加平等、真实、坦荡、宽和，既能让每个人保持独立的人格与自由的精神，同时又能共同维持道德的公义与社会的和谐。

可以说，全能宝宝体系就是从小培养这种"和而不同"的"君子"启蒙之始，通过引导孩子对于百科常识的认知、体验和创造表现行为，来建立和谐统一的真善美心智模式，让孩子积极正确地对待、适应、处理人与自我、人与社会、人与自然之间的关系，在自我与利他、个人与社会之间获得一种平衡、和谐发展。三岁看大，七岁看老，一旦孩子从小形成这样既注重自我价值又关爱他人及社会的心智模式，就会在成长的岁月中更容易照这样的模式去行动，从而通过个人的行为对整体的社会建构起到改善作用。

二、各美其美的相互尊重——国家民族自强

无论我们每个人具有怎样独特强烈的个性，都不可避免地被归属于一个特定的社会共同体——某个特定的国家与民族，被打上历史、文化和地域的烙印，这便是人的社会化特征，也是民族、国家之间各种价值观念、利益立场之争的人性根源。比如，几年前美国电视脱口秀节目《吉米鸡毛秀》（*Jimmy Kimmelive*）儿童圆桌会议中，一个美国孩子用"把中国人都干掉"来解决欠中国1.3万亿债务的问题及主持人的轻松态度，还是让人深为忧虑——尽管童言无忌，但成人对此的漠视态度，却折射出人与人之间缺乏平等尊重，国与国之间缺乏友好相待的未来隐患，令人担忧当这些孩子长大后会如何面对国际竞争与合作的问题。

全能宝宝体系之所以提出"培养具有世界意识、祖国心、乡土情的未来世界公民"的国际化教育目标，正是本着在尊重各国民族自强权益的和平立

场上来打造"各美其美"的爱国理想人格。举一个小小的例子来说明，在让孩子认识国旗时，我们不是如过去一样强调五星红旗是"唯美"，而是将它和其他国家的国旗放在一起认识思考，引导孩子理性地认知"每个国家都有自己的国旗，每个人都爱自己国家的国旗。五星红旗是中华人民共和国的国旗，中国人爱五星红旗。当五星红旗升起时，作为中国人要立正敬礼，以表示对自己国家国旗的尊敬及对于自己祖国的热爱"。如果有其他国家的孩子在场，也要引导大家去尊重他的国旗，以引发他对于自己祖国的自豪感。在这种理念教育下成长的孩子，相信不仅能够热爱自己的民族、国家，同样也能够平等、真诚地尊重其他国家和民族的权益，让彼此之间"各美其美"。在"幼儿养性"阶段打下这种"各美其美"、相互尊重的人格基础，再通过"童年养正"、"少年养志"、"成年养德"各个阶段的全人格持续养成，便能在自我强大发展与大家和谐共处之间建立内在平衡，再反射到对国际关系的处理上，便有望实现更为公平、尊重、民主、理性的国家民族富强与人类和平共享氛围，让整个世界更有次序、更能幸福和谐发展。

正是在这个意义上，我完全有理由相信，中国几千年来沉淀的和合文化传统，将有利于中国实现和平崛起的理想愿望，也将能够为人类和平发展起到应有的积极作用。全能宝宝体系正是站在这样的信念立场上，在我个人有限的中国文化积累与西方科学精神之优势融合的理想上，来为各个国家与民族之间"各美其美"的多样性共存价值发展做出一点粗浅的探索与贡献。

三、美美与共的合作共享——世界大同和平

和平昌盛，"让人人都诗意地栖居"是整个人类社会的终极愿望，但如何实现这样的理想愿望？必须要解决当前困扰全球化的多元文化冲突——如何构建人类命运共同体的世界大同价值意识，这是世界和平共生发展的前提与保障。

当今世界，随着经济、技术等各方面的发展以及交通、交流、通信工具的现代化，人类社会由封闭、半封闭与隔阂的状态转变为半开放、开放与积极交互的状态。社会经济的全球化发展也带来了多元文化的全球化交互，这就不可避免地带来不同文化之间的摩擦与碰撞。迫切需要克服各自的文化屏障，消除文化的排他与偏见，共同向着理解、开放、融合的美好愿望发展，才能使整个世界变成一个和平共处、幸福共享的地球村。

那么，如何实现多元文化的融合大同呢？还是要回到文化的本质基因上去寻求答案。文化作为一种人类社会的特有现象，事实上是一个"人化"的过程，不管是怎样的文化，其根本载体都是"人"——由人创造、为人应用，同时也对人产生制约影响作用。在这个意义上，如前所述，文化是群体的人格，人格是个体的文化。文化与人格，是人类社会与个体在根本意义上的相互促进。

在这样的理念支持下，再来探索多元文化背景下的融合共建问题，便会更加简单明了，即如何通过全球"共性"人格的培育，来达到文化融合的大同世界目标，以及如何通过多元文化的植入，来培养世界公民的普适人格理想。这是一个问题中相辅相成的两个方面。全能宝宝体系通过"培养具有世界意识、祖国心、乡土情的未来世界公民"的教育目标，试图在这两个方面找到相互促进发展的有效路径，即抽取出跨越多元文化的普适性人格基本特征，同时关注到对于不同归属的多元文化的尊重，并将二者有机地融合在一起，贯彻落实到教育实践中。在培养未来世界公民人格的历程中感悟多元文化；在融合多元文化的体验中发展普适性人格，两者相得益彰、互促发展。

综上所述，其实关于社会和谐、民族自强和世界大同的问题，有着各种各样的复杂因素，全能宝宝体系只是通过局部的实验、长期的研究、系统的思考而提出了基本的价值理想，虽然不能涵盖所有现实问题，但所有的现实问题都是由这样的源头根基发展而来。常言道，万丈高楼平地起。尽管大厦的地基不能决定整个大厦的质量发展，但若地基不正、欠深、失稳，那肯定难以支撑整个大厦的巍然耸立。幼儿教育虽然与整个社会、民族、世界的发展还有着遥远的现实距离，但它包含着根源性、奠基性价值奥秘，从一个个生命的初期培育与呵护开始，自始至终为整个人类社会的和平共建与和谐发展付出积极主动的努力，因此，它理应受到足够的重视，得到足够的支持。

全息评价体系——全能宝宝教育价值导向与激励

有人说，怎样的评价便会塑造怎样的学生，确实颇有道理。如同中国倡导了多年的素质教育，但整个评价体系还是以各门学科的考试成绩为主要指标，自然而然也让人们重应试轻素质了。评价就像是隐性的导航器与风向标一样，通过对成果的鉴定、问题的诊断、行动的调节、对象的监督、过程的管理等对整个教育体系起到激励、导向、改进、完善作用。因而，任何一项教育改革，都需要相应的评价体系来配套保障，这样理想的教育评价才会把教育实践推向真正的理想境界。

全能宝宝体系对于个体幸福人生与社会和谐发展的价值作用，也依然需要相匹配的评价体系来加以监督、管理与支持，以保障相宜契合的价值导向的有效促进作用。

有研究者提出，当前世界各国幼儿发展评价改革的状况呈现出以下趋势：评价目的从侧重鉴定逐步走向侧重发展；评价内容从片面、静态走向全面、动态；评价主体从一元、单向走向多元、互动；评价方式从量化评价走向质性评价与量化评价相结合（刘霞：《试析当前幼儿发展评价改革的基本走向》，广州市教育科学研究所，《幼儿教育》2008年Z1期）。其实，随着人们对人的发展方向与过程体验的生态系统性认识以及以人为本的主体性教育意识的萌发与觉醒，这种以促进发展为导向的多评价主体、多元化标准、多样化手段的"全息性评价"肯定会成为教育评价发展的必然趋势。

全能宝宝体系在十几年前的课程探索历程中提出了"全面"、"全员"、"全程"多维结合的全息性评价观念以及全面采集信息、关注典型细节、综合因素分析的发展性评价策略，并尝试了多角度的评价内容与方法，积累了一定的实践经验。在此，我们将结合全能宝宝体系的教育价值观，来与各位分享一下这一全息评价体系的思路与经验，以供同行批评商讨，促进这一价值体系的完善发展。

一、全能宝宝教育评价的价值取向

评价是一种价值判断的活动，是对教育活动现实的（已经取得的）或潜在的（还未取得，但可能取得的）价值做出判断，以期达到教育价值增值的过程。美国学者格朗兰德（Gronlund,N.E.）用下列的式子来表达教育评价的概念：

评价＝测量（量的记述）或非测量（质的记述）＋价值的判断

从以上式子可以得知，教育评价是一个与教育体系价值目标紧密相连的课题，采取怎样的价值取向在评价的过程中起着举足轻重的作用，不同的价值倾向会直接影响教育评价的理论和实践。因此，我们首先要梳理一下在评价全能宝宝体系实践时应采取的教育观念与价值取向，包括以下几方面。

1. 完整的生命观

每一个生命都是以完整的方式诞生、存在和发展的，也因此，教育的宗旨就是以完整的方式来培养"完整的人"。这是全人教育的根本出发点，也是全能宝宝评价体系的基本观念。

通常学科都经过从合到分再从分到合的发展过程，教育也是一样。无论是整个宇宙还是人类个体，原来都是一个完整的生命体，只是为了更精确地认识它，才把它人为地分成一个个不同的领域、不同的部分来加以研究。但无论分割得多么精细，这个生命体依然以完整的方式存在和发展，完整性是生命的真正本质，系统性是事物的普遍规律。当人们开始重新认识到这一点

时，原来的各门学科分支又不知不觉地融合在一起，于是便出现了许多边缘学科、交叉学科，而教育也开始回归自然，回归完整育人的本质。

尽管孩子的发展可以用分学科、分领域的方式来培养、检验、评价，但不可忽视的是，这只是方便认知的手段与过程，而非发展的本质与目标。因此，无论是在评价哪一方面的发展现状时，一定要建立完整的生命观意识，即一切的教育与评价都要立足于生命的整体起点并服务于生命的完整发展，注重牵一发而动全身的整体效应与主次判断，不可以偏概全或本末倒置。用树木来打比方，就是每一个孩子都是一棵独一无二的树木，不可因某一片树叶的问题而否定整棵树木的发展价值。

2. 系统的发展观

在全能宝宝体系中，所有的评价都不是为了鉴定本身，而是为了激励、导向、促进更好的发展。因此，持有怎样的发展观便直接影响着评价的应用与走向。很长时间以来，受知识中心论和智力开发论的观念影响，幼儿教育的评价一直是按着头疼治头、脚痛医脚的分而治之的方式实施的，即通过测评孩子某一领域的发展而得出需要强加哪一部分训练的结论。这种评价导致的结果是，似乎各个分科领域的教育内容都得到了更多的重视，但实际上却并未能有效促进孩子的素质发展。为什么？就是因为忽视了儿童发展的系统性、全面性、整合性问题。打个比方，整个教育体系就像是一座大房子，而分科领域是一个个不同的入口与通道，从任何一个通道进去，都可以把孩子带入一个畅通无阻、浑然合一的系统发展整体世界。

按照这样的理解，教育的实施与发展的评价并不是单一对应的，而是窥一斑知全豹式的，从任何一个局部都可以到达整体的系统。比如，并不是语言活动只管孩子的语言发展，体育活动只管孩子的身体发展，美术活动只管孩子的创造力发展；也不是教学活动只管孩子的学，生活活动只管孩子的发育，游戏活动只管孩子的玩，而是每门学科、每个活动、每个环节都属于同一个系统载体，都蕴含了促进孩子全面发展的有效信息。只是它们从各自不同的角度、不同的内容、不同的层次来促进孩子的整体发展。本着这样的系统化发展理念，才能全面充分地运用各方面的评价手段，以达到最大化的引导、促进作用。

3. 生态的教育观

正是因为人的生命是完整的，人的发展是系统的，所以，教育评价也要站在生态的理念上，注重各个教育因素对于孩子发展的生态保护和系统影响作用，既要尊重孩子的自然发展本质和整体发展形态，又要符合健康、和谐、美好的可持续发展方向，不可凭自己的意志强加主导控制，从而违背全人教育的自然与社会和谐平衡发展的宗旨理念。

教育的生态观体现在全能宝宝体系的评价中，就是充分贯彻好"全面、全员、全程"的评价理念。全面指的是评价对象面向全体孩子，评价内容涵盖教育因素的各个方面各个环节，评价过程采集孩子的发展的方方面面，尽量呈现一个原本、自然的发展全貌；全员指的是与孩子发展相关的各个部门、各方人员（包括孩子自身）都尽量作为评价主体来共同参与评价过程，以相互支持、相互合作，促进评价的客观、多元、整体发展；全程则是指着眼于教育实施的各个阶段、孩子发展的整个过程进行动态评价，是在教育实践的过程中进行评价，在评价的过程中促进教育实践发展。

也因此，全能宝宝评价体系并非是作为游离在教育实践体系之外的一个旁观者或评判者，而恰恰是整个教育体系中的一个重要的有机组成部分，以实践带动评价，以评价激励发展，两者融为一体，相辅相成地共生共长，互促完善发展。

二、全能宝宝教育评价的内容方法

按全息理念，全能宝宝体系的评价内容应该包括教师对孩子的评价、家长对孩子的评价、教师的自我评价、家长的自我评价和孩子的自我评价，以及管理者对教师、孩子、家长的评价和管理者的自评等各项内容。评价形式既有测量式的，也有描述式的；既有终结性的，也有即时性的；既有从关注某一方面入手进行纵向评价，也有通过横剖面的分析而进行综合评价。教育实践者完全可以根据自己的具体情况和个性特点灵活地选择、创造多样化的评价方式。下面介绍几种具体的评价方法供大家参考应用。

1. 成长档案袋

自从二十年前伴随着瑞吉欧教育在中国的传播，幼儿成长档案记录也开始出现了。如今，幼儿成长档案已成为幼儿园的风行趋向，并从原来的简易图文版渐渐发展出精美丰富的电子档案、视频档案等多种方式，甚至成为企业进入幼教合作的一项主流业务。不管形式如何发展，成长档案始终是一种值得提倡推广的评价方式。它采取正面结合的方式，既帮助教师和家长客观认识孩子并及时开展个性化教育，同时又帮助孩子了解自我。因为在收集素材和评价理念上更注重全面性和实用性，而非只为了美观与纪念意义，因此，需要以成长档案袋的方式来收集。

整个幼儿成长档案系统可以由三个部分组成：除了成人对孩子行为反应的连续的观察记录和分析评价，还包括孩子在各单元主题学习过程中自己制作的各种作品如图画、手工、文字等，以及与孩子的自我成长有关的各种信息资料（如孩子的体检表、手足印、学期报告单、调查表、活动照片、视频等）。档案的建立方式分两种：一种是按每一个部分的内容独立分类建档，另一种是按不同的时间和阶段进行综合建档。第一类成人观察记录部分和第三类成长信息部分都可以用活页纸的形式，第二类作品资料则要用大纸袋或纸盒存放。当然，有许多立体作品和活动过程是无法直接建档的，这就需要进行精选或借助一些摄影、摄像的手段将其转化为平面图片加以存放。不管是怎样的建档方式，都需要做到丰富、清晰、有序，便于了解、保存与交流。

2. 进步即时贴

进步即时贴是一种非常简便、灵活的日常评价方式，因反馈及时、评价具体并带有亲情性和鼓励性而受到孩子和家长的欢迎，经常能起到意想不到的效果。具体做法为：每位教师随身准备一个即时贴的小本子或一沓小纸片，当发现孩子有一些不同以往的进步行为或细微表现时，就用非常简短而亲切的话记下来，比如"今天佳佳第一个举手发言，真是个勇敢的孩子！"，"浩浩上午一次都没有动手打人，为你的进步拍手！"，"莹莹一天都笑眯眯的，我真喜欢！"，等等。这种方式类似于口头评价，但因为记录下来而具有了传阅、保存的价值，因而更能对孩子产生激励和促进作用。教师可以随手记录并将它贴在教室的进步栏或家园栏上，也可以在孩子离园时让孩子将即时贴交给家长，并让孩子及时放入档案袋保存。在记录进步即时贴时，要注意内容尽可能地具体，要涉及孩子发展的各方面内容，语气尽可能地亲切并有激励性，还要尽量做到全面，特别是要有意识地去发现、记录一些平时得到好评相对较少的孩子的闪光之处。

当然，进步及时贴的方式也可以用于家长对孩子、教师对家长、管理者对教师等各个评价主体，尤其可以指导家长掌握这种评价方法，以形成家园互动评价。

3. 活动反馈表

前面两种方式都是针对孩子个体进行的"点状"评价。为了提高效率，还可以采用集体观察评价的方式。比如在活动区操作中，就可以用活动反馈

表的方式来记录、分析孩子的行为表现。

在进行分区活动评价时，教师可以运用时间抽样的方式来选取所要观察的活动区，根据下表各项指标做出评定（在具体操作时，还要依据下表制定出各项指标的操作定义和各类活动的具体关键能力），每次用一张表进行记录。当将某一个阶段的活动反馈表放在一起进行总体分析时，不仅可以从中了解每一个孩子的活动兴趣、活动风格和活动能力，还能从中看出哪些学习区是最受孩子欢迎的，哪些活动区是需要调整的以及这其中存在的问题等有关信息，为教师改进活动提供有效的依据。当然，这一活动反馈表也可用于其他教师、管理者及家长对某个班级的区域活动评价。

班级_____　活动区_____　记录时间_____　记录人_____

幼儿姓名	活动内容	持续时间	积极性	专注性	合作性	创新性	关键能力	总评
活动综述								

4. 同步测评表

全能宝宝教育体系是围绕着家园同步幸福课程主题目标的核心而展开的，因此，课程评价便成为所有评价中最具有综合监测作用的连续发展评价。它以每月主题为单位展开，由家庭和幼儿园共同评价、同步促进。以下摘录小小班第一个主题"做个笑娃娃"测评表做案例参考：

导语：亲爱的小朋友，你喜欢上幼儿园吗？你上幼儿园有没有哭？你喜不喜欢听老师上课，和小朋友一起玩游戏？在幼儿园又学会了哪些本领？和爸爸妈妈一起来填下面的表吧，看看你能得到多少五角星哦！

评价结果 / 评价指标	家庭评价			幼儿园评价		
	★★	★	▲	★★	★	▲
愿意上幼儿园，不哭闹或纠缠大人						
在幼儿园情绪稳定，愿意和老师亲近						
愿意参加集体游戏，愿意和同伴玩						
能按时吃完自己的一份饭，不剩饭						
能按时安静地入睡，不哭闹						
能按指定的方式如厕，不尿裤						
能听懂大人的话，并按要求去做						
能认识班级的方位并说出名称						
知道老师的称呼，会向老师问好						
认识自己的物品，并能正确使用						
能按指令分别找出是1或许多的物品						
能手口一致地点数1和2的物品						
能安静地倾听故事，理解故事含义						
能独立地朗诵一两首简短的儿歌						
愿意跟老师学习音乐表演						
愿意跟音乐节奏表演相应的动作						
能独立地演唱一两首歌曲或律动						
能按简单的节奏敲奏小铃等乐器						
愿意在大人指导下画画涂鸦						
能正确使用油画棒，用好放回原处						
认识两三种基本颜色，并乐意使用						
能用油画棒给空白画涂色，握笔正确						
能按要求用笔画出点、线、圈等图案						
能用手帕或纸巾及时擦掉眼泪鼻涕						
能正确上下楼梯，会扶扶手靠边走						
离园时能跟老师和小朋友再见						
综合评价：我得了几个★						

给家长的提示：这是围绕"做个笑娃娃"这个主题而设计的评价表，爸爸妈妈可以以观察、谈话的形式了解孩子，一些分科项目如数学、语言、音乐、画画等则可以抽取题库中的内容来测试。可以与孩子一起来填写，最后一起数一数得了几颗五角星，并予以鼓励。

5. 成长报告单

全能宝宝的最终培养目标指向打造孩子的幸福生活力：健康安全的生活、独立自主的生活、规范合群的生活与智慧创造的生活。因此，可以根据这样的目标来对孩子进行阶段性的成长测评，可以在每学期或每年度以家园同步报告的方式进行。

"幸福生活力"成长报告单围绕生活内容和需要设计具体的评价指标，一级指标分成健康生活水平、独立生活水平、群体生活水平和创造生活水平四个方面，每一方面再分列出更为具体的二级指标（如下表）。在二级指标的基础上，再由教师根据具体的教育内容细化为具有操作意义的三级评价指标，并按这样的操作指标对孩子的行为进行定期的量化评价。

成长报告单

评价项目 / 评价结果		期中		期末		总评
		教师	家长	教师	家长	
健康安全的生活（健康水平）	营养发育状况					
	健康安全意识					
	整体情绪状态					
	生活卫生习惯					
	基本动作发展					
独立自主的生活（独立水平）	生活自理能力					
	独立做事习惯					
	自我保护能力					

续表

评价项目＼评价结果		期中		期末		总评
		教师	家长	教师	家长	
	自我调控意识					
	解决问题策略					
规范合群的生活（社会水平）	规则责任意识					
	环境适应能力					
	同伴交往能力					
	文明礼貌行为					
	关心互助合作					
好学创新的生活（创造水平）	好奇心与求知欲					
	专注性与持久性					
	求异性与挑战性					
	语言表达能力					
	数形思维能力					
	艺术表现能力					
发展综述						

6. 主题量规表

以上种种皆是针对孩子展开的评价方式，这里再介绍针对教师的评价。对于教师教育质量的评价，除了从孩子本身的发展方面考量以外，还可以从主题的设计实施和教学活动的观摩评价这两方面来考量。在这里，我们尝试以"量规表"的形式来对课程主题进行全过程监测，从中了解课程本身的发展状况。

主题量规表以教师自评为主，以家长评价或他人评价为辅，并将对幼儿的参与过程描述作为主要补充，按主题的进程分三个阶段进行：设计部分在主题实施前进行评价，主要是对于主题的趣味性、创新性、教育性、开放性进行预期性分析；实施部分包括幼儿的学习积极性、资料收集的丰富全面性、活动内容的探索性、教学手段的多样性、师幼之间的互动性以及幼儿之

间的合作性等几个方面；效果部分则主要将实施情况与主题预设进行对比，从而分析主题的预见性（预设与实践之间的相关度）、目标达成度、对档案的收集记录量以及主题的生成性等几方面的情况，既作为本主题活动的总结，又为进入下一主题提供参考。

下表是主题量规表的初步设计框架，在这个基础上，大家可以根据实际情况加以灵活调整并具体细化为操作指标。

主题量规表

班级＿＿＿＿　主题名称＿＿＿＿　起始时间＿＿＿＿　结束时间＿＿＿＿

项目＼评量		教师自评	家长评价	他人评价	幼儿反应描述
主题设计20分	趣味性（6分）				
	创新性（5分）				
	开放性（5分）				
	教育性（4分）				
主题实施50分	活动积极性（10）				
	材料丰富性（8）				
	过程探索性（12）				
	手段多样性（8）				
	师幼互动性（6）				
	幼儿合作性（3）				
	家长参与性（3）				
主题效果30分	主题预见性（6）				
	目标达成度（12）				
	档案全面性（8）				
	主题生成性（4）				
综合评价					

7. 教学评价表

上面的主题量规表主要是以教师自评与他评结合的方式来监测整个主题的开展情况，并未涉及更为具体的教学活动过程。对某一个具体的教学活动而言，教师的目标意识、教学准备工作、教师教学技能、幼儿反应效果等各方面的评价则要依赖于对这一教学活动本身的评价。下表主要用于管理者或其他评价主体对某一教师的教学活动评价，也可以用于教师的自评，供大家在使用时参考：

教学活动评价表

班级＿＿＿＿＿＿＿　教学内容＿＿＿＿＿＿＿＿＿＿＿＿＿＿＿＿＿＿

执教人＿＿＿＿＿＿　时间＿＿＿＿＿＿＿　记录人＿＿＿＿＿＿＿

项目	得分	教师自评	他人评价	总评
计划准备	目标明确、全面、具体			
	内容科学、适宜、有趣			
	教学方法新颖得当			
	教学程序完整合理、动静交替			
	环境创设和教具准备充分			
实施过程	教态亲切自然，有吸引力			
	语言简明生动，有启发性			
	教具运用恰当，材料丰富巧妙			
	教学方法灵活多样，有教学机智			
	指导因人而异，有针对性			
	注意各方面教育渗透			
	教师自身专业知识技能			

续表

得分 项目	教师自评	他人评价	总评
幼儿表现 情绪愉快，兴趣积极			
幼儿表现 思维活跃，充分活动			
幼儿表现 师生协作，遵从常规			
幼儿表现 富有表现力和创新性			
幼儿表现 有后续兴趣和行为表现			
综述			

8. 发展跟踪卡

本着全人发展终身教育的理念，全能宝宝体系虽然是针对婴幼阶段开展的教育，但从理想的角度出发，一个完整的教育评价体系不仅包括实施本阶段的内容，还包括对教育的后续效果进行跟踪性的评价。所以在这里再设计一份简单的个体发展追踪卡，希望能给对发展跟踪有研究兴趣的教师提供参考和启发。

儿童发展追踪卡

编号

基本资料	跟踪对象	性别	出生年月	现状（如就读学校等）
基本资料	访问时间	地点	访问主题	记录人
本次评价信息	综合印象（对于访问对象的整体性描述）			
本次评价信息	专项评价（可根据自己的研究需要设计具体的量化标准，进行分类测查评价）			
本次评价信息	总体分析（发展现状及其原因分析）			
下次访问预约			受访者签名：	

综上所述，全能宝宝教育评价是一个复杂、多元、持续的全息系统。除了针对幼儿的、教师的评价方式，还有针对家长和管理者的，且各种方式的设计均可以不断丰富、完善。这里提供的只是有限的几种评价方式和思路，以抛砖引玉供大家参考批评，希望能在今后实践的过程中集思广益、群策群力，创造出更为科学、新颖、有效的评价方法，以促进这个体系的不断完善和教师、家长、孩子的共同成长。

三、全能宝宝教育评价的实施原则

最后再来补充强调一下实施全能宝宝评价体系应遵循的一些原则观念，以尽量保证评价的设计与实施能够真正促进全能宝宝教育理念与培养目标的贯彻执行与实效发展。

1. 客观性原则

在记录各类档案信息时，尽量保持记录材料的客观真实性。要站在第三方的立场视角来做描述记录，不夹杂自己的主观评判，更不允许为了保持档案的"效果"而进行弄虚作假的修饰，这无益于真实的评价把握。

2. 具体性原则

在收集档案信息时，尽量选择具体、生动、细节的材料信息，而不是笼而统之的概括材料。越是注重典型事件的收集，越是善于记录具体的细节，就会使整个评价越生动、丰满、真实，这在幼儿成长档案中尤为重要。

3. 适宜性原则

不同的评价主体，不同的评价内容，适用于不同的评价方式。要注意各种评价方式对孩子年龄、活动内容、家长、教师等不同群体的适应性，考虑

到各自的接受特点与操作便利性。

4. 简便性原则

在选择评价内容与方式时尽可能考虑可行性与便利性，能用简单的方式就不用复杂的方式，能用低成本的就不用高投入，能用一个评价解决问题的就不用更多评价。全息评价并不意味着面面俱到，而是要能够从一个角度看到整体。因此，操作简便又评价全面，是需要去努力创造的最高境界。

5. 激励性原则

所有的评价都不是为了鉴定，而是为了激励与促进。因此，不管是怎样的评价，都需要把握积极激励原则，不要将评价结果用于对比性评判。尤其是对于家长，更要注意这样的正向引导。

6. 实效性原则

所有的评价都是为了激励受评人更好地工作，促进更有效的发展。因此，采用怎样的评价方式必须遵循有效性的原则，即是否真正地提高了工作质量或促进了孩子的发展。相反，任何华而不实或者与教育理念及培养目标相违背的评价方式都应该被摒弃，同样，为敷衍、迎合某些考核检查评比而弄虚作假、被动应付的行为也应杜绝。虽然这种现象在现实工作中在所难免，但意识上依然要引起重视，做到坚守原则，不明知故犯。

以李季湄为代表的学者提出，"评价是一把双刃剑，评价的理念、目的以及评价的方法和技术等都影响着评价对教育的导向"。我们非常希望，全能宝宝体系的理念目标、课程决策、管理实践与评价体系，能够为孩子的全面发展、教师的专业成长、父母的教育认知提高以及机构的良性发展提供一个健康、科学、人文的和谐之环，使评价体系能为教育实效发展保驾护航。

第六章

全人发展幸福大树

播 种 幸 福

幼儿教育的顶层设计，人类发展的根基工程

前面的章节具体分享了全能宝宝体系的理论思考与实践探索经验，但若从人的终身成长与整个社会的和谐发展而言，全能宝宝体系只是描述了一种根源性的逻辑起点与展望性的理想预期，就像一粒良种或者一棵健康幼苗会喻示长成参天大树的可能性，却并不能涵盖整个开花结果历程一样。要让全能宝宝的价值体系真正得到充分全面的生长，还需要在这样的种子起点与幼苗基础上，经过各个年龄教育阶段的持续培育、各个专业社会领域的共同浇灌才能有望得以实现。但反过来，若无这样的健康幸福生命营养作为教育初始的基础，后期再有怎样的浇灌培育，也只能起到事倍功半的效果。在此套用一句俗语，就是"全能宝宝体系不是万能的，但若缺少全能宝宝的奠基工程，则是万万不能的"。

因此，接下来，我们再以提纲挈领的方式来简要介绍一下在后续的教育发展历程中，如何以全能宝宝体系为开端，来持续培育全人发展的幸福大树，以此来抛砖引玉，引发大家的思考与批评。

一、人格终身发展——教育纵向体系

在《中国教育问道》一书中，我曾经用植物的生长来比喻人的一生发展，即一个人从小到大的教育成长历程就像一株植物的生长，萌芽期该做什么，秧苗期该做什么，开花期该做什么，结蕊期该做什么，都是由园丁遵照植物的本身特性决定的，而不是园丁凭主观臆想盲目行事的。但我们现在的教育，却是幼儿园、小学、中学、大学分而治之，凭各个阶段的教育者主观意志来决定给什么营养，缺乏一条适应孩子一生成长需求的内在教育主线。这条主线，就是人格的终身发展培育体系，它应该成为从婴幼儿到大学整个教育体系的纵向发展核心脉络，教育的一切知识技能学习都应围绕这样的人格培育灵魂主线而展开。

全能宝宝体系已经提供了有利于自我幸福成长及社会和谐发展的人格主线

的婴幼儿阶段教育实践基础，接下来是如何站在这一起点和基石向上延伸以持续发展的问题。这或许意味着要对整个中小学教育培养目标和课程结构决策重新梳理，尽管复杂不易操作，却是关乎能否彻底让应试教育向素质教育方向发展，能否真正让教育回归于育人本质、服务于社会发展的关键性问题。在未来的数年或数十年内，中国是值得来做这样的改革尝试的。

要进行这样的教育整体改革，需要对全能宝宝体系起点的全人培养目标和阶段分层做进一步的研究与界定。比如，就幸福生活力的年龄发展阶梯而言，幼儿、小学、中学、大学各阶段，分别要达到怎样的健康安全、独立自主、规范合群与智慧创造能力水平？就教育培养目标而言，健康的身心、丰富的认知、积极的情感、全面的技能，又分别在各个阶段有怎样的具体分层定义？还有，就培养未来世界公民而言，又应在各个阶段树立怎样的"世界意识、祖国心与乡土情"？这都需要结合各个阶段儿童的年龄特点与社会人才终极目标来做螺旋上升的系统结构分层设计。

中国基础教育课程改革已经走过了十几年历程，关于人格发展、生活体验、社会实践、快乐教育的实践种子已经在中国各地的中小学零星萌发或次第生长，但因为整个教育系统的框架局限，大部分还只是作为素质教育添加在应试教育顽固蛋糕上的裱花或者佐料，无法撼动整体。这是因为教育工作者看到了教育失本的症状，却因其分散在局部而找不到根本解决之道。而西方教育体系中也有IB系统这样的开放多元探索性国际教育实践体系，却因文化、经济等现实的障碍而无法给中国教育带来整体改革借鉴作用。

还是需要站在现实的起点上，回归到全人发展的主线去彻底地进行自我改革。全能宝宝体系的作用，只是重新构建了中国国际化教育的基石，就像为人格发展大厦重新打了婴幼儿教育的起始地基，在此基础上，再往上设计人格大厦培育的各个楼层建筑方案。这不仅关乎上面所提的这些抽象的培养目标问题，更关乎具体的教育内容。比如在生命成长系列中，根据全能宝宝课程中的内容延伸，在小学、中学、大学又应分别解决哪些生命认知深化的问题？比如在爱心培养系列中，小学、中学、大学又分别通过哪些内容载体来发展更为深刻广域的朋友之爱、家庭之家和国家民族人类之爱？比如，就生活实践能力而言，自理能力、交往能力、表现能力、解决问题能力在各个阶段应有怎样的难度递升？再比如，对于自然、社会、科技的科学探索精神、人文情怀与艺术修养，小学、中学、大学各阶段又该分别有哪些方面的深化内容来对应实施？这诸多具体内容，都需要各阶段的教育研究和实践工作者聚而论道，围绕着全人发展的主线来做整合性的规划和分层性的梳理，从而形成整体统一、阶段分明的人格纵向培育系统。

二、知识综合系统——学科横向整合

任何教育的价值取向，不外乎个人本位、社会本位与知识本位三者其一或结合。偏向任何一种价值取向都会使教育决策更容易实施，但却无法更完善地发挥教育的正向作用。我们现在的教育痼疾在很大程度上是因为只偏重知识取向，而忽视个人发展与社会价值的误区。全人教育理念已经关注到了个人与社会的平衡，但如何围绕这条全人培育主线来做好学科知识的系统建构，却是一个真正的改革难点。综观当前的全人教育热，大多数还是将其作为一种理念提倡与活动补充，与学科知识学习分道并行，而未能形成一个教育实践整体。而要让教育真正地回归育人本质，促进孩子的全人整体发展，必须要让学科知识与人格发展换位回归，以人格发展的主线来重新梳理建构整个学科知识体系，使各个阶段的知识学习既符合人格发展的需要，同时又能保持学科本身的逻辑系统发展。

在《中国教育问道》一书中，我简要分享了教育对于知识世界的筛选思路，简述如下：首先，要全观"现实存在的知识"，将学科知识从科学世界分化；其次，要判断"应该掌握的知识"，让学科知识与人文需求联结；再次，要选择"有效教学的知识"，把学科知识与教学策略融合；最后，要构成"吸收发展的知识",使学科知识向应用创新转化。这些思路策略可帮助教育工作者厘清如何在浩如烟海的知识世界里筛选出需要及有用的知识,便于进行学科课程决策。

那么,这些筛选出来的学科知识又如何有序地嵌入各个阶段的教育体系以实现有机的整合与衔接呢?在那本书里我进一步提出了一生知识学习的"金字塔"结构,即早期阶段的塔基要重在广泛的生活知识教育;小学中学的塔身要重在扎实的基础知识教育;塔尖的高等教育阶段则要重在精实的专业知识教育;成年教育则主要在于实用的自我完善教育。年龄越小的阶段越需要学习与生活紧密结合的广泛知识与兴趣,只有打好这样的地基才能逐步发展到深入、细分的专业知识结构,这样的序列不可颠倒或跨越。当前许多教育问题,包括人格发展、生活应用、社会成才等各方面的现实问题就是因为小时候的生活常识基座缺乏而造成专业教育根基不稳所导致的。

全能宝宝体系所起的最大作用,或许就是把一生所需要的全面生活知识通过全人发展的主线有机地纳入到2—7岁各个阶段的主题课程中,形成了人格主导、学科整合、螺旋上升的知识结构系统。这样的系统或许可以为往后小学、中学甚至大学提供一种基点及脉络性的参考意义。各阶段的教育工作者可以以此为始,结合各自的学科知识逻辑框架来做一些纵向梳理与横向整合的学科课程改革尝试,使每个阶段的孩子都能及时学到这个阶段该学的内容,同时又不会造成某方面知识的缺失断裂与无效重复。这部分的工作,同样需要各个学科的研究和实践者分工协作、共同商讨,从而完成纵横有序的知识整合建构。

三、文化整体建构——社会合力共创

对于社会而言,教育最终的价值作用,就是通过个体的人格培育和群体的知识传播而达到文化传继与创新发展的整体功效。而人才培育、行业发展、经济建设、制度完善、社会生活等等，只是其中的显性展现。

关于文化的作用，龙应台在《文化是什么》一文中用她那撩人心弦的秀微笔触描述了文化是如何无处不在地影响着人们点点滴滴的生活，决定着整个社会方方面面的发展。确实，文化看不见也摸不着，却随时透过一个人的举手投足、一个行业的升降起落、一个地域的建设发展、一个社会的悲喜现象，真真实实地呈现出来，进入我们每一个人的呼吸，影响着每一个人的生活方式与幸福感。文化是品位、道德、智能的整合积累与全面展现，它就像大气层一样，笼罩着我们整个社会的生活与发展。

全能宝宝体系之所以要将孩子的个体人格培育与家庭、学校、社会的整个生态教育系统整合起来设计实施，就是因为看到了一个个具体人的人格展现是如何影响一个群体组织的文化形成，一个群体组织的文化状态又是如何制约或促进个人的潜能发挥与人格发展这两者之间互为因果的联结关系的。而当前社会许多纷乱的社会现象又可追溯到童年早期的人格教育缺乏或偏颇割裂问题。因此，要真正促进每一个孩子的全人发展，必须建构一个健康、科学、人文、和谐的社会生态环境，才能保证让人从小呼吸到纯净清新的文化空气，长大形成健康完善的人格，并通过这样的健全人格去进一步构建积极正向发展的社会文化。

这一文化生态培育的重任需要全社会来同心协力共同承担，而其中，专业引领、政府主导、媒体力推、公众参与是行之有效的合力之途。婴幼儿阶段的教育因为最贴近家庭、幼儿园、社会三位一体的自然需求与干预实践，因而特别适于做这种价值统一、理念聚焦、内容宽泛、方法多元的社会文化传播与培育建构，并以此为起点和基础，伴随着孩子的成长、家长的成长、社会的成长而不断地持续发展，逐步形成社会文化建构的良性循环。

当然，现在这一切都只是在理想的意义上预设建构，就像"一棵根深叶茂的大树是不可能被简简单单地放进直升机里，运送到另一个地方"（《孩子的一百种语言》）一样，再优良的种子，都需要根植在实践的土壤里才能有望发芽生长，再参天的大树，都需要通过现实的时代养分来予以培育浇灌才能真正结出幸福的果子。但若连种子都不优良，连树根都不具备幸福的基因，又如何能够指望优质幸福的人生成长呢？全能宝宝体系，便以这样的优质种子之心与幸福大树之愿，来倡导呼吁整个社会对于幸福教育文化土壤的爱心合力共创。

四、产业创新提升——驱动幸福经济

在十几年前，有过关于"教育产业化"的质疑与讨论。我当时曾撰文表达对于这一问题的观点：教育不是该不该产业化的问题，而是不可避免地会被产业化。只是教育的产业化具有其特殊性，首先要符合人的身心发展规律，其次才是符合市场经济发展规律，两者结合，才能保障教育产业化的健康良性可持续发展。

时至今日，教育产业化的经济大潮早已席卷大江南北，幼儿教育更是成为资本市场的关注新宠，互联网和商业地产等也都发现了从幼儿教育开始的儿童业态和家庭消费将成为未来大数据的导流口和撬动新零售时代实体经济回归的创新支点与发展引擎，甚至有专家预测，家园共育将成为幼教独角兽企业的主赛道，幼教产业化趋向已势不可挡。"儿童事业是一条奔流不息的长河，财富，深深地蕴含其中。"我在十几年前写下的这句话，正在变为现实图景。

这样的幼教产业化发展趋势，将如何影响个体人生幸福成长大树，又如何影响整个社会和谐健康发展？这是全能宝宝体系在这些年来深入探索思考的重要问题，不知不觉就走上了以专业创新提升文教格局去驱动"幸福经济"的产业研究之路。

这里的"幸福经济"相对应于"为什么经济越发展，人们越不开心"的现实问题而提出，是指以幸福为体验、以幸福为导向、以幸福为指标的经济模式，这种模式要求人们在进行经济行为时必须先考虑到以人为本、以客户价值为重的体验与发展需求，在此基础上才是商业利益保障，这种特性恰与教育产业化规律高度吻合，从而在两者之间产生天然的联结融合点，而全能宝宝体系则是"幸福经济"的启蒙起点与教育全产业链的核心基础。

在长期的研究历程中，我们分别从不同视角探索过全能宝宝体系与各相关产业的生态关系。比如在创办全能宝宝亲子实验基地时，曾通过"玩具课堂"引导家长了解玩具教育功能及选择与应用方法，结果不仅大大促进玩具销售，还提高了家庭玩具的创新使用效率，企业和客户双方都皆大欢喜。再比如在开展全能宝宝加盟办园实验时，为了帮助合作者迁址改善园舍条件，我们策划了把办园理念与房产推广相结合的文化创意方案，结果不仅如愿拿到办学场地，还有效促进了新开发楼盘的房产销售。在这些实践经验基础上，我们又更加纵深地进入了教育文创与影视动漫、百货商场、商业地产、创意园区、特色小镇、田园综合体等各类业态有机融合的探索思考，积累了丰富的实践探索经验，待条件成熟，可望将全能宝宝体系植入全息产业链，既作为教育市场的纵向起点，又作为教育生态的核心基础，以理念、内涵和生态去促进产业创新升级，驱动"幸福经济"，为儿童创建一个既有科学、人文、艺术专业品质又有丰富、灵活、可持续发展价值的产业新生态，让消费者安心多得，让经营者省心多获，彼此之间建立充分信赖、相互依持的良性关系，促进产业健康和谐持续有效发展。

这样的生态氛围对于如何培养儿童"义利相生"的财智观念和社会意识也具有积极濡化作用，让他们从小在服务体验中懂得，唯有给大家带来快乐体验、对人有帮助的好东西，才更能得到欢迎并获得更多的价值回报，从而将"财自道生、利缘义取"的思想意识种子悄然播下，并伴随着他们的成长而使整个社会风尚得到逐步扭转改善。

五、人工智能战略——引领未来方向

2017年，人工智能呈现大爆发之势，世界领先的诸多科技公司纷纷发力投向机器学习的未来发展领域，各种人工智能产品也开始竞逐市场。人们一方面为人工智能对未来世界的全面变革充满振奋期待，另一方面则为人工智能的可能性失控对人类将造成的危害忧心忡忡。我们站在了人工智能创新和人工智能安全的赛跑起点上，人类命运何去何从，或许就取决于这半个世纪中我们与人工智能达成怎样的"价值共识"，从而使得未来的人工智能具有对接人类价值观的"集体善意"，这是当前全球机器学习发展领域所面临的共同问题。

这个问题的主动权掌握在谁的手里？不在当前发明人工智能的资深科学家手里，而在伴随着人工智能时代成长起来的下一代人手里，他们从一出生就开始使用人工智能产品，机器学习会嵌入他们的生命，成为其思维的一部分，从而自然而然地形成人机共生的"社会大脑"，而这一过程中所生成的"集体意识"便决定着人工智能未来的善恶走向。

全能宝宝体系对于人工智能领域的联结探索就基于这样的未来思考。因为我们经过从儿童到成人的全人幸福生态研究，发现人类的"集体善意"并非是无解难题，只要遵循儿童成长的"生命法则"，便能掌握人类发展的"幸福密码"。这一"幸福密码"就蕴藏在人类生命的最初两千天——从孕育到六七岁的婴幼儿时期成长奥秘之中，也即是中国古人所言的"三岁看大，七岁看老"、"人生百年，立于幼学"这两句话。而且，中华传统文化已经深刻阐明从"胎儿养虚、幼儿养性、童蒙养正、少年养志、成年养德、厚德载物"的生命成长规律以及"格物、致知、诚意、正心、修身、齐家、治国、平天下"的人格发展历程，与意大利教育家蒙台梭利发现的"儿童的秘密"及提出的0—18岁"自然程序表"具有异曲同工之妙。蒙台梭利提出幼儿教育蕴含"人类发展之秘",人类和平问题必须从幼儿教育开始重新培养"新人类"意识。这些思想观点,逐渐成为脑科学、心理学、社会学等各研究领域的共识,也在我们的长期实践研究中得到充分证实。全能宝宝体系正是在这些研究基础上"接过蒙台梭利和平教育思想的棒",期待通过家园同步双管齐下的"全能宝宝幸福课",从生命起点注入"社会大脑"的"集体善意",从精神内核植入人类和平的"集体意识",从科学技术与文化伦理融合战略上去占领全球未来发展的制高点,从人格与文化的根本视角去防患于未然,以最大限度地避免因人工智能创新所带来的可能性"失控"而影响到人类命运。

基于以上研究认知,我们结合全能宝宝体系和人工智能发展特点,构架了从出生开始的全息机器人、从入园开始的幼儿园智能化管理平台和家园共育的多元智能特色机器人等产品与平台思路,期待与相关科技企业与政府部门合作,通过人工智能与互联网联通家庭、幼儿园与社区环境,创立物理、社会、数据三元空间及人机共生的智能化管理平台,实现全息互联的人工智能系统战略,从幼儿教育培养新人类意识,为人类和平奠基与幸福启蒙做出贡献。

六、城乡融合治理——生态文明发展

国家治理现代化是中国走向未来全球化社会的根本途径,而城乡社区基层治理是整个国家治理现代化的基础与保障,文化的本土性、教育的公平性、地域的均衡性等诸多传承保护与协调发展问题,都蕴含在这一基础命题中,需要找到根源破解之道。

全能宝宝体系是因为优生优育优教指导基地的实践项目而进入城乡社区公共服务领域的,尽管只是针对新婚夫妇、孕产夫妇和0—6岁儿童父母及带养人开展"全能宝宝培育计划",但其中所涉及的与基层政府、社区居民、社会组织、相关企业及整个社会环境的错综复杂的关系纠结，却将我们的探索视角越来越深广地扩展到社区文化、城乡统筹、社会文明的生态发展领域，去更深入地思考儿童教育与亲子文化对于城乡治理融合发展的根源奠基作用。

我们发现，儿童视角对于社区营造公共治理具有特殊意义，这不仅因为儿童本身对于社区文化扎根培育具有新生迭代传递的奠基作用，更因为儿童作为家长群体的天然关注中心，很容易在陌生人之间形成积极关注与主动分享的联结点，即聚焦儿童、着眼家庭更能带动居民参与社区营造的自然兴趣与家庭影响力，抓住儿童视角、培育亲子文化能对社区治理起到潜移默化、事半功倍的低投入高效益作用，这种价值潜力在家庭育儿问题突出、幼教亲子倍受重视的当前及未来会越来越被全面充分地激发出来。因此，我们认为，家庭教育将从原来教子育儿代际传承的家庭内部建设上，进一步扩展到通过亲子互动学习、老幼同乐参与、家庭协同共建的方式参与到"社区营造"的大教育生态系统机制中来，为基层社会公共治理提供独特视角及扎根奠基的代际传递持续发展作用。

而儿童视角亲子文化对于乡村振兴同样具有不可估量的独特价值。根据我们在乡村公益早教基地的实践探索经验，城乡教育的公平均衡问题，并非体现在办学场地设施设备等这些外在硬件投入上，而是更依赖于师资条件及课程教学管理文化等内在软件质量。尤其是课程教材问题，因为编写者多出于大统一的城市视角，很少关注到农村实际条件需求，因而哪怕办学硬件大大改善，也难以让老师上出适合农村孩子的课，更无法通过课程教材本身的应用学习研讨来提升农村教师专业素养和对家长进行有效指导，导致农村教育越来越"输在起跑线上"的两级分化现象。正因如此，我们才提出了"利用当地资源、培育当地教师、创造本土课程、建立自我管理"这一"农村自治"教育实验模式并期待通过全能宝宝体系指导下的乡土课程亲子研学文创活动去促进城乡文化融合交流，以乡土教育和亲子文化带动乡间经济发展。但乡村实验结果，却让我们更深刻地意识到家长对于儿童发展和健康、营养、教育都缺乏科学认知给农村人口所造成的巨大代际隐患，可以说，亲子情感依恋的缺失、早期科学刺激的缺乏、家长观念意识的落后、乡村基层治理的失范等等诸多因素，都容易造成农村留守儿童在0—3岁及3—7岁的生命开端阶段就"输在了起跑线上"。若未打好"幼儿养性"的健全人格根基和丰富的生活知识基础，后面的生长就会如无根之木，难以顺利实现从"童蒙养正"、"少年养志"到"成年养德"、"厚德载物"的整个幸福人生成长历程，更难以切断代际贫穷。也因此，在乡村公益实验之后，我们向教育部门提出了"农村教育越早干预越好"的建言，并进一步探索思考了"扶志+扶智+扶治"的全人教育三扶计划，期待通过0—18岁的持续一体化教育扶贫去从根本上促进乡村振兴发展。

在地球资源紧张、环境污染严重、生态系统退化、国际社会竞争的严峻形势下，生态文明建设成为关系国家未来发展、关乎人类公共福祉的长远大计，越来越受到社会各界关注重视，而如何将保护自然、传承文化与发展经济、治理社会融合一体协同发展，成为未来社会生态文明发展和人类命运共同体建设的大课题。正是在这个意义上，我们提出以儿童为视角、以幼教为起点、以亲子为主线、以社区为背景、以产业为抓手、以幸福为主旨的"城乡治理亲子战略"，通过政府采购、公益服务、市场运营、金融赋能等多通道大协同战略推进相关项目的政策咨询与落地实现。尤其是2018年被业内人士认为是区块链应用元年，各区块链组织开始纷纷上马布局各种应用链，联合国儿童基金会也宣布旗下创新基金UNICEF Innovation Fund 将为全球影响力的区块链初创公司提供种子资金支持，我们也在与相关组织探讨如何将全能宝宝体系与区块链技术相结合来创立融政府、公益、学术、产业、基金等为一体的"WBA"（Whole Baby Aliance）项目，从幼学之始与亲子之源去建立全息互联、义利相生的分布式价值体系，以更为公平、便捷、可信的"数字文明形态"（廖松强）去促进社会生态文明发展，这是很令人期待的未来图景，也是全能宝宝体系得以最大效能地实现"播种幸福"的社会理想。

幸福，在路上

在几个月的历程中，忙中偷闲、断断续续地，终于完成了这本书的写作，感觉就像用了二十几年的时光，去爬一座幼教探索的高山。一路走来经历了许多风景，有五彩缤纷的喜悦收获，有迂回流转的迷惑曲折，更有荆棘满布的艰难考验。如今，终于都在这人到中年的秋收时节，点点罗罗地拾掇在一起，集成一本文字锦囊，站在山顶上吹着带有一丝幸福感的习习凉风，来做这一场艰辛漫长攀越之旅的研究总结。

这让我想起十几年前，当终于写完《打造孩子一生幸福的幼儿教育》这本处女专著的时候，我以为已经爬完了一座山，那是从童话梦想的入口走进幼儿园，历经各科教学法探索到课程改革实验，再到家长、师资、管理研究的十年实践之旅的概括总结。我以为，这是我的探索使命的完结。从此以后，只要将这些从实践中积累提升而来的幸福幼教理想再一一付诸现实，便可以像王子和公主历经千辛万苦终于走在一起一样，"从此过上幸福的生活"。

可我没想到，这才是一切考验的开始，就像翻过一座小山，你才发现它只是把你带到了另一座更为险峻的高峰脚下。当我充满信心地怀揣着这些童话般的幸福理想进入更宽广的民间世界时，我才惊悟：我一路探索精心编制的幼教高级菜谱，到达这些幼儿园实践者手里，却是连基本的油盐酱醋烹饪之术都不会！理想与现实之间的鸿沟，把我从象牙塔一下子打落到了残酷的现实世界，此后只有在沼泽地里跌宕起伏颠沛游离的份儿。

"黑夜给了我黑色的眼睛，我却用它寻找光明。"追求理想的灵魂一旦被唤醒，便再也无法在黑暗中假寐昏眠。我开始了又一个更为窒碍难行的艰苦跋涉的十年。横在面前的第一座山峰，是偶然参与了小学课程的编写，让我看到了各教育阶段之间断裂的幸福障碍。于是我开始把前面只着眼于幼教本身的课程实践推倒重来，将视野伸展到一生的幸福成长来重新建构编写家园同步幸福课程以及围绕这一课程所展开的整个管理体系。第二座更大的山峰，是不经意间参与一个占地几十亩的超大型村镇幼教机构的办园开创工作所遭遇的冲突挫折与深切感悟，让我又从教育转向了对于人性与社会文化的探究，从此走上了更为宽广也更为坎坷的上天入海广揽深探之旅。第三座遥远的山峰，是一路上耳闻目睹中国父母们在国外的"先进"，对比自己的"落后"，逐渐产生对于教育的盲目膜拜、追捧、失望与迷茫，于是渐渐生发出探索中西融合的国际化教育实践之动力以及想要为民族自信和人类和平尽微薄之力的愿望。

一座座高峰峻岭，把我引向了越来越高的社会践行之巅，人性的复杂、世间的崎岖、社会的险峻，都变本加厉地压将上来，似乎不亚于《西游记》里唐僧取经要经历九九八十一难的闯关。没有资金，没有草粮，没有孙悟空的排难护法，没有各方神圣的尚方宝剑，甚至没有白马沙僧的坚守陪伴，没有八戒化缘的生存保障。在一次次的挫折打击面前，我唯一能做的，就是不断舍弃一切的名利物欲之世俗羁绊，让精神的涅槃载着理想之志，"乘物以游心"，身在草根之底，心在社稷之巅，一路拉扯飞翔。

不忘初心，方得始终。是儿童之师的智慧，引领着我一路无惧穿行，是儿童之父的力量，支撑我一路无畏探险，终于助我冲出重重迷雾，看到了初现天日的山顶。尽管已青春耗尽，天命将年；尽管黎明将至，黑暗反遮天。但这一轮的黑夜已经终结，我已经站在了一路攀越的高山之巅，遥望天边将要升腾跳跃的曙光。

尽管我不知道，前方还会有怎样的高山峻岭或深水险滩在恭候着我后半段的人生旅程，但我愿意先将这二十多年来拾掇的风景，以这样的文字方式与所有的朋友分享。不管你是教育工作者还是家长，不管你是身居要位的决策官员还是普通老百姓，不管你是海归精英还是本土平民，只是希望能够借由这些文字，让大家能够谦卑地走进人之初始的原本世界，去感悟孩子那幼小的生命成长对于人类终身幸福的奠基之根的非凡价值所在，让大家更高地昂起头来面对这个共生共享的大千世界，去思考如何将影响我们每个人幸福的人类社会和平愿望具体细微地落实在对于一个个孩子由衷的关爱与践诺于行的现实努力之中。这是真正关乎每个人心中道德定律的既仰望星空又脚踏实地的幸福之旅。

为了尽可能地给大家提供全面充分的经验分享，在这本书里也摘编收录了《打造孩子一生幸福的幼儿教育》一书中的部分内容，并改变了原先较为专业化的表达方式，全书尽量采用朴实易懂的口头化语言，以便让更多的人可以读懂、读通、读透我在行文中所表达的渺小而又深切的愿望，并能就此提出各自的真知灼见予以批评指正，来补充因为我个人认知思维视野的局限而带来的纰漏、偏误或不足。在此先致以诚挚的谢意。

尽管已经爬了二十多年的探究之山，并自以为又站在了某一处更高的山顶上概览走过的旅程，但我知道，人类幸福教育探索之路，永远都只有起点，没有终点。因为，幸福从来都不是已经到达，而是在路上，是心中燃烧着希望不灭的灯，坚定行走在理想践行之路上。唯愿这条路上，有你，有我，有他，共同为孩子，为我们的现在与未来，掀起爱与智慧的共振波，让幸福的星星之火，更快、更深、更广地燃烧在这个陵谷沧桑的人间大地上。

王晓燕

2013年10月28日于杭州